Der Wucher (§ 291 Abs. 1 Satz 1 StGB)

Schriften zum Strafrecht und Strafprozeßrecht

Herausgegeben von Manfred Maiwald

Band 78

PETER LANG
Frankfurt am Main · Berlin · Bern · Bruxelles · New York · Oxford · Wien

Martin Maria Laufen

Der Wucher
(§ 291 Abs. 1 Satz 1 StGB)

Systematische Einordnung und dogmatische Struktur

PETER LANG
Europäischer Verlag der Wissenschaften

Bibliografische Information Der Deutschen Bibliothek
Die Deutsche Bibliothek verzeichnet diese Publikation in der Deutschen Nationalbibliografie; detaillierte bibliografische Daten sind im Internet über <http://dnb.ddb.de> abrufbar.

Zugl.: Rostock, Univ., Diss., 2003

28
ISSN 0938-6181
ISBN 3-631-52440-4

www.peterlang.de

Meinen Eltern und Großeltern

Vorwort

Die vorliegende Arbeit wurde von der Juristischen Fakultät der Universität Rostock im Sommersemester 2003 als Dissertationsschrift angenommen. Mein Dank gilt in erster Linie Herrn Prof. Dr. Michael Pawlik, der die Arbeit in engagierter, vorbildlicher Weise betreut und ihre Entstehung mit großer persönlicher Anteilnahme begleitet hat. Seiner ständigen Diskussionsbereitschaft und seiner stets freundschaftlich vorgebrachten Kritik verdankt die Arbeit sehr viel. Danken möchte ich auch meinen beiden Kollegen als wissenschaftliche Mitarbeiter am Lehrstuhl für Strafrecht und Rechtsphilosophie in Rostock, Herrn Christian Müller und Herrn Dr. Michael Ramb, LL.M., für vielfache scharfsinnige Anregungen und Einwände. Die überaus lebhafte und freundschaftliche Atmosphäre am Lehrstuhl werde ich in bester Erinnerung behalten. Prof. Dr. Bernhard Hardtung gebührt Dank nicht nur für die Erstellung des Zweitgutachtens, sondern ebenso für zahlreiche methodische (Grundsatz-) Debatten, die sich befruchtend auf die Arbeit ausgewirkt haben.

Widmen möchte ich die Arbeit in Dankbarkeit und Liebe meinen Eltern und meinen Großeltern. Ohne ihre ständige Ermutigung hätte diese Arbeit nicht geschrieben werden können. Mein Großvater Rudolf Laufen hat zudem in großzügiger Weise den Druckkostenzuschuß übernommen. Ich bin sehr glücklich, daß alle, denen mein Dissertationsprojekt am Herzen lag, sich nun mit mir über den Abschluß meiner Bemühungen freuen können.

Düsseldorf, April 2004

Martin Laufen

Inhaltsverzeichnis

Einleitung: Gegenstand und Aufbau der Arbeit

Das geltende Recht stellt den *Wucher*, d.h. nach § 291 StGB: die Ausbeutung der Schwäche- oder Zwangslage eines Marktteilnehmers, unter Strafe. Selbst vielen Juristen ist dieser Sachverhalt kaum geläufig. In der forensischen Praxis spielt das strafrechtliche Wucherverbot nur eine marginale Rolle: Verurteilungen, aber auch Anklagen nach § 291 StGB sind überaus selten.[1] Auch die Zahl der wissenschaftlichen Beiträge zum Wucher ist durchaus überschaubar geblieben, vergleicht man sie mit der Literaturflut zu Normen wie Betrug und Erpressung. In der juristischen Ausbildung spielt § 291 StGB gleichfalls kaum eine Rolle.[2]

Das strafrechtliche Verbot des Wuchers berührt indes mit der Frage nach der Gerechtigkeit in Austauschverträgen eine in jedem Rechtssystem zentrale Problematik, die auch dann wissenschaftliche Aufmerksamkeit verdient, wenn sie für den juristischen Alltag ohne große Relevanz ist; das Bild der strafrechtlichen Ordnung wirtschaftlicher Austauschbeziehungen bliebe ohne eine dogmatische Klärung des Wucherverbots unvollständig. Indem dieses auf dem Gebiet der Vertragsfreiheit einen vom System des freien Marktes eigentlich nicht programmierten, anscheinend kaum praktischen, nichtsdestoweniger aber vom Gesetzgeber für möglich gehaltenen Extremfall regelt, stellt das Wucherverbot eine Art *Notstandsverfassung des Wirtschaftsrechts* dar.

Beim Studium der Literatur zum strafrechtlichen Wucherverbot fällt auf, daß der Tenor der einschlägigen Veröffentlichungen im Laufe der letzten Jahrzehnte einen grundlegenden Wandel erfahren hat, der sich weniger auf dogmatische Einzelfragen als auf die generelle Bewertung des Wuchers als eines strafwürdigen Delikts bezieht: Noch bis in die achtziger Jahre hinein bestand in der Literatur Einigkeit darüber, daß das Fordern und Annehmen „überhöhter" Gegenleistungen, zumindest gegenüber einem Kreis besonders schutzwürdiger Personen, ein Strafe herausforderndes Unrecht darstelle. *Tröndle* schätzte den Wucher gar als „eine der übelsten strafbaren Handlungen" ein.[3] Zudem herrschte die Überzeugung vor, daß strafwürdiges „wucherisches" Verhalten weitaus häufiger an den Tag gelegt werde, als dies die Verurteilungsstatistiken widerspiegeln.[4] In

---

[1] Die polizeiliche Kriminalstatistik für das Jahr 2001 weist gerade einmal 243 erfaßte Fälle für das Jahr 2001 und 214 Fälle für 2000 aus (PKS-BMI 2001, S. 61).

[2] Zum Pflichtstoff für die Erste Staatsprüfung gehört die Norm nur in Bayern, Berlin, Bremen, Sachsen und Thüringen; in Hamburg soll der Prüfling § 291 StGB „im Überblick" beherrschen (*Joecks* Studienkommentar, § 291).

[3] *Tröndle* Prot. 7, S. 2565; vgl. auch *Otto* Jura 1989, 24 (32).

[4] Exemplarisch sind insbesondere die drastischen Formulierungen *Nacks* („Faraday'scher Käfig für Kredithaie"; MDR 1981, 621) und *Tröndles*: „Wucherer brauchen ihre Verurteilung fast ebenso wenig zu fürchten, wie bei der Promenade vom Blitz erschlagen zu werden."

den relativ zahlreichen Veröffentlichungen, welche die jüngste Reform des damaligen § 302a StGB Mitte der siebziger Jahre begleiteten, wurde diese „Ineffizienz“ des Wucherstrafrechts immer wieder beklagt und zumindest auch der tatbestandlichen Struktur des Wucherparagraphen angelastet.[5] Dabei waren bereits die Aktivitäten des Gesetzgebers durch das Bemühen gekennzeichnet gewesen, die Vorschrift „effektiver“ auszugestalten und so zuzuschneiden, daß den „Forderungen der Gerechtigkeit“ in höherem Maße Genüge getan werde.[6]

Zu dieser vor allem in den siebziger Jahren geführten Diskussion stehen die jüngeren Stellungnahmen zum Wucherproblem in einem auffälligen Kontrast. Das Interesse richtet sich nunmehr weniger auf eine Reform als auf eine Klärung der theoretischen Grundlagen des Wucherstrafrechts.[7] In der Tat ist schon unter rein wirtschaftlichen Gesichtspunkten der Unrechtscharakter vor allem des Zwangslagenwuchers nicht mehr ohne weiteres einzusehen, beruht doch das marktwirtschaftliche System auf der Annahme, daß eine völlige Freigabe der Preise am besten dafür sorgen werde, daß die auf dem Markt angebotenen Leistungen zu akzeptablen Konditionen in Anspruch genommen werden können.[8] Preise werden somit als Instrumente zur möglichst effizienten Verteilung knapper Güter verstanden und spiegeln als solche sowohl die Knappheit als auch das Interesse der Verbraucher authentisch wider. Vorausgesetzt sind in diesem Modell nach Nutzenmaximierung strebende Akteure, die sich maßgeblich nach den Regeln wirtschaftlicher Klugheit richten; mit generösem Verhalten rechnet der Markt hingegen nicht.[9] Vor diesem Hintergrund kommt dem Wucher nur eine gewisse Auffälligkeit in quantitativer Hinsicht, aber kein prinzipieller Unwert-

---

(Prot. 7, S. 2561). *Bender* NJW 1980, 1129 (1132) schließt aus der „explosionsartigen Zunahme der Konsumentenkredite“, daß „zwangsläufig auch die Wucheropfer beträchtlich zugenommen haben“, und beurteilt vor diesem Hintergrund die Verurteilungsstatistik als „niederschmetternd“; daß sie „in keiner Weise der wirklichen Lage in diesem Bereich entspricht“, ist für *Dähn* „evident“ [JZ 1975, 617 (619)]. Auch für *Krey/Hellmann* BT/2 Rn. 535 steht fest, daß der Wucher, obwohl er forensisch ein „Schattendasein“ friste, ein „durchaus häufig begangenes Delikt“ sei. Hingegen deutet *Hohendorf* Individualwucher, S. 31 an, daß der geringen Verurteilungsquote möglicherweise eine niedrige Begehungsrate entsprechen könnte.

[5] *Hohendorf* Individualwucher, S. 194 ff.; *Kohlmann* Bekämpfung, S. 10 ff.; *Sickenberger* Wucher, S. 356 f.; *Rühle* Wucherverbot, S. 22; *Heinz* GA 1977, 224 (229); *Sturm* JZ 1977, 84; *Arzt/Weber* BT 24/8; *Otto* MschrKrim 63 (1980), 399 (405 ff.); *Bernsmann* GA 1981, 141 (146 f.); *Haberstroh* NStZ 1982, 265; vgl. auch *Geerds* GA 1984, 191 (192). Nach *Dähn* JZ 1975, 617 (619) handelt es sich bei den Wuchervorschriften um „klassische Beispiele für unpraktikable Straftatbestände.“ Ohne bedauernden Unterton konstatiert hingegen *Scheffler* GA 1992, 1 (3) die geringe praktische Relevanz des Wucherverbots.

[6] *Bender* NJW 1980, 1129 (1132); *Dähn* JZ 1975, 617 (619).

[7] Vgl. dazu die Darstellung der Rechtsgutsdiskussion 1. Abschnitt B II.

[8] Exemplarisch das Standardlehrbuch von *Mankiw* Volkswirtschaftslehre, S. 168 ff.; vgl. auch *Winterstein* Der gerechte Preis, S. 34 ff.

[9] Lapidar heißt es dazu bei *Isopecul-Grecul* Wucherstrafrecht, S. 15: „Wohlwollen ist überhaupt nicht Faktor des Verkehrs.“

gehalt zu, da auch ein wucherischer Vertrag auf Grund marktmäßiger Mechanismen entstanden ist. So sehr die Strafwürdigkeit des Wuchers also *ethischen* Intuitionen entsprechen mag, so verwunderlich nimmt sie sich vor dem Hintergrund weitgehend gefestigter *ordnungspolitischer* Vorstellungen aus.

Aus juristischer Perspektive wird diese Fragestellung jedoch erst dadurch wirklich prekär, daß sie sich leicht in ein dogmatisches Problem übersetzen läßt: Das geschilderte Konzept des freien Marktes wird *rechtlich* durch das Prinzip der Vertragsfreiheit reflektiert, welches als ein wesentliches Element die prinzipielle Freiheit zur Gestaltung der Preise einschließt. Das Wucherverbot durchbricht diese Grundsätze auf mehreren rechtlichen Ebenen: *Zivilrechtlich* wird dem zwischen zwei trotz aller faktischen Unterschiede formell gleichen Rechtspersonen ausgehandelten Vertrag gemäß § 138 Absatz 2 BGB die Wirksamkeit versagt; zudem wird *einer* der Vertragschließenden sogar *strafrechtlich* zur Rechenschaft gezogen. Es fällt auf, daß die strafrechtliche Haftung hier anders als bei den Delikten des Betrugs und der Erpressung nicht voraussetzt, daß der Täter auf seinen Vertragspartner in unerlaubter Weise durch Täuschung, Drohung oder Gewalt eingewirkt hätte. Wie ein einvernehmlich geschlossener Vertrag als Unrecht gebrandmarkt und wie er zudem allein dem Wucherer, nicht aber dem Opfer „als sein Werk" zugerechnet werden kann, ist vor allem deshalb nicht ohne weiteres einsichtig, weil die beim Wucher vorliegende ungleiche Verhandlungsstärke der Vertragsparteien im Rechtsverkehr ein ubiquitäres Phänomen darstellt und strafrechtlich wie zivilrechtlich normalerweise unbeachtlich ist. Eine weitere Besonderheit des Wuchertatbestandes liegt darin, daß § 291 StGB im Gegensatz zu vielen anderen Delikten, in denen die Überschreitung einer *Bagatellgrenze* Voraussetzung der Strafbarkeit ist,[10] erst ab einer gewissen *Unerträglichkeitsgrenze* eingreift,[11] die das Gesetz jedoch nur sehr vage andeutet; weder kann auf einen amtlich bestimmten Höchstzinssatz, noch – wie bei der *laesio enormis*[12] – schlicht auf das Doppelte des üblichen Preises verwiesen werden.[13]

---

[10] So etwa bei der Körperverletzung und der Freiheitsberaubung; vgl. dazu nur RGSt 29, 58 (60); BGHSt 14, 269 (271); OLG Düsseldorf NJW 1991, 2918 (2919); OLG Köln NJW 1997, 2191 (2192); Sch-Sch-*Eser* § 223 Rn. 3; *Lackner-Kühl* § 223 Rn. 4; *Dreher-Tröndle* § 223 Rn. 3; *Küper* BT S. 219; *Wessels-Hettinger* BT/1 Rn. 256; *Rengier* BT/2 13/7; (alle zu § 223 StGB); und RGSt 7, 259 (260) („etwa ein Vaterunser lang"); 33, 234 (235); LK-*Träger/Schluckebier* § 239 Rn. 19; Sch-Sch-*Eser* § 239 Rn. 4; *Rengier* BT/2 22/8 (zu § 239 StGB).

[11] Diesen Unterschied hebt auch *Bohnert* Mietpreisüberhöhung, S. 11 f. hervor.

[12] Ob das römische Recht die Überschreitung des Wertes um das Doppelte ursprünglich als eine Mindestvoraussetzung ansah oder aber auch geringere Abweichungen als *laesio enormis* erfaßte, ist unklar (*Becker* Laesio enormis, S. 46).

[13] Dies war in der ersten Fassung des § 302a StGB freilich noch insofern anders, als diese Vorschrift das auffällige Mißverhältnis als eine Überschreitung des üblichen Zinsfußes cha-

Die Existenz eines strafrechtlichen Wucherverbotes ist somit in mehrfacher Hinsicht erklärungsbedürftig. Vor diesem Hintergrund kann es nicht erstaunen, daß die geringe praktische Relevanz des Wuchers in der Literatur kaum noch kritisiert wird; vielmehr zwingt die augenscheinliche Gegenläufigkeit der Vorschrift zu tragenden Prinzipien des geltenden Rechts anscheinend dazu, den Wucher durch eine restriktive Interpretation nach Möglichkeit „kleinzuhalten". Die „Ineffizienz" der Vorschrift erscheint somit nicht mehr als skandalös, sondern als sachgemäß.[14]

Erstaunlich ist, daß sich die Debatte über die Grundlagen des Wuchers auf die Auslegung der einzelnen Tatbestandsvoraussetzungen kaum ausgewirkt hat, obwohl gerade bei einem von normativen Merkmalen beherrschten Tatbestand wie § 291 StGB zu vermuten wäre, daß sich hier dogmatische Differenzen im Grundsätzlichen auf die Behandlung von Detailproblemen auswirken müßten. Dennoch ist die Auslegung der konkreten Tatbestandsmerkmale allenfalls bezüglich einiger Details umstritten, was um so befremdlicher erscheint, als die gängigen Definitionen zum Teil bereits auf den ersten Blick wenig überzeugen. So ist etwa die einhellige Bestimmung des zentralen Tatbestandsmerkmals des „auffälligen Mißverhältnisses" schlicht tautologisch: Ein solches Mißverhältnis soll dann vorliegen, wenn „die Diskrepanz des Wertes der jeweiligen Leistungen dem Kundigen – gegebenenfalls auch erst nach genauer Prüfung des oft verschleierten Sachverhalts – ins Auge springt".[15] Ähnlich vage bleibt die herrschende Ansicht auch, wenn sie das Merkmal der Zwangslage als eine „wirtschaftliche Bedrängnis" des Opfers beschreibt.[16]

---

rakterisierte. Freilich sollte mit dem unbestimmten, auf die Benennung konkreterer Anhaltspunkte verzichtenden Begriff der Üblichkeit gewährleistet werden, daß sämtliche für den konkreten Fall in Betracht zu ziehenden Faktoren Berücksichtigung finden konnten und sich der Darlehensgeber nicht etwa „mit einer für alle Fälle gleichmäßigen Kapitalrente, die durch das Gesetz festgestellt wurde, abfinden" mußte (*Friedmann* Reichswuchergesetz, S. 59).

[14] Exemplarisch *Scheffler* GA 1992, 1 (18), der der Einschätzung *Nacks* (MDR 1981, 621), der Wuchertatbestand wirke wie ein „faradayischer Käfig" für den Wucherer, zwar ausdrücklich zustimmt, dies aber für „nicht einmal zu bedauern" hält, da es beim Wucher „doch nur darum" gehe, „ausnahmsweise ein ansonsten legales und berechtigtes Verhalten zu verbieten, nämlich aus einem Geschäft den 'größtmöglichen Gewinn' zu ziehen." Skeptisch bezüglich der Tauglichkeit des Strafrechts zu einer adäquaten Regulierung dieses Lebensbereichs *Otto* MschrKrim 63 (1980), 399 (405 ff.).

[15] BGHSt 43, 53 (59); OLG Stuttgart wistra 1982, 36 f.; BayObLG NJW 1985, 873; LK-*Schäfer/Wolff* § 302a Rn. 27; SK-*Hoyer* § 291 Rn. 50; NK-*Kindhäuser* § 291 Rn. 42; *Lackner-Kühl* § 291 Rn. 3; Sch-Sch-*Stree/Heine* § 291 Rn. 12; *Tröndle-Fischer* § 291 Rn. 16; *Otto* BT 61/128; *ders.* JR 1985, 169; *ders.* NJW 1982, 2745 (2746); *Niethammer* Lehrbuch, S. 365; *Hohendorf* Individualwucher, S. 107 f.; *Sturm* JZ 1977, 84 (86); *Haberstroh* NStZ 1982, 265 (266).

[16] BGHSt 42, 399 f.; LK-*Schäfer/Wolff* § 302a Rn. 14; SK-*Samson* § 302a Rn. 33; SK-*Hoyer* § 291 Rn. 11; NK-*Kindhäuser* § 291 Rn. 30; Sch-Sch-*Stree/Heine* §291 Rn. 23; *Lackner-Kühl*

Diese Andeutungen sollen vorläufig nur belegen, daß ein Wiederaufgreifen des Wuchertatbestandes trotz der weitgehenden Einmütigkeit hinsichtlich der Auslegungsergebnisse nicht mutwillig geschieht. Die Systematisierung des Wirtschaftsstrafrechts im weiteren Sinne und damit die Sicherung der Fundamente der strafrechtlichen Verfassung der Wirtschaft bleiben so lange unvollständig gelöste Aufgaben, wie das Wucherverbot ein ungeklärtes, zu anderen Rechtsinstituten kaum in Beziehung gesetztes und deshalb am liebsten verleugnetes Kuriosum darstellt, das es nicht zufällig in die „Abfallschublade" des Gesetzgebers, nämlich in den Abschnitt mit dem nichtssagenden Titel „strafbarer Eigennutz" verschlagen hat.[17]

Um zu einer konsistenten Einordnung des Wuchertatbestandes in die Systematik des Besonderen Teils des Strafgesetzbuchs zu gelangen und zu klären, worin der Unrechtsgehalt des Wuchers in einer Rechtsordnung zu erblicken ist, die von der Eigenverantwortlichkeit des einzelnen bei der Verwaltung seiner Rechtsgüter ausgeht, gilt es, zunächst die Grundlagendiskussion über den Wuchertatbestand aufzugreifen. Sodann soll versucht werden, die dabei erzielten Ergebnisse stärker als bisher mit der Erörterung der Detailprobleme zu verbinden. Damit ist der Gang der Untersuchung bereits in groben Umrissen vorgezeichnet: In einem ersten Abschnitt wird zunächst auf die Überlegungen zur grundsätzlichen Problematik eines strafrechtlichen Wucherverbots einzugehen sein. Die Untersuchung wird sich dabei weitgehend auf die Diskussion der letzten Jahrzehnte konzentrieren, die die Frage nach der Ratio des Wucherverbots als eine Frage nach dessen „geschütztem Rechtsgut" ansieht (1 b). Zuvor allerdings soll kurz auf die Charakteristik der Wucherregelung im deutschen Strafgesetzbuch seit 1880 und auf erste literarische Reaktionen darauf eingegangen werden, um das „Profil" der zu untersuchenden Regelung deutlicher hervortreten zu lassen (1 a). In einem zweiten Abschnitt wird sodann eine eigenständige theoretische Einordnung des Wuchers versucht werden, wobei die verschiedenen „Opferklassen" des § 291 StGB getrennt behandelt und die dabei erzielten Ergebnisse sogleich in konkrete Interpretationsvorschläge umgemünzt werden sollen.

Die Untersuchung wird erweisen, daß die dogmatischen Schwierigkeiten des Wuchertatbestandes weder durch eine ökonomisch inspirierte Betrachtungsweise – wie sie verschiedenen Autoren des 19. und frühen 20. Jahrhunderts vorschwebte – noch durch die Bestimmung des „geschützten Rechtsguts" – in welcher die heutige Literatur den Schlüssel zu einer dogmatischen Erfassung des Wuchers sieht – in den Griff zu bekommen sind. Die dogmatische Abgrenzung

---

§ 291 Rn. 8; ebenso *Tröndle/Fischer* § 291 Rn. 10; *Otto* BT 61/134; *Arzt/Weber* 24/11 f.; *Maurach/Schroeder/Maiwald* BT/1 43/21; *Gössel* BT/2 32/8; *Heinsius* Rechtsgut, S. 150 f.

[17] Kritisch zu dieser Einordnung neben Jagdvergehen und anderem auch *Pardo* Wucherlichkeit, S. 19.

zu den benachbarten Delikten der Erpressung und des Betruges wird vielmehr belegen, daß § 291 StGB mit den herkömmlichen Grundsätzen der objektiven Zurechnung nicht in Einklang zu bringen ist. Die Hauptthese der vorliegenden Arbeit wird lauten, daß diese Verschiebung der normativen Kriterien einem gegenläufigen Zurechnungsprinzip geschuldet ist, welches vor allem aus dem Zusammenhang der unterlassenen Hilfeleistung, aber auch des rechtfertigenden Notstands bekannt ist und welches hier in Übereinstimmung mit einer inzwischen etablierten Terminologie als Gedanke der „Solidarität" bezeichnet werden soll. Diese Einordnung wird es sodann ermöglichen, die Auslegung der Tatbestandsmerkmale durch die herrschende Meinung etwas zu präzisieren bzw. auf eine tragfähigere Grundlage zu stellen.

1. Abschnitt: Der moderne strafrechtliche Wuchertatbestand und seine dogmatische Rezeption

A. Rechtsgeschichtliche Vorbemerkungen

I. Die „Vorgeschichte" des heutigen Wuchertatbestandes

Der Tatbestand des § 291 StGB unterscheidet sich erheblich von der strafrechtlichen Regelung, die der Wucher in anderen Epochen erfahren hat. Dieser Befund belegt, daß es sich hier um ein Delikt handelt, welches in besonders hohem Maße abhängig vom Wandel moralischer, aber auch ökonomischer Anschauungen erscheint. Bis ins 19. Jahrhundert hinein war in den meisten deutschen Partikularrechtsordnungen allein die Überschreitung eines behördlich vorgeschriebenen Zinssatzes als Wucher strafbar, während andere Rechtsgeschäfte von einem strafrechtlichen Wucherverbot grundsätzlich nicht erfaßt waren.[18]

Diese Rechtslage beruhte ihrerseits auf einer überaus wechselvollen Geschichte, in der vor allem die Einflüsse des kanonischen sowie des römischen Rechtes einflußreich waren. Während sich das Wucherverbot im römischen Recht als eine punktuelle Durchbrechung einer ansonsten unbeschränkten Vertragsfreiheit darstellte,[19] beruhte das kanonische Wucherverbot auf einer in sich geschlossenen Morallehre, die es *per se* als Ausbeutung ansah, aus der Notlage eines anderen in irgendeiner Weise Kapital zu schlagen.[20] Die Kirche untersagte deshalb – „entsprechend der Lehre Christi und seiner Jünger von der unbegrenzten Liebe, die man seinem Nächsten schuldet"[21] – zunächst nur den Klerikern, später aber auch den christlichen Laien generell das Fordern von Zinsen als Gegenleistung für Darlehen.[22] Die christlich-aristotelische Wertlehre qualifizierte das Streben nach Vorteil im geschäftlichen Austausch prinzipiell als

---

[18] *Isopescul-Grecul* Wucherstrafrecht, S. 168; *Hohendorf* Individualwucher, S. 44 ff.; *Rühle* Wucherverbot, S. 25 ff.; *Heinsius* Rechtsgut, S. 6 ff. Im Zivilrecht existierte hingegen das auf die Zeit *Justinians* zurückgehende Institut der sogenannten „laesio enormis" (Codex Just. 4,44,2 und 8), durch welches demjenigen, der für eine bestimmte Leistung mehr als das Doppelte des *verum pretium* aufgewendet hatte, ein Recht zur Anfechtung des Vertrages eingeräumt wurde, wenn sich der andere Teil nicht auf eine Vertragsanpassung einlassen wollte (*Meyer im Hagen* Wuchergesetzgebung, S. 5 f.); vgl. dazu ausführlich vor allem die Untersuchung von *Becker* Laesio enormis, passim.

[19] Vgl. dazu ausführlich vor allem *Isopescul-Grecul* Wucherstrafrecht, S. 28 ff; außerdem *Herrmann* Gedanke, S. 15 ff.

[20] *R. Schmidt* Wucher und Ausbeutung, S. 165.

[21] *Isopescul-Grecul* Wucherstrafrecht, S. 66.

[22] *Friedmann* Reichswuchergesetz, S. 11; *Hohendorf* Individualwucher, S. 41. Praktische Wirksamkeit entfaltete dieses Verbot aber erst, als Karl der Große es zum Bestandteil auch des weltlichen Rechts werden ließ (*Isopescul-Grecul* Wucherstrafrecht, S. 73).

unmoralisch;[23] der gerechte Vertrag zeichnete sich nach dieser Konzeption durch die objektive Gleichwertigkeit der ausgetauschten Leistungen aus. Der Bedürftige und deshalb aus dem Tauschprozeß Ausgeschlossene hingegen sollte entweder kostenlos „solidarische“ Hilfe durch die Mitchristen erhalten oder sich aber mit seinem Los bescheiden.[24] Auf Grund dieser Geschlossenheit der Konzeption war dem kanonischen Recht auch die Vorstellung eines strafbaren Sachwuchers durchaus nicht fremd; schon früh und immer wieder ermahnte die Kirche die Gläubigen, den Nächsten nicht zu übervorteilen.[25] Im Mittelalter führte dieses Anliegen zur Herausbildung eines umfänglichen Taxsystems, da ansonsten keine Möglichkeit bestand, Maßstäbe für die Angemessenheit des Preises zu finden.[26]

Ebenso wie das ursprüngliche römische Konzept unbeschränkter Vertragsfreiheit besonders in Notzeiten immer wieder gegenläufige Korrekturen zulassen mußte, kollidierte auch das vom umgekehrten Standpunkt ausgehende christlich-aristotelische Modell mit den Erfordernissen des Wirtschaftsverkehrs. Mit dem Aufkommen neuer und komplizierterer Formen des Wirtschaftens wurde – zunächst in den oberitalienischen Städten – das generelle Zinsverbot durch immer zahlreichere Ausnahmetatbestände aufgelockert oder mit Hilfe neuartiger Vertragskonstruktionen umgangen[27] und schließlich durch Regeln ersetzt, die das Überschreiten einer behördlich festgesetzten Zins*ober*grenze untersagten.[28] Dieses System setzte sich wie in den meisten europäischen Ländern auch in Deutschland durch.[29] Auf dem Gebiet des Sachwuchers hingegen hielt sich in

[23] Vgl. *Goez* Ringen, S. 21.

[24] Etwas weniger streng war in diesem Zusammenhang die Lehre der griechischen Kirche; hier wurden zumindest Verzugszinsen für vertretbar gehalten (*Friedmann* Reichswuchergesetz, S. 11).

[25] *Isopescul-Grecul* Wucherstrafrecht, S. 84 ff.

[26] *Isopescul-Grecul* Wucherstrafrecht, S. 87 ff. Den Scholastikern kam es dabei darauf an, daß die Taxierung sich nicht etwa nach dem Marktwert, sondern nach der *bonitas intrinseca* richten müsse, zu deren Ermittlung dann allerdings der *cursus* bzw. die *communis aestimatio* als Indikatoren heranzuziehen sein sollten (*Friedmann* Reichswuchergesetz, S. 26). Freilich stellt sich die Lehre vom *iustum pretium* auch zu Zeiten der Hochscholastik keineswegs einheitlich dar; *Thomas* und andere „Realisten“ argumentierten bereits damals zugunsten einer gerechten Markt*organisation*, die dann die Gerechtigkeit des Preises von selbst verbürge; vgl. *Goez* Ringen, S. 24 f; *Bartholomeyczik* AcP 166 (1966), 30 (42).

[27] So begünstigte das Wucherverbot die Herausbildung des sogenannten Rentenkaufs, bei denen die Wucherbestimmungen nicht eingriffen (*Friedmann* Reichswuchergesetz, S. 12).

[28] *R. Schmidt* Wucher und Ausbeutung, S. 167 f. *Binding* (Lehrbuch, S. 255) kommentiert diesen Sachverhalt mit den Worten, daß die kirchliche Auffassung „nie und nirgends zum vollen Sieg über das Leben gelangt“ sei.

[29] *Friedmann* Reichswuchergesetz, S. 13 f.; *Hohendorf* Individualwucher, S. 44 ff. Es handelte sich dabei um eine schrittweise Verdrängung des Zinsverbots, welches reichsgesetzlich nie formell aufgehoben wurde; vielmehr wurde noch lange Zeit dessen prinzipielle Geltung

den deutschen Staaten bis weit in die Neuzeit ein ausdifferenziertes Taxsystem, das Verstöße auch strafrechtlich sanktionierte.[30]

Etwa seit der zweiten Hälfte des 18. Jahrhunderts gerieten die überkommenen Wuchergesetze zunehmend in die Kritik. Im Hintergrund stand dabei vielfach die erstmals von *Adam Smith* theoretisch ausgearbeitete Überzeugung, daß nicht die Beschränkung des egoistischen Gewinnstrebens aus moralischen Gründen, sondern im Gegenteil nur dessen konsequente Förderung das materielle Wohl der Allgemeinheit verbürgen könne, da dann eine „unsichtbare Hand" alles zum Besten lenke.[31] Unter dem Einfluß dieser Lehre wurden bis zur Mitte des 19. Jahrhunderts in zahlreichen deutschen Partikularstaaten ebenso wie in einem großen Teil des europäischen Auslands sämtliche Wuchervorschriften zugunsten einer schrankenlosen Zins- oder „Wucherfreiheit" beseitigt.[32] Auch das in der Blütezeit des Wirtschaftsliberalismus entstandene Reichsstrafgesetzbuch von 1871 sah eine Strafbarkeit des Wuchers nicht mehr vor.

II. Die Einführung des „modernen" Wuchertatbestandes im RStGB

Bereits kurze Zeit nach der Entkriminalisierung des Wuchers galt indes die Theorie von der „unsichtbaren Hand" in Deutschland als durch die praktischen Erfahrungen vor allem der ländlichen Bevölkerung desavouiert:[33] Nur zehn Jahre nach Erlaß des Reichsstrafgesetzbuchs wurde deshalb in dieses – nach dem

---

betont, obgleich es *de facto* längst zur „konventionellen Lüge" verkommen war (*Isopescul-Grecul* Wucherstrafrecht, S. 129).

[30] *Isopescul-Grecul* Wucherstrafrecht, S. 165 ff.

[31] Ausgerechnet *Adam Smith* hielt jedoch noch in seiner „Inquiry into the nature of riches of peoples" Zinstaxen für notwendig mit der Begründung, ansonsten gerate das Kapital in die Hände unseriöser Geschäftemacher (*Smith* Wohlstand der Nationen, S. 294). Dazu, daß *Smith* das Prinzip der unsichtbaren Hand nicht auf den gesamten Bereich des menschlichen Zusammenlebens angewendet wissen wollte, *Mestmäcker* Sichtbare Hand, S. 166 ff.

[32] *Caro* Wucher, S. 33; *Friedmann* Reichswuchergesetz, S. 9; *Isopescul-Grecul* Wucherstrafrecht, S. 160 ff.; *Heinsius* Rechtsgut, S. 9; *Luig* FS Coing, 171 (176). Dabei lassen sich zwei Phasen beobachten [*Luig* FS Coing, 171 (176)]: Eine erste Liberalisierungswelle setzte schon gegen Ende des 18. Jahrhunderts ein, als *Joseph II.* die Wuchergesetze in Österreich beseitigte und auch Frankreich die schrankenlose Zinsfreiheit erst faktisch durch Nichtanwendung der einschlägigen Vorschriften und mit dem *code civil* dann auch rechtlich einführte. In Österreich wurde diese Maßnahme bereits 1803 wieder zurückgenommen, bevor das gleiche Experiment im Jahre 1868 noch einmal wiederholt und wiederum nach kurzer Zeit (1877) für gescheitert erklärt und rückgängig gemacht wurde. Frankreich hingegen hat seine schon 1807 erneuerten Zinsbeschränkungen das ganze 19. Jahrhundert hindurch aufrechterhalten und nahm damit in Europa eine Sonderstellung ein. Zu alledem *Caro* Wucher, S. 24 ff.

[33] *Hälschner* Deutsches Strafrecht, S. 431: „Die Erwartung aber, daß mit Beseitigung der Wuchergesetze auch der sittlich verwerfliche Wucher verschwinden und die Höhe des Zinsfußes in Folge der freigegebenen Concurrenz sich von selbst in der entsprechenden Weise regeln werde, erwies sich als trügerisch."

Vorbild des badischen Strafgesetzbuchs von 1845 (§ 533)[34] – eine neue strafrechtliche Regelung gegen den Kreditwucher eingefügt, die 1893 durch eine gegen den Sachwucher gerichtete Vorschrift ergänzt wurde.[35] Aus diesem Normenkomplex der §§ 302a-302e StGB entwickelte sich der heutige § 291 StGB. Dieses neue Wucherstrafrecht unterschied sich von dem alten Verbot der Maximalzinsüberschreitung grundlegend und war einerseits weiter, andererseits enger als dieses:[36]

Die *Erweiterung* bestand darin, daß der Wucher nun nicht mehr auf das Annehmen übermäßiger Zinsleistungen beschränkt war, sondern prinzipiell jedes Austauschverhältnis erfassen konnte.[37] Während noch *Jeremy Bentham* gegen den alten Zinswucher mit dem Argument polemisiert hatte, daß schließlich auch beim Kauf grobe Mißverhältnisse zwischen Leistung und Gegenleistung an der Tagesordnung seien und keinerlei rechtliche Sanktion nach sich zögen,[38] führte dieselbe Erkenntnis nun zu einer erheblichen Ausweitung der Wucherstrafbarkeit und somit gerade zu einer Generalisierung des von *Bentham* als „absurd and mischievous" bezeichneten Prinzips. Allerdings blieben die Voraussetzungen für eine Bestrafung wegen Sachwuchers insoweit strenger, als in diesem

---

[34] *Friedmann* Reichswuchergesetz, S. 17 f.

[35] Forciert wurde dieser Stimmungsumschwung vor allem durch die Untersuchung des „Vereins für Socialpolitik" über „Wucher auf dem Lande" aus dem Jahre 1887, die bestürzende Ergebnisse über die Ausbeutung der ländlichen Bevölkerung in zahlreichen deutschen Regionen lieferte; dazu *Caro* Wucher, S. 1 ff; *Fuld* GS 49 (1894), 28 ff.

[36] Vgl. *R. Schmidt* Wucher und Ausbeutung, S. 173.

[37] Nach den Motiven liegt der Anlaß für diese Ausdehnung der Strafbarkeit „in dem planmäßigen Bestreben der Wucherer, allmählich die Herrschaft über die gesamte wirtschaftliche Existenz des Schuldners zu erlangen. Zumeist beginnt die Geschäftsverbindung mit dem Abschluß einwandfreier Geschäfte. Dabei wird aber der Kredit dem Schuldner häufig aufgedrängt, die Abwicklung der Angelegenheit hinausgezögert. Im weiteren Verlauf setzt durch Verdunkelung des Abrechnungsverhältnisses, durch Benutzung vorübergehender Bedrängnisse, durch Förderung unwirtschaftlicher Neigungen des Schuldners die Ausbeutung ein. Die drückender werdenden Schuldverpflichtungen nötigen den Schuldner, seine Erzeugnisse weit unter dem Wert dem Wucherer in Zahlung zu geben oder fernere Stundungen durch Veräußerungen, Anschaffungen, Leihverträge zu erkaufen, bei denen er sich einer maßlosen Übervorteilung unterwerfen muß. Die völlige Abhängigkeit, in die der Schuldner allmählich so gerät, endet gewöhnlich mit dem Verluste seiner ganzen Habe" (zitiert nach *R. Schmidt* Wucher und Ausbeutung, S. 183).

[38] *Bentham* Defence of Usury, S. 13 f.: „... but why a policy, which, as applied to exchanges in general, would be generally deemed absurd and mischievous, should be deemed necessary for this particular kind of exchange, mankind are as yet to learn ... Why a man who takes as much as he can get ... for the use of a sum of money should be called usurer, should be loaded with an opprobious name, and more than if he had bought a house with it, and made a proportionable profit by the house, is more than I can see."

Bereich nur das gewerbsmäßige Wuchern überhaupt tatbestandsmäßig war.[39] Der Grund für diese Differenzierung lag in der Befürchtung, daß die einschränkungslose Einführung des Sachwuchers „den reellen Geschäftsverkehr in seiner freien Entfaltung zu hemmen drohe."[40] Zudem „bestehe nur im Fall des Kreditwuchers ein allgemeiner Maßstab der Unverhältnismäßigkeit in dem üblichen Zinsfuß."[41]

Die *Verengung* des Tatbestandes bestand auf der anderen Seite darin, daß die Strafbarkeit nun nicht mehr allein von der Überschreitung einer quantitativen Toleranzgrenze, sondern zudem davon abhängig gemacht wurde, daß der Täter es mit einem in bestimmter Weise als „schwach" gekennzeichneten Opfer zu tun hatte. Damit hatte sich das Wucherverbot in seinem Charakter grundlegend verändert: Es ging nun nicht mehr um einen Akt des Ungehorsams gegen staatlich verordnete Richtwerte[42] – insoweit vergleichbar heutigen Bestimmungen des Umweltstrafrechts –, sondern um die Ausbeutung eines schwächeren Marktteilnehmers. Nicht der Gehorsamsanspruch des Staates, sondern die Rechte des Bewucherten wurden als das Verletzungsobjekt der wucherischen Tat angesehen. Damit rückte die ursprüngliche Perspektive des Wucherverbots, nämlich die Versündigung am hilfsbedürftigen anderen, wieder stärker in den Blick. Bezeichnend für die damalige Einordnung des Wucherunrechts war der Standort der neuen Vorschriften hinter den §§ 301, 302 StGB, die das Verbot der Ausnutzung *Minderjähriger* zum Gegenstand hatten.[43] Somit rückte das Wucheropfer nun in die Nähe eines Geschäftsunfähigen[44] – und damit in das Zentrum der Wucherproblematik.

Noch in einer weiteren Hinsicht unterscheidet sich das „moderne" Wucherstrafrecht des Reichsstrafgesetzbuches deutlich von der alten Konzeption. Es hatte sich die Auffassung durchgesetzt, daß die gesetzliche Festlegung starrer Zins- bzw. Preisobergrenzen viele strafwürdige Fälle der Verfolgung entziehe, wäh-

---

39 Beim Zinswucher hingegen führte Gewerbsmäßigkeit nach § 302d StGB zu einer Straf*schärfung*; vgl. *Meyer im Hagen* Wuchergesetzgebung, S. 16.

40 *R. Schmidt* Wucher und Ausbeutung, S. 183.

41 *R. Schmidt* ebd.

42 Vgl. *Isopescul-Grecul* Wucherstrafrecht, S. 130.

43 *Friedmann* Reichswuchergesetz, S. 46 ff. In den beiden genannten Vorschriften war in subjektiver Hinsicht eine „gewinnsüchtige Absicht" verlangt, die auch das Streben nach dem gewöhnlichen Gewinn umfaßte (*Friedmann* ebd.).

44 Nach *Hälschner* Lehrbuch, S. 431 wurden die neuen Wucherparagraphen „in Anlehnung an die Strafbestimmungen gegen das unerlaubte Creditieren an Minderjährige" formuliert. Die Motive der Wuchernovelle von 1880 heben jedoch selbst hervor, daß neben der Ähnlichkeit „doch auch eine wesentliche Verschiedenheit nicht zu verkennen ist", die darin bestehe, daß beim Wucher anders als bei der Ausbeutung Minderjähriger „der *Inhalt der Verbindlichkeit* ein wesentliches Moment des Thatbestandes bildet" (zitiert nach *Friedmann* Reichswuchergesetz, S. 49, Hervorhebung dort).

rend andererseits auch ein überdurchschnittlicher Zinssatz zur Absicherung eines überdurchschnittlich hohen Risikos durchaus gerechtfertigt sein könne.[45] Beides sprach für eine Flexibilisierung des Tatbestandes hinsichtlich der Grenze, bei der erlaubtes Gewinnstreben in strafbaren Wucher umschlägt. Die Norm sollte an dieser Stelle also nicht erweitert oder verengt, sondern den „Umständen des concreten Falles“[46] angepaßt werden. Gesetzgeber und Wissenschaft waren dabei unbesorgt, daß „Weisheit und Lebenserfahrung des Richters“[47] den Mangel an Bestimmtheit der Norm hinreichend kompensieren würden.

Die damit bewirkte Entformalisierung des Wuchertatbestandes und die Apostrophierung eines „materiellen“ Wucherbegriffs machen für die Auslegung des auffälligen Mißverhältnisses, aber auch der verschiedenen Schwächelagen – als solche führte das Reichsstrafgesetzbuch Notlage, Unerfahrenheit und Leichtsinn auf – in weitaus höherem Maße als die alten Zinsüberschreitungsverbote eine *Theorie* des Wuchers erforderlich, die es dem Richter ermöglicht, den ihm durch den Wortlaut gewährten Entscheidungsspielraum sachgerecht und vorhersehbar zu nutzen. Nur wenn es gelingt, die dem strafrechtlichen Wucherverbot zugrundeliegenden Wertungen klar herauszuarbeiten, kann diese Vorschrift anderes und überzeugenderes sein als – in den Worten *Richard Schmidts* – „ein willkürliches Zwischengebilde, die prinziplose Ausnahmeregel des Polizeistaates, die den Verkehr in typischen Sondererscheinungen bevormundet“.[48]

B. Bisherige Erklärungsversuche

I. Die ältere Strafrechtswissenschaft

In der Strafrechtswissenschaft wurden die durch den neuen Wuchertatbestand aufgeworfenen Schwierigkeiten zunächst anscheinend kaum wahrgenommen. So erkennt *Berner* in seinem Lehrbuch zwar, daß die Bestimmung des „auffälligen Mißverhältnisses“ nicht unproblematisch ist, beläßt es jedoch ansonsten bei einer zustimmenden Darstellung der positiven Regelung, die „die Kluft zwischen dem Volksgewissen und dem Gesetzbuche“ geschlossen habe, ohne zu einer „Beschränkung des Zinsfußes und der allgemeinen Wechselfähigkeit“ zu gelangen.[49] Auch *v. Liszt* hegt bezüglich der rechtspolitischen wie rechtsdogmatischen Unbedenklichkeit des Wuchers keine Zweifel und beschränkt sich in seinem Lehrbuch deshalb auf eine nacherzählende Darstellung der positiv-

---

[45] *Berner* Lehrbuch, S. 609; *Friedmann* Reichswuchergesetz, S. 58 f.
[46] *Hälschner* Lehrbuch, S. 434.
[47] *Berner* Lehrbuch , S. 609.
[48] *R. Schmidt* Wucher und Ausbeutung, S. 169, über die Wuchergesetzgebung in der Übergangszeit des späten Mittelalters.
[49] *Berner* Lehrbuch, S. 608.

gesetzlichen Regelung.[50] Eine etwas ausführlichere Würdigung erfährt der Wucher bei *Hälschner*, der eine Parallele dieses Deliktes zum Betrug ausmacht. Diese beziehe sich zum einen auf den *dolus*, „zum Nachtheile des Schuldners aus dessen Vermögen sich oder einen Andern zu bereichern", zum anderen auf die Methode des Täters, „sich einer Handlung des Verletzten selbst zur Verwirklichung ihrer Absicht [zu] bedienen."[51] Gleichzeitig entgeht *Hälschner* aber nicht der gravierende Unterschied zwischen beiden Delikten: Während „die den Betrogenen beschädigende Handlung durch den Betrüger mittelst Täuschung verursacht sei", verzichte der Tatbestand des Wuchers auf ein derartiges Erfordernis einer „Provokation" des Opferverhaltens durch den Täter, der hier nur eine „vorgefundene Lage" des Kontrahenten ausnutze.[52] Die damit aufgeworfene Zurechnungsproblematik wird von *Hälschner* jedoch nicht weiter erörtert. Ebensowenig thematisiert er die Frage, worin das Charakteristikum „ausbeuterischen" Verhaltens liege und wodurch sich dieses von einem nach „marktwirtschaftlichen" Kriterien klugen Verhalten unterscheide. Vielmehr suggeriert der Begriff der Ausbeutung anscheinend auch für *Hälschner* erfolgreich eine Evidenz des rechtlichen Unwerturteils, die aber vor dem Hintergrund der Zulässigkeit freier Preisfestlegung überaus problematisch erscheinen muß.

1) Insbesondere: Isopescul-Grecul

a) Darstellung

Den Versuch einer Theorie des Wuchers bietet hingegen *Isopescul-Grecul* in seiner großangelegten Untersuchung aus dem Jahre 1906. Er sieht eine „*Sonderstellung* des Wucherdelikts im geltenden Strafrecht"[53], die er mit Hilfe einer „aprioristischen"[54] Betrachtungsweise erhellen will. Am Beginn seiner Erörterungen steht deshalb eine Analyse der Begriffe des Tauschsystems, der Ausbeutung und des gerechten bzw. ungerechten Preises. *Isopescul-Grecul* geht dabei zunächst davon aus, daß eine vertragliche Willenseinigung dann zustande komme, „wenn beide Teile die Überzeugung haben, daß das, was jeder erhält, für ihn nutzbringender ist, als das, was er gibt."[55] Diese Ausgangsposition scheint für eine Begründung des Wucherverbots zunächst ungünstig; indem er eine abweichende Bewertung der auf dem Spiel stehenden Leistungen durch die

[50] *v. Liszt* Lehrbuch, S. 682 ff; ähnlich *Binding* Lehrbuch, S. 450 ff.
[51] *Hälschner* Lehrbuch, S. 435.
[52] *Hälschner* ebd.
[53] *Isopescul-Grecul* Wucherstrafrecht, S. 221, Hervorhebung im Original.
[54] *Isopescul-Grecul* Wucherstrafrecht, S. 8.
[55] *Isopescul-Grecul* Wucherstrafrecht, S. 5.

Beteiligten ausdrücklich zur „Grundvoraussetzung des Tausches“[56] erklärt, untergräbt *Isopescul-Grecul* anscheinend eine entscheidende Voraussetzung dafür, überhaupt objektive Aussagen über das Wertverhältnis verschiedener Leistungen zueinander treffen zu können.

Dennoch läßt sich nach *Isopescul-Grecul* eine *objektive* Bilanz der Gewinne und Verluste beider Vertragspartner aufstellen, wenn man das Konzept eines gerechten Preises grundsätzlich akzeptiere.[57] Um diesen Gedanken einführen zu können, beruft sich *Isopescul-Grecul* auf ein Diktum *Jherings*, nach welchem „Gerechtigkeit – plan und verständlich ausgedrückt – nichts andres als das [sei], was allen *paßt*, wobei alle *bestehen* können“.[58] Ein gerechter Tauschvertrag müsse demnach nicht nur beiden Beteiligten „recht“, also subjektiv willkommen sein, sondern sie zugleich beide objektiv „bestehen“ lassen, wobei *Isopescul-Grecul* das zweite Kriterium dahingehend übersetzt, daß bei einem solchen Vertrag „jeder von beiden erlangt, was er braucht, und keiner von beiden in seinen Lebensinteressen verletzt wird.“[59]

Wann aber kann nunmehr diese Voraussetzung als erfüllt gelten? Der richtige Ansatz ergibt sich nach *Isopescul-Grecul* aus der Erkenntnis, daß ein Gut nicht ohne Begutachtung der „konkreten Wirtschaftseinheit“ zu bewerten sei, in die es „eingetreten, oder aus der es ausscheiden soll“.[60] Dies beherzigend könne man einem bestimmten Gut einen „individuellen Realisierungswert“ zumessen, der die wirtschaftlichen Möglichkeiten reflektiere, die ein Gut für seinen konkreten Inhaber eröffne. Die objektive Komponente der Gerechtigkeitsdefinition *Jherings* könne dann als erfüllt gelten, wenn die Beteiligten durch den Vertrag an diesem „individuellen Realisierungswert“ keine Einbuße erlitten. Dies sei aber jedenfalls dann der Fall, wenn der Veräußerer eines Gutes dafür nicht den Marktwert erzielen könne, dieser stelle nämlich die untere Schwelle jedes Realisierungswertes dar, da um diesen Preis das Gut jedenfalls loszuschlagen sei.[61]

Daß überhaupt Geschäfte zustande kommen, bei dem eine Seite auf den von ihr eigentlich zu realisierenden Gewinn verzichtet, erklärt *Isopescul-Grecul* mit drei „Grundformen wirtschaftlicher Schwachheit“:[62] Entweder der Betroffene kalkuliere falsch und beweise damit seine *Unerfahrenheit* oder aber er stelle gar keine Berechnungen an und handle somit *leichtsinnig*. Die dritte Möglichkeit sei, daß ein „unabweisliches wirtschaftliches Bedürfnis“ vorliege, welches zu einem „Übermass an subjektiver Wertschätzung des zu erlangenden Gutes“ füh-

---

[56] *Isopescul-Grecul* ebd.
[57] *Isopescul-Grecul* ebd.
[58] *Jhering*, Zweck im Recht I, S. 103 (Hervorhebung bei *Isopescul-Grecul*).
[59] *Isopescul-Grecul* Wucherstrafrecht, S. 7.
[60] *Isopescul-Grecul* Wucherstrafrecht, S. 11.
[61] *Isopescul-Grecul* Wucherstrafrecht, S. 12.
[62] *Isopescul-Grecul* Wucherstrafrecht, S. 16 f.

re und das Trachten nach „Erhaltung der bestehenden materiellen Kraft besiegt und ausschaltet" – die Notlage. In allen diesen Fällen stellt sich somit der Abschluß des wucherischen Geschäfts nach *Isopescul-Grecul* stets als ein irrationales Verhalten des Bewucherten dar. Auch der in Not Befindliche kann seine Situation durch ein solches Geschäft nur verschlechtern; das „unabweisliche Bedürfnis" nach einem lebensnotwendigen Gut ist nach diesem Konzept eine subjektive Überschätzung dessen eigentlichen Wertes.

b) Kritik

Ist es *Isopescul-Grecul* damit gelungen, das Problem, „an dessen Lösung durch Jahrtausende gearbeitet worden ist",[63] einer befriedigenden Lösung zuzuführen und für die Auslegung des Wuchertatbestandes eine zuverlässige „aprioristische" Grundlage zu schaffen? Die Frage ist zu verneinen. Zunächst erscheint in *methodischer* Hinsicht die Selbstverständlichkeit, mit der *Isopescul-Grecul* die apodiktische Gerechtigkeitsdefinition *Jherings*[64] zum zentralen Kriterium seiner Theorie macht, zumindest überraschend. Indem er in seiner Argumentation über das positive Recht hinausgreift, fordert er zu der Frage heraus, inwiefern der von ihm gewählten Gerechtigkeitskonzeption vor konkurrierenden Auffassungen der Vorzug gebührt. Unklar bleibt auch das Verhältnis volkswirtschaftlicher Überlegungen einerseits und normativer Theorie andererseits zueinander. Insofern erscheint bereits das methodische Fundament des *Isopescul-Grecul*'schen Theoriegebäudes nur unzureichend gesichert; es wird nicht wirklich *begründet*, warum in einem durch einen radikalen „Bewertungssubjektivismus" beherrschten System eine objektive Größe überhaupt eine normativ relevante Rolle spielen soll. Gerade eine solche Begründungsarbeit hatte *Isopescul-Grecul* mit seinem „aprioristischen" Ansatz aber leisten wollen.

Auch in der Durchführung zeigt der Ansatz *Isopescul-Greculs* Schwächen. So erscheint das Konzept des „individuellen Realisierungswertes", welches *Isopescul-Grecul* zufolge für den im Rahmen des Wuchertatbestandes notwendigen Wertvergleich zu bemühen ist, durchaus problematisch. Dieser Wert, der ausdrücklich nicht das subjektive Interesse des einzelnen an dem Gut, sondern die objektiven Verwertungschancen einer bestimmten Wirtschaftseinheit abbilden soll,[65] wird bei Verbrauchsgütern in der Regel bei allen Beteiligten der gleiche

[63] *Isopescul-Grecul* Wucherstrafrecht, S. 8.
[64] *Jhering* bringt die Definition im Kontext seines Konzepts vom *Äquivalent*, welches das Gleichgewicht zwischen dem Egoismus des einzelnen und dem der Gesellschaft und zugleich die „Verwirklichung der *Idee der Gerechtigkeit* auf dem Gebiete des *Verkehrslebens*" (Zweck im Recht I, S. 142, Hervorhebung im Original) darstelle. Bei der Gerechtigkeit komme es deshalb darauf an, „was *allen* paßt, wobei *alle* bestehen können."
[65] *Isopescul-Grecul* Wucherstrafrecht, S. 11: Es soll aber auf eine objektive Betrachtungsweise von außen, nicht aus der Binnenperspektive der jeweiligen Wirtschaftseinheit ankommen.

sein; nur wer mit dem Gut *produktiv* umgeht, kann einen höheren Gewinn realisieren als den Verkehrswert, der bei einer Weiterveräußerung zu erlangen wäre. Geradezu ausgeschlossen erscheint ein unterschiedlicher Realisierungswert bei *Geld*, bei dem von *individuell* verschiedenen Verwertungschancen kaum gesprochen werden kann, da es in der Hand des einen kaum andere Möglichkeiten bietet als in der eines anderen. Fraglich ist zudem, ob der Marktpreis eines Gutes tatsächlich in jedem Fall, wie *Isopescul-Grecul* annimmt, vom Erwerber ohne weiteres wiederum realisiert werden kann. Problematisch erscheint dies etwa bei (möglicherweise verderblichen) Verbrauchsgütern oder dann, wenn es gar nicht um eine Veräußerung, sondern etwa um Miete geht. Es ist demnach nicht ohne weiteres einsichtig, daß eine Unterschreitung des Marktpreises jedenfalls „ungerecht“ sei.

Unzureichend erörtert *Isopescul-Grecul* auch die verschiedenen Opferlagen, deren Vorliegen der Wuchertatbestand voraussetzt. Dies gilt zunächst für die Notlage: Wie *Isopescul-Grecul* selbst zugesteht, ist auch der Marktpreis nichts anderes als ein Durchschnittswert subjektiver Bewertungen, deren Zustandekommen prinzipiell außer Betracht bleibt.[66] Warum aber vor diesem Hintergrund gerade ein „unabweisliches“ Bedürfnis nach einem bestimmten Gut einen *unbeachtlichen* Subjektivismus darstellen soll, bleibt dunkel. Wie, wenn die Notlage eine allgemeine ist und den Marktpreis entsprechend verändert? Auch bei den Wucherlagen der Unerfahrenheit und des Leichtsinns weist die Arbeit *Isopescul-Greculs* Begründungsdefizite auf. Hier versäumt er zu erörtern, wie es sich mit rechtlichen Grundsätzen verträgt, daß diese Eigenschaften bzw. Haltungen das Opfer punktuell von seiner Verantwortung für die von ihm geschlossenen Verträge entlasten, ohne daß sie seine rechtsgeschäftliche Bewegungsfreiheit grundsätzlich einschränkten.

In einer Rechtsordnung, die das Institut der Schenkung als selbstverständlich betrachtet, erscheint schließlich auch die These, jedem wirtschaftlich unausgeglichenen Geschäft liege ein Schwächetatbestand auf der Seite des verlierenden Kontrahenten zugrunde, zumindest begründungsbedürftig. Auch *Isopescul-Grecul* sieht, daß häufig durchaus freiwillig in einen „Schaden“ eingewilligt werde, etwa wenn ein Wohlhabender „in dem für die Reichsten reservierten Prunkzimmer des Restaurants laut Speisekarte doppelte und dreifache Preise bezahlt“. Wenn er sich mit der These zu behelfen sucht, der Zweck solcher Geschäfte sei „mindestens nicht unmittelbar Befriedigung eines wirtschaftlichen Bedürfnisses“,[67] so wird deutlich, daß der Theorie *Isopescul-Greculs* ein entscheidendes Stück fehlt. Es ist ihm somit nicht gelungen, eine zuverlässige „aprioristische“ Grundlage für eine juristische Erfassung des Wuchers zu finden.

---

[66] *Isopescul-Grecul* Wucherstrafrecht, S. 6.
[67] *Isopescul-Grecul* Wucherstrafrecht, S. 287.

2) Caro

a) Darstellung

Die neben derjenigen von *Isopescul-Grecul* wohl einflußreichste der frühen Stellungnahmen zum „modernen" deutschen Wucherstrafrecht stammt von *Caro*, der bereits einige Jahre vor *Isopescul-Grecul* einen ehrgeizigen Versuch unternommen hatte, das „Kopfzerbrechen darüber, was Wucher sei"[68] zu beenden. Ähnlich wie jener zäumt auch *Caro* seine Theorie von der volkswirtschaftlichen Seite her auf; das positive Recht interessiert ihn ausschließlich als Gegenstand rechtspolitischer Kritik. *Caro* nimmt auf breiter gesellschaftlicher Front die von ihm ausdrücklich begrüßte Tendenz wahr, daß „Schritt für Schritt ... sich die aristotelischen Principien, durch die ätzende Kritik des wissenschaftlichen Sozialismus gefördert, das verloren geglaubte Terrain" von den Positionen des Wirtschaftsliberalismus zurückeroberten.[69] Als einen bedeutungsvollen Teilsieg in diesem Kampf sieht er die neuerliche Kriminalisierung des Wuchers in Deutschland und Österreich an. Trotz seiner Beschwörung einer Renaissance der philosophischen Gerechtigkeitstheorie des *Aristoteles* sieht *Caro* die Wucherproblematik in erster Linie als eine „Frage der Socialpolitik" an, die es nur mit „lokal und temporär als richtig erkannten Grundsätzen, die als das Resultat exakter Einzelforschung erscheinen", zu tun habe.[70] Mit diesem Anspruch bemüht er sich, die liberalen Wirtschaftslehren seiner Zeit als empirisch haltlos und zudem als Ausdruck mangelnder Berücksichtigung einer nicht zu leugnenden ethischen Dimension der „Socialpolitik" darzutun, wobei sich seine Argumentation auf den Bereich des Kapitalmarktes konzentriert.

Mit statistischen Befunden greift *Caro* die These an, nach welcher sich auf dem Kapitalmarkt stets der niedrigste Zinssatz durchsetze; wäre diese Auffassung zutreffend, dürfte es nicht innerhalb derselben Stadt zu unterschiedlichen Zinsniveaus kommen, was aber regelmäßig zu beobachten sei, da Faktoren wie Absprachen und Trusts, aber auch die Bereitschaft der Darlehensnehmer, für unbürokratische und zügige Abwicklung „Diskretions- und Celeritätsprämien" zu zahlen, bewirkten, daß keineswegs immer nur der günstigste Anbieter Zuspruch seitens der Kundschaft finde.[71] *Caro* ist nun der Auffassung, daß es für den Wert eines Darlehens auf die mit einer Kreditaufnahme verbundenen subjektiven *Erwartungen* des Darlehensnehmers gar nicht ankommen könne. Vielmehr sei der Zins volkswirtschaftlich nur als Entgelt für den Nutzen zu rechtfertigen, welchen das Kapital dem Darlehensnehmer tatsächlich eingebracht habe; nach

[68] *Caro* Wucher, S. 73.
[69] *Caro* Wucher, S. 106.
[70] *Caro* Wucher, S. 17 ff.
[71] *Caro* Wucher, S. 92 ff.

diesem Wert habe sich also die Zinsbestimmung *ex post* zu richten, ähnlich wie auch im Pacht- und Mietrecht die Gegenleistungspflicht entfalle, wenn die Sache wegen unvorhergesehener Umstände keine Früchte abgeworfen habe oder zum Gebrauch nicht tauglich gewesen sei.[72]

Caros sozialwissenschaftlicher Ansatz bringt es mit sich, daß sich die dogmatisch heiklen Fragen des Wucherverbots für ihn gar nicht stellen. Anstatt sich mit der Frage auseinanderzusetzen, wie die Bestrafung des Wucherers mit der prinzipiellen rechtsgeschäftlichen Kompetenz seines Vertragspartners zu vereinbaren ist, verweist er auf den empirischen Befund, daß „Unerfahrenheit, Notlage oder Leichtsinn *naturgemäß den gewöhnlichen* Zustand des Volkes bilden“[73]. Der Vorschlag, diese Tatbestandsvoraussetzungen ersatzlos aus dem Gesetz zu streichen,[74] stellt sich in juristischer Perspektive freilich als weitgehende Entmündigung der Beteiligten dar, womit das Wucherproblem zu einem außerordentlich hohen Preis gelöst würde.

b) Kritik

Jedenfalls in diesem letzten Punkt ist das (deutsche) Recht der Forderung *Caros* nicht gefolgt. Der von ihm zutreffend bemerkte Trend zu einer „Reethisierung“ des Rechts hat sich jedoch in der Tat fortgesetzt und zu einer immer umfangreicheren Kodifizierung von Arbeitnehmer- und Verbraucherschutz geführt.[75] Zu Recht macht *Caro* insofern auf den Zusammenhang zwischen der Funktionsbestimmung des Staates und der Intensität seines sozialen Engagements einerseits und dem möglichen Inhalt von Strafnormen andererseits aufmerksam. Rückt der Staat im Rahmen seiner Zivil- und Sozialgesetzgebung von „manchesterlichen“ Grundsätzen ab, liegt es nahe, auch im Strafrecht nicht von den sozialen Gegebenheiten zu abstrahieren.[76] Dennoch verfehlt *Caro* das hier zu Tage liegende juristische Problem: Wenn er *Bentham* vorwirft, dieser gehe „nicht von wirklichen Menschen, sondern von Schemen“ aus,[77] übersieht er, daß eine solche abstrakte Sichtweise für das Recht gerade charakteristisch ist, welches die Rechtsbetroffenen unter Absehung von individuellen Besonderheiten und insofern in der Tat „schemenhaft“ als *Personen* konzipiert. Ob und wie dieser prinzipielle „Schematismus“ des Rechts mit an konkreten Bedürfnissen anknüpfenden sozialen Anliegen ohne Widersprüche verbunden werden kann, ist eine systemati-

---

[72] *Caro* Wucher, S. 87.

[73] *Caro* Wucher, S. 143; zustimmend *R. Schmidt* Wucher und Ausbeutung, S. 243.

[74] *Caro* Wucher, S. 144; konsequent zustimmend wiederum *R. Schmidt* ebd.: „Die Aufstellung solcher eigentlich selbstverständlichen Tatbestandsmerkmale infiziert leicht die richterliche Tätigkeit mit einem formalistischen Beisatz“.

[75] Dazu unten 2. Abschnitt A II. 2) c) aa).

[76] Dazu ausführlich unten 2. Abschnitt A II. 2) c) bb).

[77] *Caro* Wucher, S. 21.

sche Frage, die im Rahmen einer juristischen Untersuchung nicht unbeantwortet bleiben darf, sondern auf die es hier gerade ankommt. Für eine Dogmatik des positiven Rechts, die sich nicht in erster Linie als Vorkämpferin einer künftigen Rechtsordnung sieht, ist daher mit dem Ansatz *Caros* nicht viel zu gewinnen.

Auch im Detail erscheinen *Caros* Thesen zumeist wenig überzeugend. Dies gilt zum einen für seine Auseinandersetzung mit der „Grenznutzentheorie". Ob die häufig anzutreffende Bereitschaft zur Zahlung von Diskretions- und „Celeritäts"prämien diese Theorie widerlegt und sie nicht vielmehr bestätigt, bleibt fraglich, da in diesen Fällen ein zusätzlicher Nutzen gezogen wird. Auch kann der Vorschlag, den angemessenen Preis für ein Darlehen im nachhinein zu taxieren und von der Höhe des tatsächlichen Erfolges abhängig zu machen, jedenfalls nicht auf eine Parallele zum Pachtrecht gestützt werden. Auch der Verpächter wird prinzipiell nicht nach der *ex post* festzustellenden Höhe der vom Pächter tatsächlich gezogenen Früchte entlohnt, sondern der Pachtzins wird im vorhinein vereinbart. Die von *Caro* zitierten Vorschriften regeln hingegen ausschließlich die Risikoverteilung in dem Extremfall, daß jegliche Nutzungsmöglichkeit entfällt.[78] Daß dem Kreditgeber ohne Rücksicht auf die Verantwortlichkeit des über die Art der Verwendung des Kredits disponierenden Darlehensnehmers das Investitionsrisiko aufgebürdet werden solle, ist deshalb aus pachtrechtlichen Vorschriften nicht zu deduzieren.

3) Weitere Stellungnahmen

In den Jahren des Ersten Weltkriegs und der Weimarer Republik traten die hier interessierenden Probleme des Individualwucherstrafrechts hinter den Fragen weitgehend zurück, welche die in kurzen Abständen erlassenen Verordnungen gegen Preistreiberei an die Rechtswissenschaft stellten. Zwar wurden die dogmatischen Schwierigkeiten des Individualwuchers mitunter scharf gesehen;[79] innovative wissenschaftliche Durchbruchsversuche blieben jedoch aus. Daß sich auch die nationalsozialistisch beeinflußte Rechtslehre – wenn auch nicht in rhetorischer Hinsicht, so doch der Sache nach – in den bekannten Bahnen bewegte, bezeugt anschaulich die Dissertation von *v. Tietzen und Hennig*, der für den Grundgedanken des Wucherverbots den Begriff des „fair play" findet,[80] ohne diesen jedoch anders als negativ bestimmen zu können: Der Nationalsozialismus wolle keine „grundsätzliche Unterstellung des Wirtschaftslebens unter

[78] Bei Geld ist eine derartige Situation außer im Falle einer galoppierenden Inflation indes kaum denkbar.
[79] So etwa *Peschke* Zinswucher, S. 6 ff.
[80] *v. Tietzen und Hennig* Wucherstrafrecht, S. 13.

verkehrsfremde, ethische Erwägungen und er unterstützt ebensowenig einen hemmungslosen Kapitalismus".[81]

Bemerkenswert an der Arbeit *v. Tietzen und Hennigs* ist jedoch, daß er im Unterschied etwa zu *Caro* und *Isopescul-Grecul* die eigenständige normative Bedeutung der Schwäche des Opfers nicht unterschätzt. Es sei „in erster Linie Sache des Einzelnen ... sich wirtschaftlich durchzusetzen"; das Strafrecht müsse deshalb keineswegs bei jedem „auffälligen Mißverhältnis", sondern nur dort eingreifen, wo der Bewucherte zum Eingehen auf das Geschäft gezwungen sei bzw. sich – schwächebedingt – für gezwungen halte[82] oder wo sich das Opfer sonst als ebenso widerstandsschwach wie ein Minderjähriger erweise.[83]

Vorzuwerfen ist der Konzeption *v. Tietzen und Hennigs* zweierlei: Zum einen läßt sie die Frage offen, wie die Intensität äußerer Einflüsse beschaffen sein muß, damit von einem das Opfer normativ entlastenden „Zwang" gesprochen werden kann. Zum anderen versäumt auch sie zu erklären, warum die mit der Verleihung der Geschäftsfähigkeit verbundenen normativen Erwartungen an die Selbststeuerungsfähigkeit des einzelnen bereits deshalb zurückgenommen werden sollen, weil sie *de facto* enttäuscht werden, warum also der Schwache zwar die Rechte eines Volljährigen, zugleich aber den Schutz eines Minderjährigen soll genießen dürfen.

Es bleibt somit festzustellen, daß es der älteren Strafrechstwissenschaft nicht gelungen ist, die durch den „modernen" Wuchertatbestand aufgeworfenen Fragen befriedigend zu beantworten. Auffallend ist dabei, daß eine im engeren Sinne dogmatische Lösung kaum versucht wurde; vielmehr waren die meisten Stellungnahmen in erster Linie rechtspolitisch orientiert und argumentierten eher ökonomisch und sozialwissenschaftlich als spezifisch juristisch. Auf diese methodischen Unklarheiten vor allem ist es zurückzuführen, daß die „kompromißlerische" Stellung des Wucherverbots zwischen Selbstverantwortungsprinzip und Schutzgedanken nur unzureichend theoretisch fixiert werden konnte.

II. Neuere Konzeptionen: Die Debatte über das geschützte Rechtsgut

In der heutigen Dogmatik wird die Frage, was es mit dem strafrechtlichen Verbot des Wuchers auf sich habe, üblicherweise in die Frage nach dem durch § 291 StGB geschützten *Rechtsgut* gekleidet. Die Erörterung dieser Problematik nimmt in sämtlichen jüngeren Stellungnahmen zum Wucher einen prominenten Raum ein.[84] Ausgangspunkt der Debatte war die lange Zeit unangefochtene und

---

[81] *v. Tietzen und Hennig* Wucherstrafrecht, S. 10.

[82] *v. Tietzen und Hennig* Wucherstrafrecht, S. 11.

[83] *v. Tietzen und Hennig* Wucherstrafrecht, S. 13 f.

[84] Dies gilt sowohl für beinahe die gesamte Kommentarliteratur als auch für die Monographie von *Heinsius*, der die von ihm angenommene besondere Bedeutung der Rechtsgutsfrage für

bis heute als herrschend zu bezeichnende Auffassung, auch § 291 StGB schütze das *Vermögen* des Opfers.[85] Das „Ausbeuten“ erscheint in dieser Perspektive neben der betrügerischen Täuschung und der erpresserischen Drohung bzw. Gewaltanwendung als eine weitere „Angriffsart“ gegen das Vermögen.

Mit der Strafbedürftigkeit des Wuchers überhaupt verliert jedoch auch diese Konzeption in wirtschaftlicher und juristischer Hinsicht an Plausibilität. Wer ein ökonomisches Programm konsequent durchführt, das für in überlegener Weise tauglich gehalten wird, auch die allgemeine Wohlfahrt zu befördern, kann dafür schwerlich bestraft werden; eine bestehende Nachfrage zu bedienen und auf diese Weise Gewinne zu maximieren ist mit Täuschung, Drohung und Gewalt nicht wohl auf eine Stufe zu stellen. Wo die Parteien autonom festlegen können, was bestimmte Leistungen für sie wert sind, hat die Rede von mehr oder weniger „ausgewogenen“ Geschäften ihren Sinn verloren. Mangels eines verbindlichen Bewertungsmaßstabs und wegen der Freiwilligkeit der Vermögensdisposition des Opfers muß dessen Vermögensentwicklung für sich genommen als rechtlich völlig irrelevant erscheinen. In der Beschädigung des Opfervermögens allein kann deshalb das Unrecht des Wuchers nicht liegen. Das Wucherverbot ist vor diesem Hintergrund anscheinend nur dann als Bestandteil eines rationalen Strafrechts zu retten, wenn ein anderes Rechtsgut vorgewiesen werden kann, welches der Wucherer durch sein Verhalten verletzt und welches demnach durch die fragliche Verbotsvorschrift zu schützen ist.[86]

In der Literatur werden hierfür verschiedene Auswege vorgeschlagen: Vor allem *Arzt* und *Scheffler* vertreten, geschütztes Rechtsgut des Wucherverbotes sei neben dem Vermögen die *Freiheit* des Opfers; § 291 StGB solle das potentielle Wucheropfer davor schützen, mit seiner wirtschaftlichen Freiheit falsch umzugehen und zu seinem eigenen Schaden zu disponieren. Diese Auffassung wird

---

die Wucherdogmatik bereits im Untertitel seiner Untersuchung hervorhebt. Schwerpunktthema ist die Rechtsgutsfrage auch in den Aufsätzen von *Kindhäuser* NStZ 1994, 105 ff., *Scheffler* GA 1995, 1 ff. und *Arzt* FS Lackner, S. 641 ff.

[85] Umstritten ist dabei, ob § 291 StGB ein Vermögensgefährdungs- [so LK-*Schäfer-Wolff* § 302a Rn. 3; SK-*Samson* § 302a Rn. 3 (für den Schwächewucher); Sch-Sch-*Stree/Heine* § 291 Rn. 2; *Tröndle/Fischer* § 291 Rn. 3; *Krey/Hellmann* BT/2 Rn. 535; *Tiedemann* ZStW 87 (1975), S. 26] oder ein Vermögensverletzungsdelikt darstellt [so mit Hinweis auf die Vermögensgefährdung als Vermögensschaden *Maurach/Schröder/Maiwald* BT/1 43/10; *Hohendorf* Individualwucher, S. 168; *Sickenberger* Wucher, S. 57]. Differenzierend zwischen den beiden Tatbestandsalternativen des Sichversprechenlassens und des Sichgewährenlassens *Heinz* GA 1977, 193 (226); *Arzt/Weber* BT 24/2; *Bockelmann* Strafrecht BT/2, S. 133.

[86] *Jakobs*, der im Jahre 1974 als erster die „intrikate“ Frage nach dem geschützten Rechtsgut des Wuchers gestellt hat, sah sich dazu vor allem deswegen gezwungen, weil der Wucher nach seiner Auffassung gerade auf solche Fallgestaltungen paßt, die nach seiner Interpretation der Nötigung und Erpressung [dazu unten 2. Abschnitt A I. 1) a) bb)] von diesen Tatbeständen gerade nicht erfaßt werden, was gleichfalls nur durch die Annahme eines anderen Rechtsguts zu erklären scheint [*Jakobs* FS Peters, S. 69 (85 ff.)].

unter 1) zu besprechen sein. Demgegenüber schlagen *Bohnert* und *Otto* eine Ergänzung des Vermögensschutzgedankens um eine andere Komponente vor: Ihrer Auffassung zufolge läßt sich das Unrecht des Wuchers nur als gleichzeitige Bedrohung eines *gesamtgesellschaftlichen* Interesses am Funktionieren der Marktwirtschaft insgesamt deuten (dazu unter 2)). *Samson* zieht aus der von ihm festgestellten theoretischen Verlegenheit den Schluß, zumindest für den Unterfall des Zwangslagenwuchers kämen als geschütztes Rechtsgut nur „ungeschriebene Preisbindungsvorschriften" in Frage, welche erst rückwirkend vom Richter festgestellt würden. Der Fragwürdigkeit dieses Ergebnisses ist sich *Samson* durchaus bewußt; für ihn korrespondiert sie mit der Fragwürdigkeit der Strafbarkeit des (Zwangslagen-) Wuchers überhaupt. Diese Position wird unter Punkt 3) erörtert werden. Eine vierte Ansicht schließlich, die von *Kindhäuser* begründet und von *Heinsius* weiter ausgeführt wurde, macht als das geschützte Rechtsgut des Wuchertatbestandes die – in einer bestimmten Weise verstandene – *Vertragsfreiheit* aus (siehe dazu Punkt 4)). Im folgenden wird zu untersuchen sein, ob eine dieser vier Ansichten den richtigen Schlüssel zum Verständnis des Wuchers an die Hand gibt. Im Anschluß daran wird die Fruchtbarkeit der Rechtsgutsdebatte in bezug auf eine Klärung der Grundproblematik des Wucherverbots kritisch geprüft werden (5).

1) Rechtsgut: Vermögen plus Freiheit?

a) Die Konzeption Arzts

Die bereits früher von *Frank*[87] und *Finger*[88] andeutungsweise vertretene These, neben dem Vermögen sei auch „die Freiheit" Schutzgut des Wuchers, wurde im Jahre 1987 von *Arzt* wieder in die Diskussion eingeführt. Ihm zufolge ist der Gedanke, Zweck des Wucherverbotes sei *auch* Freiheitsschutz, eine zwingende Konsequenz der herrschenden Meinung, nach welcher der Wucher ein Delikt gegen das Vermögen darstellt.[89] Der mit dem Eingehen auf das wucherische Geschäft verbundene Vermögensverlust könne nämlich dann nicht als ein zu strafrechtlichen Konsequenzen führender „Nachteil" für das Opfer angesehen werden, wenn dieses seine Entscheidung aus freien Stücken getroffen habe. Gerade weil das Vermögen seinem Inhaber funktional als Freiheitspotential zugewiesen sei, sei es „widersinnig", jemanden für die freiwillige Disposition eines anderen zu bestrafen.[90] Der durch die Pönalisierung des Wuchers zu bewirkende

[87] *Frank* Lehrbuch § 302a Anm. I; IV.
[88] *Finger* GS 90 (1924), 290 (297).
[89] *Arzt* FS Lackner, S. 641 (650).
[90] *Arzt* ebd.

Freiheitsschutz könne folglich nur darin bestehen, eine *unfreie* selbstschädigende Disposition des Opfers zu verhindern.

Der Freiheitsschutzgedanke bedarf jedoch nach *Arzt* für einen Ausschnitt des Wuchertatbestandes noch einer Ergänzung. Nicht in allen Fällen nämlich lasse sich die Entscheidung des Opfers für das wucherische Geschäft allein wegen des Mißverhältnisses von Leistung und Gegenleistung als wirtschaftlich unklug disqualifizieren. Gedacht ist dabei offenkundig an Konstellationen des Zwangslagenwuchers, in denen das Opfer mit Hilfe des wucherischen Kredits seine wirtschaftliche Handlungsmacht wiedererlangen könnte. Durch das Wucherverbot wird hier nach *Arzt* das Interesse der *Allgemeinheit* daran geschützt, daß ein besonders zahlungskräftiger Nachfrager den Anbieter nicht „korrumpieren" soll; allen solle die Möglichkeit erhalten werden, „Hilfe in der Not zu fairen Bedingungen" erlangen zu können.[91]

b) Die Konzeption Schefflers

Auch nach *Scheffler* ist neben dem Vermögen die „Freiheit" geschütztes Rechtsgut des § 291 StGB.[92] Dies gelte jedenfalls für sämtliche Erscheinungsformen des Schwächewuchers. Die Eigenschaften der Unerfahrenheit, des mangelnden Urteilsvermögens und der erheblichen Willensschwäche des Wucheropfers machten das Opfer dafür anfällig, Vermögensentscheidungen zu treffen, die ein überlegener Akteur in der gleichen Lage nicht getroffen hätte. Hier müsse das Opfer „vor sich selbst", d.h. davor geschützt werden, „,unvernünftig' zu handeln"; es gehe um das „Nein-sagen-Können" des geschwächten Opfers.[93] Im Gegensatz zu *Arzt* bemüht sich *Scheffler* jedoch, „Freiheit" als Schutzgut auch auf den Zwangslagenwucher zu beziehen und so die *durchgängige* Erklärungsmächtigkeit dieses Ansatzes nachzuweisen. So handle das Opfer auch zwangslagenbedingt häufig nicht „vernünftig", sondern „affektiv",[94] sei es aus Übereilung, mangelnder Übersicht oder Angst.[95] Auch wenn das Opfer einen Kredit beanspruche, obwohl es zur Rückzahlung wahrscheinlich nicht in der Lage sein werde, agiere es unvernünftig, weil es seine Bedrängnis nur noch vertiefe.[96] Somit darf *Scheffler* zufolge der Unterschied zwischen personenbezogenen und situationsbezogenen Defiziten nicht überbewertet werden. Entscheidend sind laut seinem Konzept auch bei der Zwangslage deren Auswirkungen auf die Psyche des Opfers: Wer sich in einer Bedrängnissituation befinde, steht nach *Schefflers* Auffassung gleichsam unter „Streß" und ist dafür an-

---

[91] *Arzt* FS Lackner, S. 641 (653).
[92] *Scheffler* GA 1992, 1 (14).
[93] *Scheffler* ebd.
[94] *Scheffler* GA 1992, 1 (9).
[95] *Scheffler* ebd.
[96] *Scheffler* GA 1992, 1 (10).

fällig, die Fähigkeit zu verständigem Handeln einzubüßen und sich dem defizitären Status eines Unerfahrenen, Willensschwachen oder nicht Urteilsfähigen anzunähern.

Allerdings sieht auch *Scheffler*, daß nicht in allen Fällen des Zwangslagenwuchers von einem unvernünftigen Verhalten des Opfers die Rede sein kann. Oftmals erkenne dieses die Unangemessenheit der Forderung, lasse sich aber dennoch auf sie ein, um einem noch größeren Übel zu entgehen.[97] Inwiefern auch unter diesen Umständen Freiheit als geschütztes Rechtsgut plausibel zu machen sei, bleibt zunächst unklar: *Scheffler* argumentiert hier, daß die Zwangslage auch in diesen Fällen „mangels Konnexität" kein „legitimer Preisbildungsfaktor" sein könne.[98] Warum dies für die Annahme sprechen soll, daß auch in dieser problematischen Fallgruppe die Freiheit und damit die Fähigkeit zum „Neinsagen-Können" geschützt sein soll, kann *Scheffler* jedoch nicht erklären. Überzeugender findet er es deshalb auch, den Zwangslagenwucher auf die Fälle „unvernünftigen" Opferverhaltens teleologisch zu reduzieren. Strafbarkeitslücken ergäben sich dadurch schon wegen der zwangslagenorientierten Ordnungswidrigkeitentatbestände der §§ 4, 5 WiStG nicht; die Vorschrift des § 291 StGB werde so „kompakter" und die Abgrenzung zum Sozialwucher griffiger.[99] Der Tatbestand des Individualwuchers wäre dann nur unter der Voraussetzung als erfüllt anzusehen, daß die objektiv festzustellende Zwangslage tatsächlich zu einem Zustand psychischer Bedrängnis führte, der den anderen Schwächelagen zwanglos an die Seite zu stellen wäre. Die von *Arzt* genannten Fälle, in denen das Opfer wirtschaftlich vernünftig mit der Zwangslage umgeht, wären dann nicht mehr als Wucher strafbar; der Begriff der „Zwangs-lage" wäre konsequent psychologisch im Sinne eines Mangels an psychischer Entscheidungsfreiheit zu deuten. Jedenfalls dann könne Freiheit neben dem Vermögen durchgängig als Schutzgut des Wuchers angesehen werden.[100]

c) Kritik

Bereits der gemeinsame Ausgangspunkt *Schefflers* und *Arzts*, das Wucherverbot schütze den *freien* Umgang mit dem Vermögen, hat in der Literatur scharfen Widerspruch erfahren. So wird argumentiert, Freiheit komme als ergänzendes Schutzgut des Wuchertatbestandes deswegen nicht in Betracht, weil dem Opfer ein Anspruch auf Gewährung der Leistung zu üblichen Konditionen mangels Kontrahierungszwanges regelmäßig nicht zustehe, so daß dem Opfer durch den

---

[97] *Scheffler* GA 1992, 1 (7).
[98] *Scheffler* GA 1992, 1 (11 f.).
[99] *Scheffler* GA 1992, 1 (14).
[100] *Scheffler* ebd.

Wucherer sogar ein Stück zusätzlicher Freiheit geschenkt würde.[101] *Gemindert* werde die Freiheit des Opfers im Umgang mit seinem Vermögen vielmehr durch das Wucherverbot selbst, das ihm unter Umständen eine realistische Chance vorenthalte, sich aus seiner Zwangslage zu befreien.[102] Den von Arzt propagierten Gedanken eines „oktroyierten Freiheitsschutzes" lehnen insbesondere *Kindhäuser* und *Heinsius* vehement ab. Freiheit sei „nicht als inhaltliche, sondern nur als formale Möglichkeit rechtlicher Gestaltung zu begreifen",[103] Freiheitsschutz durch Freiheitsbeschneidung deshalb ein „Widerspruch in sich".[104]

d) Stellungnahme

Schon eine von philosophischen Erwägungen noch weit entfernte oberflächliche Analyse des geltenden Rechts läßt es in der Tat fraglich erscheinen, ob der Gedanke eines „oktroyierten Freiheitsschutzes" Überzeugungskraft beanspruchen kann. Zwar versucht *Arzt* mit konkreten Beispielen den Nachweis zu führen, daß „Bevormundung als Freiheitsschutz ... kein Widerspruch in sich", sondern im Gegenteil ein der positiven Rechtsordnung durchaus geläufiges Phänomen sei.[105] So führt er als Beleg für seine These das Prinzip der freien Widerruflichkeit einer Einwilligung, die Existenz von Jugendschutzvorschriften sowie das Verbot des Betäubungsmittelmißbrauchs an.[106] In allen diesen Fällen würde dem Betroffenen gegen dessen Willen, jedoch im Namen seiner Freiheit eine Verhaltensoption von Rechts wegen vorenthalten. Den Beispielen von *Arzt* ist jedoch entgegenzuhalten, daß der Nachweis rechtlicher Schranken faktischer Willkürfreiheit für die These, es werde durch Freiheitsbeschneidungen gerade die *Freiheit* des Betroffenen geschützt, noch nichts besagt: Durchaus naheliegender scheint es, daß die mit dem Betäubungsmittelstrafrecht verbundenen Freiheitseinschränkungen ganz andere Rechtsgüter wie etwa die „Volksgesundheit" schützen sollen. Auch von den Schutzbestimmungen zugunsten von Kindern und Jugendlichen aus lassen sich keine direkten Verbindungslinien zum Wucher ziehen, da das Recht dem Wucheropfer anders als Kindern und Geisteskranken grundsätzlich die Kompetenz zubilligt, sein Leben selbständig zu organisieren.[107] Daß schließlich das Recht dem Bürger die Freiheit „nimmt, sich in Kenntnis seiner Ängstlichkeit am Vorabend seiner Operation so zu binden, daß der Arzt einen Widerruf am nächsten Morgen nicht beachten darf",[108] kann

---

[101] *Kindhäuser* NStZ 1994, 105 (106); *Heinsius* Rechtsgut, S. 37 ff.
[102] *Kindhäuser* NStZ 1994, 105 (106); *Heinsius* Rechtsgut, S. 38.
[103] *Kindhäuser* NStZ 1994, 105 (106).
[104] *Heinsius* Rechtsgut, S. 38.
[105] *Arzt* FS Lackner, S. 641 (653).
[106] *Arzt* FS Lackner, S. 641 (653 f.).
[107] Dazu unten 2. Abschnitt A II. 2 b).
[108] *Arzt* FS Lackner, S. 641 (654 Fn. 44).

schon deswegen nicht als Ausfluß einer paternalistischen inhaltlichen Bestimmung von „Freiheit“ des Bürgers durch das Recht gedeutet werden, weil es hier gerade *keine* inhaltlichen Vorgaben gibt und der schieren Willkür von *heute* sogar zum Triumph über die von gestern verholfen wird. Die von *Arzt* gewählten Beispiele jedenfalls können seine These, das Recht erzwinge Freiheit durch Freiheitsentzug, nicht stützen.

Auch wo die Rechtsordnung die Entscheidungsfreiheit des einzelnen schützen will wie etwa im Bereich des Verbraucherschutzes, verzichtet sie darauf, einen „vernünftigen“ Freiheitsgebrauch zu erzwingen. Wer zu einer nach wirtschaftlichen Kriterien unklugen Vermögensdisposition entschlossen ist, braucht sich durch die „Warnfunktion“ zivilrechtlicher Formvorschriften nicht beeindrucken zu lassen; er kann sämtliche ihm zugestandenen Widerrufsfristen verstreichen lassen und ist auch nicht verpflichtet, die Wirksamkeit eines ihn benachteiligenden Vertrages gerichtlich überprüfen zu lassen. Die Durchsetzung der dem einzelnen zustehenden Rechte bleibt seiner eigenen willkürlichen Entscheidung überlassen; einer Rationalitätskontrolle durch den Staat braucht er sich nicht zu unterwerfen. Vor diesem Hintergrund läßt sich der gegen *Scheffler* und *Arzt* gerichtete Vorwurf dahingehend ausbuchstabieren, daß sie unter dem Mantel einer „vernünftig“ aufgeladenen Freiheitsrhetorik *die* Errungenschaft modernen und freiheitlichen Rechtsdenkens schlechthin zu verspielen drohen, nämlich das Recht jedes einzelnen, seine eigenen Rationalitätsmaßstäbe zu formulieren, Chancen und Risiken selbständig zu bewerten, und sowohl seine Ziele als auch die Wege dorthin selbst zu bestimmen.

Dennoch vermögen die genannten Argumente gegen die Annahme von „Freiheit“ als Rechtsgut des Wuchers nicht vollständig zu überzeugen. Sie unterstellen nämlich nach wie vor, was *Arzt* und *Scheffler* gerade bezweifeln, nämlich daß der Bewucherte überhaupt die Voraussetzungen dafür mitbringe, rechtlich als frei angesehen werden zu können, so daß man ihn an seinen Entscheidungen festhalten müßte, wenn nicht noch ein anderes Rechtsgut im Spiel wäre. Angesichts des Wortlauts von § 291 StGB muß dies verwundern: Wer eine erhebliche Willensschwäche, Unerfahrenheit oder ein gravierendes intellektuelles Manko aufweist bzw. sich in einer Zwangslage befindet, entscheidet unter Bedingungen, welche es gerade zweifelhaft erscheinen lassen, daß ihm die formell von ihm selbst getroffene Entscheidung auch in einem materiell gehaltvollen Sinne als die seine zugerechnet werden kann. Da das Gesetz selbst das Wucheropfer als mit ähnlichen Defekten behaftet charakterisiert, die unter anderen Umständen – etwa als Schuldunfähigkeits- bzw. -minderungsgründe – von rechtlicher Verantwortung entbinden, vermag es nicht zu überzeugen, daß der Bewucherte ohne weiteres als „frei“ postuliert wird.

Wenn der Ansatz von *Scheffler* und *Arzt* dennoch im Ergebnis abzulehnen ist, so deshalb, weil sein Erklärungspotential zur Beantwortung der durch das Wucherproblem aufgeworfenen Fragen seinerseits nicht ausreicht. So vermag er vor allem für zahlreiche Fälle des Zwangslagenwuchers keine überzeugende Erklärung zu bieten. Daß seine These vom oktroyierten Freiheitsschutz in diesem Punkt ergänzungsbedürftig ist, weil das Opfer eines Zwangslagenwuchers häufig durchaus „rational" entscheidet, sieht auch *Arzt*, der deshalb auf eine zweigleisige Begründungsstrategie setzt und die problematischen Fälle mit einer subsidiär anzuwendenden Hilfstheorie bewältigen will. Ein derartiges begründungstheoretisches „Springen" *innerhalb* der Fallgruppe des Zwangslagenwuchers kann jedoch nicht überzeugen; es entwertet den ergänzungsbedürftigen Deutungsansatz, solange nicht das übergeordnete Prinzip formuliert ist, auf das sich beide Begründungsstränge zurückführen lassen.[109]

Auch *Schefflers* Vorschlag einer teleologischen Reduktion des gesetzlichen Tatbestandes bietet keinen befriedigenden Ausweg; vielmehr läuft dieser Ansatz darauf hinaus, § 291 StGB partiell der dogmatischen Stringenz der behaupteten These zu opfern und den Zwangslagenwucher als eine *eigenständige* Fallgruppe zu eliminieren. Angesichts des gesetzlichen Tatbestandes, der den Zwangslagenwucher als gleichberechtigte Variante konzipiert, kann dies nicht überzeugen. Auch auf tatsächlicher Ebene ist die Möglichkeit, daß die Entscheidung für das wucherische Geschäft sich aus Opferperspektive als wirtschaftlich klug darstellt, nicht als bloße Ausnahmeerscheinung abzutun. Wer für sich und seine Familie dringend ein Dach über dem Kopf braucht, handelt nicht „unvernünftig", wenn er sich für die überteuerte Wohnung und nicht dafür entscheidet, auf der Straße zu kampieren. Wenn auch der Fall durchaus denkbar ist, daß das Opfer unter dem „Streß" der Zwangslage den Überblick verliert und daraufhin eine wirtschaftlich unverständige Entscheidung trifft, so ist ein derartiger Effekt doch *empirisch* nicht als eine *typische Folge* und *juristisch* darum auch nicht als *Voraussetzung* für das Vorliegen einer Zwangslage anzusehen. Das typische Resultat einer Zwangslage ist nicht ein verwirrter Kopf, sondern die rational bestimmte Priorität, dem drohenden Übel zu entgehen. Die Unterstellung, es sei regelmäßig klüger, sich der ohne den Abschluß des wucherischen Geschäftes sich ergebenden Situation zu stellen, verharmlost den auf dem Opfer lastenden Druck, auf Grund dessen sich die Entscheidung für den Ausweg zu wucherischen Konditionen als ein klares Gebot ökonomischer Vernunft darstellt.

Es hat sich also gezeigt, daß die Annahme, § 291 StGB schütze neben dem Vermögen auch die Freiheit des Bewucherten, zumindest in der von *Scheffler* und *Arzt* formulierten Version nicht zu überzeugen vermag. Sie versagt insbe-

[109] *Arzts* Interpretation derjenigen Wucherfälle, in denen sich das Opfer rational verhält, als „Korrumpierung" des Verteilungssystems ist auch insoweit problematisch, als sie kaum zu begründen vermag, warum allein der Anbieter, nicht aber der zum Mittel der „Bestechung" greifende Nachfrager strafbares Unrecht verwirklicht.

sondere in den Fällen, in denen das Ausweichen vor einer Zwangslage einem rationalen Kalkül des Wucheropfers entspringt. Aber auch im Bereich des Schwächewuchers bleiben Fragen offen: Zwar handelt es sich bei den Wucheropfern durchweg um Personen, die sich nur in einem sehr reduzierten Sinn „freiwillig" für das Geschäft entschieden haben. Der Tatbestand schützt aber nicht etwa nur Geschäftsunfähige, sondern auch solche Personen, die prinzipiell für die durch sie selbst begründeten vertraglichen Verpflichtungen voll einzustehen haben. Zu der Frage, wie der Wucher in dieses Zurechnungsregime stimmig zu integrieren ist, geben die Ansätze von *Arzt* und *Scheffler* ebenfalls keine befriedigende Auskunft.

2) Rechtsgut: Funktionieren der Marktwirtschaft?

Der Erklärungsansatz, mit dem *Arzt* die Löcher seiner Ausgangstheorie stopfen will, ist von *Bohnert* dem Versuch einer *einheitlichen* Erklärung des Wuchers zugrundegelegt worden. Durch das strafrechtliche Verbot des Wuchers solle neben dem Vermögen des einzelnen auch das störungsfreie Funktionieren des Mechanismus von Angebot und Nachfrage geschützt werden.[110] Auch *Otto* sieht neben dem Vermögen das Vertrauen in die Marktwirtschaft als Schutzgut des § 291 StGB an.[111] Für beide Autoren wird damit eine „kollektivistische" Lesart der Vorschrift zum Schlüssel für das Verständnis nicht nur des ordnungswidrigen Sozialwuchers, sondern auch des kriminellen Individualwuchers.[112] Damit widersprechen sie der vorherrschenden Auffassung, welche den Schutz der Marktwirtschaft insgesamt als Regelungsgegenstand des Wirtschaftsstrafrechts im engeren Sinne, also insbesondere der Vorschriften des WiStG ansieht,[113] in dem mit § 5 WiStG ein eigener Ordnungswidrigkeitstatbestand der Mietpreisüberhöhung normiert ist. Aus dieser Annahme folgt für die fast einhellig herrschende Ansicht, daß der Wucher des StGB nicht dem Schutz der Marktwirtschaft dienen solle, sondern dem des bewucherten Individuums.[114]

Da *Bohnert* diese traditionellen Unterscheidungskriterien gerade angreift,[115] können sie seinem Vorschlag nicht ungeprüft entgegengehalten werden; vielmehr ist deren Relevanz erst noch anhand des geltenden Rechts zu überprü-

---

[110] *Bohnert* Ordnungswidrige Mietpreiserhöhung, S. 9 f.

[111] *Otto* BT, 61/124 f. Allerdings habe die Wuchervorschrift auf Grund der restriktiven Interpretation vor allem des Merkmals der Unerfahrenheit durch die Rechtsprechung keine Chance, die ihr zugedachte Schutzfunktion für die Wirtschaftsordnung zu entfalten (61/125).

[112] Der Unterschied zwischen Individual- und Sozialwucher wird damit verwischt, vgl. *Otto* BT, 61/124. Zur Abgrenzung beider Tatbestände unten 2. Abschnitt A II. 3) d).

[113] *Tiedemann* Wirtschaftsstrafrecht, S. 50 f.; W/J-*Dannecker* 1/9; *Sasserath* Verhältnis, S. 29; grundsätzlich auch *Otto* MSchrKr 1980, 399 (402); *ders.* ZStW 96 (1984), 339, (342).

[114] *Tiedemann* Wirtschaftsstrafrecht, S. 60 f.; *Sasserath* Verhältnis, S. 29.

[115] *Bohnert* Mietpreisüberhöhung, S. 10 ff.

fen.[116] Wenn sich § 291 StGB nicht individualistisch, wohl aber mit Blick auf den Schutz der Institution Marktwirtschaft begründen ließe, wäre die vom Gesetzgeber angestrebte säuberliche Scheidung von Wirtschafts- und Kernstrafrecht im klassischen Sinne kein zureichender Grund, eine „kollektivistische" Lösung abzulehnen.

Eine über eine *petitio principii* hinausgehende Kritik der Position *Bohnerts* und *Ottos* findet sich wiederum bei *Kindhäuser*. Er argumentiert, daß § 291 StGB auf eine individualistische Sichtweise zugeschnitten sei, da der Tatbestand nur ein auffälliges Mißverhältnis in einem einzelnen Fall voraussetze.[117] Zwar nutze der Wucherer auch im Rahmen von § 291 StGB, insbesondere beim Mietwucher, häufig eine nicht auf das konkrete Opfer beschränkte Notlage aus, dennoch sei dies weder Voraussetzung für die Anwendbarkeit des Tatbestandes noch für diesen „paradigmatisch".[118] Dem ist zuzustimmen: Zwar mag man im Verlangen wucherischer Preise von einem verhandlungsschwachen Individuum eine abstrakte Gefährdung des aktuellen Preisniveaus erblicken; zu erklären wäre jedoch, ob ein bestimmter durchschnittlicher Preis zu einem bestimmten Zeitpunkt strafrechtlich schützenswert ist. Damit sind *Bohnert* und *Otto* dem Vorwurf ausgesetzt, die auch ihrer Ansicht nach mit dem Hinweis auf das Vermögen nur unzureichend beantwortete Frage nach dem Rechtsgut auf eine andere Ebene zu verlagern, ohne sie zu beantworten. Beide legen nicht dar, worin die für die Marktwirtschaft heraufziehende Gefahr bestehen soll, inwiefern also der Wucher sich nicht als ein regulärer Anwendungsfall der den Markt beherrschenden Regeln, sondern als dessen Perversion darstellt. Das Problem, warum das vom „Markt" als ein Produkt von Angebot und Nachfrage hervorgebrachte vertragliche Ergebnis von geringerer rechtlicher Qualität sein soll als ein unauffälligerer Vertrag, bleibt ungelöst, ja unerörtert. Das Dilemma, daß in einer radikal subjektivierten Marktwirtschaft „objektive" Mißverhältnisse zu diagnostizieren sein sollen, deren Herbeiführung einseitig strafrechtliches Unrecht konstituieren soll, löst sich deshalb auch bei *Bohnert* und *Otto* nicht auf. Diesem Erklärungsdefizit ist durch den Sprung auf eine überindividuelle Ebene nicht zu entkommen. Wer individuellen Wucher wegen der Gefahr einer allgemeinen Preisverderbnis, also *massenhaften* Wuchers verbieten möchte, müßte angeben können, worin der Unrechtscharakter im *einzelnen* Wucherfall begründet liegt. An diesem fehlenden Argumentationsschritt scheitert bislang jede Deutung, die für das dem *einzelnen* Bewucherten Angetane keinen zureichenden Mißbilligungsgrund angeben kann.

---

[116] Daß eine befriedigende inhaltliche Bestimmung des Wirtschaftsstrafrechts schon gelungen sei, bezweifeln M/B-*Richter* 3/22 ff., 30; zurückhaltend auch W/J-*Dannecker* 1/5.

[117] *Kindhäuser* NStZ 1994, 105.

[118] *Kindhäuser* ebd.

Eine weitere Schwäche der Theorie von *Bohnert* und *Otto* liegt darin, daß auch sie das Verhältnis ihrer beiden Begründungsstränge – Schutz des Vermögens wirtschaftlich „Schwacher“ einerseits, Schutz des Funktionierens der Marktwirtschaft andererseits – nicht zu erklären vermag. Einerseits ist aus Sicht des Schutzgutes „Marktwirtschaft“ nicht zu erkennen, warum der strafrechtliche Schutz nur dann eingreifen soll, wenn ein „schwaches“ Opfer sich auf einen ungleichgewichtigen Vertrag eingelassen hat. Die Tatsache, daß die Stabilität der Gesamtwirtschaft an dieser Stelle besonders gefährdet ist, macht es noch nicht plausibel, daß die Strafbarkeit im Einzelfall von der Voraussetzung abhängig gemacht wird, daß eines von vier explizit und abschließend aufgeführten Defiziten auf Seiten des Opfers vorlag. Andererseits ist aus der Sicht des schwachen Opfers und seines Vermögens nicht plausibel, daß das Eingreifen des Wuchertatbestandes davon abhängen soll, daß zugleich auch eine Gefährdung des gesamtwirtschaftlichen Gleichgewichts vorliegt. Daß zwei durchaus heterogene Rechtsgüter nur bei zufällig gleichzeitiger Gefährdung geschützt werden sollen, liefert keine Erklärung der fraglichen Norm, sondern macht gerade ihre Problematik deutlich. Zurückzuweisen ist in diesem Zusammenhang auch das Argument *Bohnerts*, wonach das Tatbestandsmerkmal des „auffälligen Mißverhältnisses“, welches ohne Rücksicht auf die individuellen Umstände der Beteiligten zu bestimmen sei, dem Wucher „eine Beziehung zum Sozialüblichen, zur Sozialadäquanz“ verleihe, worin eine „Modifikation für jede mögliche Bestimmung des Rechtsguts als Individualgut“ liege.[119] Dieser Bezug zu überindividuell formulierten Maßstäben ist nämlich auch bei denjenigen Delikten anzutreffen, welche die Überschreitung einer Bagatellgrenze voraussetzen und die *Bohnert* deshalb dem Wucher als individualistisch gegenüberstellen will: Auch die Bagatellgrenzen bei Körperverletzung, Beleidigung, Sachbeschädigung, Nötigung etc.[120] werden nicht nach der individuellen Empfindlichkeit des einzelnen Opfers, sondern nach allgemeinen Kriterien bestimmt.[121] Der „Zug zum Objektiven“ ist insofern also kein Charakteristikum gerade des Wuchers, das eine in besonderer Weise „sozialbetonte“ Rechtsgutsbestimmung bei diesem Delikt indizieren müßte.

Es bleibt somit festzuhalten, daß die „kollektivistische“ Lösung *Bohnerts* und *Ottos* zu Recht nur geringen Anklang in der Literatur gefunden hat. Die Verlagerung des Problems auf eine überindividuelle Ebene kann dort keinen Ausweg bieten, wo der Unrechtscharakter der einzelnen Wuchertat noch nicht geklärt ist. Nicht nur als Lückenbüßer für die Mängel individuell ansetzender Theorien, sondern auch als theoretische Grundlage für das Wucherstrafrecht insgesamt ist der Ansatz *Bohnerts* und *Ottos* also untauglich.

---

[119] *Bohnert* Mietpreisüberhöhung, S. 12.

[120] Vgl. die Aufstellung bei *Bohnert* Mietpreisüberhöhung, S. 12.

[121] OLG Düsseldorf NJW 1991, 2918 (2919); OLG Köln NJW 1997, 2191 (2192); Sch-Sch-*Eser* § 223 Rn. 4a.

3) Rechtsgut: ungeschriebene Preisbindungsvorschriften?

Im Unterschied zu *Bohnert* und *Scheffler*, jedoch im Einklang mit *Arzt* hält *Samson* die Erklärung aller Tatbestände des Wuchers durch ein gemeinsames Rechtsgut nicht für möglich.[122] Anders als für *Arzt* ist für ihn diese Feststellung jedoch nicht unproblematisch, sondern stellt die Rationalität des Zwangslagenwuchers in Frage. *Samson* hält also seine eigene Lösung nicht für befriedigend, lastet dies jedoch der Vorschrift selbst an, deren Verfassungsmäßigkeit er unter dem Gesichtspunkt der Vereinbarkeit mit Art. 103 Absatz 2 GG bezweifelt.[123]

Als problemlos stellt sich für ihn noch die Einordnung des *Schwächewuchers* in die Systematik des Besonderen Teils dar. Für die auf eine spezifische Konstitution des Opfers verweisenden Merkmale des Mangels an Urteilsvermögen, der Unerfahrenheit und der erheblichen Willensschwäche trifft nach *Samson* die herrschende Auffassung zu, welche den Wucher als Vermögensdelikt einordnet.[124] Es bestehe hier eine Nähe zum *Betrug*, insofern sowohl das Betrugsopfer wie auch der Bewucherte nicht imstande seien, das Angebot des Täters so zu beurteilen, wie es für eine wirtschaftlich kluge Entscheidung notwendig wäre. Der Unterschied zwischen beiden Delikten bestehe allein darin, daß der Wucherer das intellektuelle oder voluntative Defizit seines Opfers bereits vorfinde, während der Betrüger einen Irrtum des Opfers selbst herbeiführen müsse.[125] Diese Sicht der Dinge geht inhaltlich weitgehend konform mit dem Ansatz derjenigen Autoren, die wie *Arzt* und *Scheffler* versuchen, die Ratio des Wuchers mit Bestreiten der Freiwilligkeit des Vertragsschlusses zu erklären und deshalb „Freiheit" zum mitgeschützten Rechtsgut erklären. Dabei wird hier noch einmal besonders deutlich, daß die von diesen Autoren gegenüber der herrschenden Lehre vom Wucher als einem reinen Vermögensdelikt intendierte Präzisierung leerläuft, weil „Freiheit" auch beim Wucher keine andere Rolle spielt als beim Betrug, wo es dem Opfer ebenfalls an einer notwendigen Voraussetzung für eine zurechenbare Disposition fehlt. Dies zeigt, daß die Rede von einem zusätzlich geschützten Rechtsgut „Freiheit" keinen Erkenntnisgewinn vermittelt, sondern daß es sowohl beim Wucher als auch beim Betrug um die Sicherung eines freien Umgangs mit dem Rechtsgut Vermögen geht.

Ebenso wie *Arzt* ist *Samson* der Auffassung, daß sich mit der Bestimmung von „Freiheit" als (mit-) geschütztem Rechtsgut nicht der gesamte gesetzliche Tatbestand des Wuchers erklären läßt: Der *Zwangslagenwucher*, bei dem sich das Opfer aus einem realen Bedürfnis heraus auf das wucherische Geschäft einläßt, sei jedenfalls nicht vollständig von diesem Erklärungsansatz her zu erfassen. Denn während der intellektuell oder voluntativ Schwache ökonomisch unklug

---

[122] SK-*Samson* § 302a Rn. 3 ff.
[123] SK-*Samson* § 302a Rn. 7.
[124] SK-*Samson* § 302a Rn. 3.
[125] SK-*Samson* ebd.

entscheide, sei dies beim Zwangslagenwucher gerade nicht der Fall.[126] Solle diese Kategorie eine eigenständige Bedeutung behalten und nicht vollständig in Zustände mangelnder Übersicht aufgelöst werden, erfasse der Zwangslagenwucher gerade auch solche Fälle, in denen der Bewucherte wirtschaftlich klug handle, wenn er sich für das objektiv geringere Übel entscheide. In der Tat greift der Hinweis auf die „Irrationalität" der Opferentscheidung jedenfalls dann nicht mehr, wenn man davon ausgeht, daß es in der Marktwirtschaft unter der Voraussetzung ökonomischer Kompetenz aller Beteiligten gar keine „ungerechten" Preise geben kann. Vielmehr ergibt sich der hohe Preis in solchen Fällen ganz regulär aus dem unabweisbaren Bedürfnis des Nachfragers und der Knappheit des von ihm verlangten Gutes. Nach *Samson* verhält sich das Opfer deshalb „durchaus marktkonform, indem es den Preis zu zahlen bereit ist, der vom Anbieter verlangt wird, weil andere günstigere Angebote auf dem Markt nicht existieren."[127] Warum das ansonsten für so überlegen und rational gehaltene System marktwirtschaftlicher Steuerung sich hier nicht treu bleiben sollte, ist nicht ohne weiteres erfindlich. *Samson* zieht daraus den Schluß, daß der Markt, aus welchen Gründen auch immer, vom Recht eben doch nicht vorbehaltlos als autonom anerkannt werde. Vielmehr gebe es objektive Preisgrenzen, die durch den Tatbestand des Zwangslagenwuchers geschützt, aber immer erst im nachhinein vom Richter konkretisiert würden.[128]

Dieses zunächst befremdliche Ergebnis beruht auf einer scharfsinnigen Analyse. *Samson* erkennt die Eigenständigkeit des Zwangslagenwuchers, ohne diesen wie *Scheffler* auf Fälle intellektueller oder voluntativer Depravierung durch die Zwangslage zurückzustutzen. Gleichzeitig vermeidet er den Fehler von *Arzt*, innerhalb der gleichen Fallgruppe zwischen zwei verschiedenen Begründungen zu schwanken. Indem *Samson* die „ungeschriebenen Preisvorschriften" als einziges in Betracht kommendes Rechtsgut des Zwangslagenwuchers identifiziert, wird der Wucher für ihn zu einem dubiosen Delikt, dessen Verfassungskonformität zweifelhaft erscheinen muß.[129] Im Ergebnis ist die von ihm vorgeschlagene Begründung freilich ebenso unbefriedigend wie die Lösungen von *Arzt* und *Scheffler*. Sie „rettet" den Zwangslagenwucher durch die Annahme eines Schutzgutes, das sich schon deshalb kaum in die geltende Rechtsordnung einfügen läßt, weil der Richter die einzuhaltenden Grenzen erst im Nachhinein definiert. Indem *Samson* den Zwangslagenwucher somit zu einer systemfremden Norm erklärt, bietet er keine „Lösung" der Zwangslagenproblematik an, sondern konstatiert deren Unlösbarkeit.

---

[126] SK-*Samson* § 302a Rn. 5.
[127] SK-*Samson* § 302a Rn. 5.
[128] SK-*Samson* § 302a Rn. 8.
[129] SK-*Samson* § 302a Rn. 7.

Die Schwierigkeiten des Schwächewuchers hingegen werden auch von *Samson* unterschätzt. Zwar weist er zutreffend darauf hin, daß der Wucherer anders als der Betrüger den „Irrtum" des Opfers nicht herbeiführe, sondern vorfinde; er versäumt es jedoch, diesen Befund unter Zurechnungsgesichtspunkten zu problematisieren und zu begründen, auf welche Weise sich die strafrechtliche Pflicht, auf Wissens- bzw. voluntative Defizite eines anderen Rücksicht zu nehmen, mit der prinzipiellen Eigenverantwortlichkeit des Opfers harmonisieren läßt. Somit kann der Ansatz *Samsons* auch in bezug auf den Schwächewucher noch nicht als eine zufriedenstellende Antwort auf die durch den Wuchertatbestand aufgeworfenen Fragen bezeichnet werden.

4) Rechtsgut: Vertragsfreiheit?

Kindhäuser und *Heinsius* proklamieren als das vom Wucher geschützte Rechtsgut die „Vertragsfreiheit".[130] Diese These wird von *Kindhäuser* „dialektisch" aus der Kritik an den zuvor diskutierten Schutzgütern entwickelt. Zunächst verwirft er die „kollektivistische" Position *Bohnerts*. Eine auf Interessen der Allgemeinheit abstellende Lösung komme deswegen nicht in Betracht, weil der Tatbestand ersichtlich auf die von allgemeinen Mangellagen unabhängige Ausbeutung eines einzelnen zugeschnitten sei.[131] Auf der anderen Seite hätten aber auch die „individualistischen" Lösungsansätze nicht zu überzeugen vermocht. Die Position *Samsons* will *Kindhäuser* sich gleichfalls nicht zu eigen machen; die Preisbindung durch den Richter sei nur ein „Nebeneffekt" des Wucherverbots.[132] Ein entscheidendes Defizit aller ausschließlich auf Rechtsgüter des Opfers abstellenden Theorien erblickt er darin, daß sie nicht erklären könnten, warum dem Bewucherten unter Umständen durch § 291 StGB ein möglicher Ausweg aus der Zwangslage abgeschnitten werden soll.[133] Diese rechtliche Beschneidung der Freiheit des Opfers lasse sich nicht mit dessen Schutz vor sich selbst, sondern wiederum nur mit einem Zweck aus der Sphäre der *Allgemeinheit* rechtfertigen. Wie ist das zu vereinbaren? *Kindhäuser* entkommt dem Dilemma mit einem dialektischen Kunstgriff, indem er das Wohl des einzelnen *und* das „kollektivistische" Anliegen eines funktionierenden Marktes im Kon-

---

[130] *Kindhäuser* NStZ 1994, 105 (106); *Heinsius* Rechtsgut, S. 46 ff.

[131] *Kindhäuser* NStZ 1994, 105; ebenso *Heinsius* Rechtsgut, S. 41.

[132] NK-*Kindhäuser* § 291 Rn. 13; und in NStZ 1994, 105 (107); ebenso *Heinsius* Rechtsgut, S. 43 ff. Das an dieser Stelle von beiden Autoren in Übereinstimmung mit *Hohendorf* Individualwucher, S. 166 f. vorgetragene Argument, es könne schon deshalb nicht um den Erlaß von Preisbindungsvorschriften gehen, weil die Zwangslage „ebensowenig wie der Schwächewucher" voraussetze, daß dem Opfer günstigere Angebote nicht erreichbar sind, läuft auf dieselbe Reduktion des Zwangslagenwuchers hinaus, die bereits oben [1. Abschnitt B II. 1) d)] im Rahmen der Auseinandersetzung mit der Position *Schefflers* zurückgewiesen wurde.

[133] *Kindhäuser* NStZ 1994, 105 (106). Dabei hat er wiederum vor allem die Fälle des Zwangslagenwuchers vor Augen.

zept der *Vertragsfreiheit* aufgehoben sieht.[134] Als Inbegriff der „Strukturbedingungen freier Entfaltung des einzelnen im Geschäftsleben"[135] läßt sich die Vertragsfreiheit nach *Kindhäuser* weder der individuellen noch der kollektiven Ebene einseitig zuweisen, sondern stellt auf einer übergeordneten Ebene das entscheidende gedankliche Bindeglied zwischen beiden dar, mit dessen Hilfe die Unzulänglichkeiten der individualistischen wie auch der kollektivistischen Erklärungsmodelle aufzufangen und zu harmonisieren sind.

Dieser Ansatz scheint von beeindruckender systematischer Kraft, da er im Prinzip der Vertragsfreiheit das zusammenfaßt, was den Sinn der Wuchervorschrift zu zerreißen drohte. Die einander widerstrebenden Grundgedanken der Selbstverantwortung und des Marktmechanismus auf der einen und der Schutz des Vermögens und der Freiheit des einzelnen auf der anderen Seite werden als Teilerscheinungen *eines* übergeordneten Prinzips ausgewiesen, aus dessen Perspektive „kollektivistische" und „individualistische" Ansätze jeweils als *partiell* berechtigt erscheinen. Ihren jeweiligen Unzulänglichkeiten kann nun mit dem Hinweis auf die weiteren, komplementären Facetten des Begriffs der Vertragsfreiheit begegnet werden, ohne daß damit ein Begründungswechsel vollzogen würde, der sich dem Vorwurf methodischer Beliebigkeit ausgesetzt sehen müßte. Damit scheint es *Kindhäuser* gelungen zu sein, das dogmatische Dilemma aufzulösen.

Wie aber läßt sich das Konzept der Vertragsfreiheit inhaltlich füllen? In welcher Weise erfaßt es die widerstreitenden Anliegen des einzelnen Wucheropfers und der Allgemeinheit? An dieser Stelle bleiben *Kindhäuser* und *Heinsius* recht vage: Vertragsfreiheit meine objektive „Strukturbedingungen" für die „freie Entfaltung des einzelnen" im Geschäftsleben sowie „Chancengleichheit und gerechte Güterverteilung".[136] Auch ein gewisses Quantum an „Mindestsolidarität" ist nach *Kindhäuser* in seinem Begriff der Vertragsfreiheit enthalten.[137] Wie aber verhalten sich alle diese potentiell miteinander konfligierenden Aspekte zueinander? Hier tritt zutage, daß sich die vermeintliche Erklärungsmächtigkeit des Begriffs der Vertragsfreiheit bei genauerer Betrachtung dessen enormer Unbestimmtheit verdankt. Seine inhaltliche Vielseitigkeit – auf den ersten Blick sein entscheidender Vorteil – erweist sich bei näherem Hinsehen als entscheidendes Defizit. „Vertragsfreiheit" wird bei *Kindhäuser* und *Heinsius* zur Metapher für einen allseitig zufriedenstellenden Zustand funktionierender Marktwirtschaft, der alle dazu für notwendig gehaltenen Bedingungen von vornherein enthält. Was konkret unter „Chancengleichheit" und „gerechter Güterverteilung" zu verstehen und durch welches Arrangement von Eigenverantwortlich-

---

[134] *Kindhäuser* NStZ 1994, 105 (106); ähnlich *Heinsius* Rechtsgut, S. 50.
[135] *Kindhäuser* NStZ 1994, 105 (106).
[136] *Kindhäuser* NStZ 1994, 105 (106).
[137] *Kindhäuser* NStZ 1994, 105 (107).

keit und „Mindestsolidarität“ diese Ziele zu verwirklichen und die gegenläufigen Prinzipien miteinander zu versöhnen seien, bleibt bei beiden Autoren unklar. Ihre Konzeption entpuppt sich somit als eine Scheinlösung, welche die offenen Fragen nicht nur unbeantwortet läßt, sondern zugleich einem präzisen dogmatischen Zugriff entzieht.

Die begrenzte Leistungskraft des in Rede stehenden Ansatzes zeigt sich auch in den auf ihn gestützten Folgerungen. So kann der von *Kindhäuser* selbst eingangs so eindringlich vorgetragene Einwand, auch die Dispositionsfreiheit des Wucheropfers werde durch § 291 StGB beschnitten, mit dem bloßen Hinweis auf den eben *auch* überpersönlichen Charakter des Rechtsguts nicht überzeugend entkräftet werden. Ebenso wie gegenüber *Bohnert* und *Otto* gilt es auch hier zu betonen, daß die Schädlichkeit des Wuchers für den Marktmechanismus insgesamt so lange nicht plausibel gemacht werden kann, wie nicht dargelegt ist, inwiefern er sich im Einzelfall als Störung und nicht gerade als Durchführung des Marktprinzips darstellt. Zumindest unpräzise und daher erläuterungsbedürftig ist auch die Auffassung *Kindhäusers*, § 291 StGB solle verhindern, daß „Schwäche zum „wertrelevanten Faktor“ wird.[138] „Schwäche“ ist durchaus ein „marktrelevanter Faktor“ und soll dies bis zur Wuchergrenze auch sein dürfen; auch eine erhöhte Nachfrage läßt sich als „Schwäche“ der Konsumenten deuten. Warum und an welcher Grenze ein Marktteilnehmer von seiner Schwäche zu entlasten ist, läßt sich mit dem dehnbaren Begriff der Vertragsfreiheit gerade nicht angeben. Dies gilt sowohl für die quantitative Schwelle des „auffälligen Mißverhältnisses“ als auch für die qualitative Bestimmung der einzelnen Wucherlagen.

Es bleibt daher zu bilanzieren, daß auch der jüngste und überaus ehrgeizige Versuch, die Grundlagen des strafrechtlichen Wucherverbotes zu klären, nicht zu überzeugen vermag. Indem *Kindhäuser* und *Heinsius* das geradezu als Lösung definierte, im übrigen inhaltlich aber völlig unbestimmte „Rechtsgutspaket“ der Vertragsfreiheit zum dogmatischen Angelpunkt erheben, bringen sie die konfligierenden Prinzipien nur semantisch zum Ausgleich, sich selber aber um die Chance, die Probleme, mit Schärfe zu Ende zu denken. Die von ihnen angebotene Lösung ist in Wahrheit die als Antwort verkleidete, noch immer offene Frage.

5) Rechtsgut?

Mit dem Versuch von *Kindhäuser* und *Heinsius*, das Wucherverbot als Schutz von „Vertragsfreiheit“ zu deuten und von diesem Ansatz ausgehend die systematischen Grundlagen der Vorschrift aufzuarbeiten, ist die aktuelle Debatte über das von § 291 StGB geschützte Rechtsgut an ihr vorläufiges Ende gelangt.

---

[138] *Kindhäuser* NStZ 1994, 105 (106).

Keiner der untersuchten Lösungsvorschläge konnte indes erklären, wie das Wucherverbot systematisch stimmig in den rechtlichen Wertungszusammenhang eingebettet werden kann. Somit entbehrt die Auslegung der einzelnen Tatbestandsmerkmale noch immer einer zureichenden theoretischen Grundlage, die es erlaubte, über die zum Teil unbefriedigenden Ergebnisse und die zahlreichen Begründungsdefizite hinauszukommen. Es scheint auch, daß spätestens jetzt die Liste neuer Vorschläge zur Rechtsgutsfrage geschlossen werden muß: Bereits *Samsons* „ungeschriebene Preisvorschriften" waren eher als Ausdruck der Resignation denn als „konkurrenzfähiger" Lösungsansatz zu verstehen.

Bedeutet dies nun, daß eine konsistente Integration der Wucherstrafbarkeit nicht gelingen kann, der Einsatz strafrechtlicher Sanktionen also gar nicht zu begründen ist? Auf den ersten Blick könnte genau dies als die Konsequenz der Rechtsgutsdebatte erscheinen, gibt doch die ganz herrschende Meinung den Schutz von Rechtsgütern als Legitimationsbasis für die staatliche Übelszufügung Strafe an.[139] Soll Strafe der Erhaltung von Gütern dienen, muß sich auch für jede einzelne Norm zeigen lassen, daß und inwiefern sie Rechtsgüterschutz zu bewirken vermag.[140] Ist ein „geschütztes Rechtsgut" aber gar nicht auszumachen, so müßte dies nach der Logik der am Rechtsgüterschutz orientierten Lehre die Rechtfertigung einer strafrechtlichen Reaktion auf „Wucher" ausschließen.

Auf den zweiten Blick erweist sich ein solcher Schluß jedoch als voreilig. Mit der Benennung des „geschützten Rechtsguts" ist auch bei anderen Delikten noch keine vollständige Explikation des Tatbestandes gewonnen. So belehrt ein Blick etwa auf die Vorschrift des § 263 StGB darüber, daß auch die tatbestandliche Gestalt des Betrugsverbots durch das – in diesem Zusammenhang allgemein anerkannte – Rechtsgut „Vermögen" nicht vollständig erklärt werden kann, da aus Sicht des beeinträchtigten Rechtsguts zunächst *jede* Minderung in gleicher Weise relevant ist. Warum es auf das Vorliegen einer *Täuschung* ankommen soll, ist allein vom Schutzgut her nicht zu erklären. Somit wird beim Rechtsgut Vermögen in besonderer Weise plastisch, daß ein Vermögensabfluß für sich noch kein ausreichender Anlaß für das Eingreifen des Strafrechts sein kann; vielmehr ist der strafrechtliche Schutz auf bestimmte „Angriffsarten" be-

---

[139] Ganz herrschende Meinung, vgl. nur SK-*Rudolphi* vor § 1 Rn. 2; *Roxin* AT 2/1 ff.; *Jescheck/Weigend* AT, S. 7; *Wessels/Beulke* AT Rn. 6; *Maurach/Zipf* AT I, 2/11; *Ebert* AT, S. 1; *Otto* AT 1/22; *Gropp* AT 1/122; *Freund* AT 1/2; *Baumann/Weber/Mitsch* AT 3/10 ff. Abweichend vor allem *Jakobs* AT 2/2, der nur *ein* Strafrechtsgut – Normtreue – anerkennt. Auch *Jescheck/Weigend* AT, S. 2 sprechen davon, daß das Strafrecht „in letzter Linie die *Unverbrüchlichkeit der Rechtsordnung*" (Hervorhebung im Original) sichere. Explizit ablehnend zur Legitimation des Strafrechts durch Rechtsgüterschutz auch *Stratenwerth* AT 1/7 ff.

[140] Diese kritische Funktion des Rechtsgüterschutzdogmas betonen u.a. AK(StGB)-*Hassemer* vor § 1 Rn. 262 ff.; 274 ff.; NK-*Hassemer* vor § 1 Rn. 261; *Roxin* JuS 1966, 377 (382); *Rudolphi* FS Honig, S. 151 (162, 165). Dazu kritisch insbesondere *Jakobs* AT, 2/12 ff.; *Amelung* Rechtsgüterschutz, S. 344 ff.

schränkt, deren Auswahl und Konturierung wiederum sich nicht ohne weiteres aus dem angegriffenen Rechtsgut ergeben. Daraus folgt, daß prinzipiell nicht ein negativer Saldo im Vermögensbestand das strafrechtliche Unrecht ausmacht, sondern alles darauf ankommt, ob der Täter sich für eine erlaubte oder eine verbotene Verhaltensweise entschieden hat.

Die Notwendigkeit, zwischen der Schaffung einer erlaubten und einer unerlaubten Gefahr für ein bestimmtes Rechtsgut zu differenzieren, besteht nach der Lehre von der objektiven Zurechnung aber nicht nur in bezug auf das Vermögen, sondern auch auf alle anderen Rechtsgüter. Danach sind auch bei den reinen Erfolgsdelikten keineswegs alle „Angriffsmodalitäten" ohne weiteres tatbestandsmäßig; vielmehr sind auch hier bereits auf der Ebene der objektiven Unrechtsverwirklichung erlaubte und unerlaubte Risikoschaffungen zu unterscheiden.[141] Diese Einschränkung bedeutet keineswegs, daß dem gesetzlichen Tatbestand von „außen" ein zusätzlicher Filter „aufgepfropft" würde, vielmehr wird überhaupt erst durch die Bestimmung des unerlaubten Risikos der Inhalt der jeweiligen Verbotsnorm expliziert.[142] Dieser kann sich nicht in einem „nebulösen ‚Verursachungsverbot' erschöpfen, sondern muß im Klartext die im Rechts-

---

[141] *Freund* AT, 1/14 und 2/73.

[142] *Jakobs* FS Hirsch S. 45 (59); *Roxin* AT, 11/41 f. (differenzierend zwischen regelmäßig ungefährlichen und deshalb rechtlich irrelevanten Gefahrschaffungen einerseits und „rechtlich relevanten" Fällen des „erlaubten Risikos", d.h. zwar ernstzunehmenden, aber dennoch tolerierten Gefahren – Paradebeispiel Straßenverkehr – andererseits; 11/59 ff.); *Jescheck/Weigend* AT, S. 287; NK-*Puppe* vor § 13 Rn. 142 ff.; SK-*Rudolphi* vor § 1 Rn. 57; Sch-Sch-*Lenckner* vor § 13 Rn. 93; *Gropp* AT, 5/42. Nach *Otto* AT 6/71 ist die – bei ihm ebenfalls unter dem Stichwort „objektive Zurechnung" abgehandelte – „Sozialadäquanz" als „restriktives Auslegungsprinzip des Tatbestandes" zu verstehen. *Roxin* AT 10/38 bezeichnet das Kriterium der Sozialadäquanz als „Vorläufer" der Lehre von der objektiven Zurechnung. *Frisch* Tatbestandsmäßiges Verhalten, S. 67, will zwischen der Lehre vom tatbestandsmäßigen Verhalten einerseits und der Zurechnung eines Erfolges zu dem mißbilligten Verhalten andererseits differenziert wissen; terminologisch entgegenkommend *Jakobs* FS Hirsch, S. 45. Auch nach *Roxin* AT, 11/46 ergeben sich auf der Basis des Ansatzes von *Frisch* „für die konkreten Problemlösungen" keine Unterschiede. Die vereinzelt noch immer gegen die Lehre von der objektiven Zurechnung vorgetragenen prinzipiellen Bedenken richten sich in erster Linie gegen deren „Überflüssigkeit" (*Küpper* Grenzen, S. 93; *Schild* Täterschaft, S. 38 ff.; berühmt ist das Diktum *Struensees*, die objektive Zurechnung habe „den Effekt eines den ganzen objektiven Tatbestand an sich reißenden und in sich ertränkenden Strudels"; GA 1987, 97); die einschlägigen Probleme könnten auch mit den „klassischen" strafrechtlichen Instituten bewältigt werden. Auf welche Weise dies konkret zu geschehen habe, wird jedoch von den einzelnen Autoren häufig sehr schwankend beantwortet [vgl. *Jakobs* Hirsch-FS, S. 45 (46 ff.) zu drei verschiedenen im Laufe der Zeit von *Hirsch* vorgeschlagenen Lösungen des klassischen „Flugreise-" bzw. „Erbonkelfalls"]. Die einheitliche Beurteilung dieses Falles durch die Vertreter der Zurechnungslehre spricht demgegenüber für die Leistungsfähigkeit dieses Ansatzes.

güterschutzinteresse zu beachtenden Verhaltensanforderungen benennen".[143] Auch bei den reinen Erfolgsdelikten können daher die Konturen des verbotenen Verhaltens nicht unmittelbar aus dem „geschützten Rechtsgut" deduziert werden.[144] Zwar ist die Erlaubtheit eines bestimmten riskanten Verhaltens nicht ohne Blick auf dabei möglicherweise gefährdete Rechtsgüter zu bestimmen, da deren Gewicht zu einer mehr oder weniger großzügigen Behandlung bestimmter Risiken drängt.[145] Dennoch determiniert das Schutzgut nicht selbständig den Zuschnitt der jeweiligen Verantwortungs- und Freiheitsbereiche und damit die strafrechtliche Relevanz bestimmter Rechtsgutsgefährdungen.

Indem sie diese Zusammenhänge ignoriert, steht die „Rechtsgutsfixiertheit" der Wucherdiskussion zur Lehre von der objektiven Zurechnung im Widerspruch.[146] Die Einschätzung, das Rechtsgut sei „der Zentralbegriff des Tatbestandes, nach dem alle objektiven und subjektiven Merkmale zu bestimmen sind, und damit zugleich ein wichtiges Hilfsmittel der Auslegung",[147] erweist sich vor diesem Hintergrund als deutlich überzogen; von der Beantwortung der Frage nach dem Schutzgut einer Vorschrift ist gerade noch kein Aufschluß über die mit dieser verbundenen Zurechnungsfragen zu erwarten. Angesichts dieses Zwischenergebnisses ist zu konstatieren, daß die Diskussion über das Rechtsgut des Wuchertatbestandes ihre Lebhaftigkeit in erster Linie einer Überschätzung ihres möglichen Ertrages verdankt.

Befreit man die Rechtsgutsdiskussion von der ihr zugedachten Funktion, den Ausgangspunkt für die Lösung der Zurechnungs- und Auslegungsprobleme zu

---

143 *Freund* AT, 1/14, der die Konturierung des erlaubten Risikos ebenso wie *Frisch* nicht als ein Problem der objektiven Zurechnung, sondern als dieser vorgelagert ansieht („logisch und systematisch vorgelagertes Problem des tatbestandsmäßigen Verhaltens"; AT, 2/73).

144 So deutlich *Jakobs* AT, 2/23.

145 *Jakobs* AT, 2/24 f.; *Frisch* Tatbestandsmäßiges Verhalten, S. 74 ff.

146 Die Kriterien der objektiven Zurechnung, die bei den reinen Erfolgsdelikten wie Totschlag und Körperverletzung den einzigen und damit entscheidenden Filter zwischen dem Verhalten des Täters und dem tatbestandlichen Erfolg bilden, sind auf Grund ihrer Lozierung im Allgemeinen Teil des Strafrechts im Rahmen *aller* Delikte des Besonderen Teils zu berücksichtigen. Auch diejenigen Tatbestände, die wie etwa der Betrug oder die Erpressung auf eine konkrete Art und Weise der Erfolgsherbeiführung durch den Täter abstellen, explizieren sich nicht vollständig selbst; vielmehr müssen alle Merkmale vor dem Hintergrund der allgemeinen Kriterien der objektiven Zurechnung gelesen werden, die auch bei den verhaltensgebunden Delikten des Besonderen Teils durch die Benennung der Angriffsmodalität nicht ersetzt werden. Den Verben „täuschen" und „ausbeuten" kann demnach ebenso wenig wie der Vokabel „töten" „unbefangen" ein bestimmter Bedeutungsgehalt zugeschrieben werden; vielmehr muß der Sinn, den der Wortlaut einer Norm repräsentiert, aus dem systematischen Gesamtzusammenhang erst erschlossen werden. Insofern ist der Einschätzung von *Jakobs* zuzustimmen, daß sich zahlreiche Probleme des Besonderen Teils Unzulänglichkeiten in der Dogmatik des Allgemeinen Teils verdanken (*Jakobs* Urkundsdelikte, S. V).

147 *Heinsius* Rechtsgut, S. 3.

bieten, stellt sich die Bestimmung des geschützten Rechtsguts sogleich als weniger „intrikat“ dar. Es genügt nun die Feststellung, daß es beim Wucher ebenso wie beim Betrug um die Voraussetzungen eines „freien“ Umgangs eines jeden mit dem ihm zugeordneten Vermögen geht. Mit der gleichen Berechtigung wie Betrug und Erpressung mag daher auch der Wucher als ein *Delikt gegen das Vermögen* bezeichnet werden. Daß diese Erkenntnis zur Erklärung des Tatbestandes noch nicht hinreicht, muß hier genauso wenig beunruhigen wie die Tatsache, daß auch der Hinweis auf das Rechtsgut „Leben“ noch keine Dogmatik der Tötungsdelikte *in nuce* enthält.[148] Freilich stellt sich nun um so dringlicher die Frage, wie die maßgeblichen Zurechnungskriterien des Wuchertatbestandes zu bestimmen sind.

---

[148] Skeptisch bezüglich der Ergiebigkeit der Rechtsgutserörterung für die Auslegung auch *Bohnert* Mietpreiserhöhung, S. 14.

2. Abschnitt: Versuch einer eigenen Lösung

Vorbemerkungen

Nachdem im ersten Abschnitt die wichtigsten der bislang zur theoretischen Klärung des geltenden Individualwuchertatbestandes entwickelten Ansätze vorgestellt und gewürdigt wurden, gilt es nunmehr im zweiten Abschnitt einen eigenständigen Lösungsversuch zu entwickeln, der es erlaubt, den Wucher so auszulegen, daß die Norm anderen Vorschriften und Rechtsgedanken nicht nur logisch, sondern auch unter Wertungsgesichtspunkten nicht widerspricht.[149] Dabei ist vor allem das Verhältnis von § 291 StGB zu den thematisch verwandten Delikten des Besonderen Teils der Erpressung und des Betrugs zu klären. Gesucht wird somit gerade keine "aprioristische", sondern im Gegenteil eine mit den vorgegebenen Wertungen kompatible, ja durch sie determinierte und damit rein innersystematische Lösung. Nicht die Zweckmäßigkeit der geltenden Wucherregelung oder ihre "Berechtigung", sondern allein ihr *Inhalt* ist Gegenstand der vorliegenden Untersuchung, welche die zahlreichen ökonomischen, sozialwissenschaftlichen und philosophischen Implikationen des Wuchers bewußt ausblendet, um auf diese Weise zu dessen spezifisch juristischer Problematik vorzustoßen und so eine sichere Basis für die Auslegung des § 291 StGB zu gewinnen.

Wie bereits die Auseinandersetzung mit den Positionen verschiedener anderer Autoren gezeigt hat, läßt sich nicht ohne weiteres davon ausgehen, daß der Wucher für alle vier "Opferklassen" in der gleichen Weise zu erklären sein wird. Zwar ist das Opfer in allen Fallgruppen insofern als "schwach" charakterisiert, als ihm Eigenschaften bzw. Umstände zugeschrieben werden, die es in besonderem Maße dafür anfällig erscheinen lassen, dem Abschluß eines nach "objektiven" Kriterien zu seinen Lasten grob ungleichgewichtigen Vertrages nicht widerstehen zu können. Darüber hinaus verbindet die verschiedenen Wucheropfer jedoch wenig miteinander. So liegt bei den drei Formen des "Schwächewuchers" ein *konstitutionelles* Defizit auf der Seite des Opfers vor, während bei der Ausbeutung einer Zwangslage eine spezielle *Situation* die Schwäche des Opfers ausmacht. Anderseits gleichen sich der Zwangslagenwucher und die Ausbeutung erheblicher Willensschwäche darin, daß dem Opfer in diesen Fallgruppen die Unangemessenheit der Gegenforderung im Regelfall nicht verbor-

---

[149] Diese Auslegungsmaxime ist unter dem Stichwort der "systematischen Auslegung" geläufig und anerkannt: Vgl. nur *Larenz* Methodenlehre, S. 334 f.; *Pawlowski* Methodenlehre, Rn. 361 ff.; *Raisch* Methoden, S. 147 ff.; *Zippelius* Methodenlehre, S. 48 ff. Nach *Kramer* Methodenlehre, S. 67 handelt es sich dabei "nicht um eine spezielles Gebot der juristischen Auslegungslehre, sondern um eine allgemeine Maxime der geisteswissenschaftlichen Hermeneutik."

gen ist, während der Unerfahrene bzw. nicht Urteilsfähige die wirtschaftliche Bedeutung des Geschäftes gerade nicht durchschaut.[150] Es wäre vor dem Hintergrund dieser Unterschiede methodisch unzulässig, sich bereits vor einer eingehenden Analyse der einzelnen Fallgruppen im Hinblick darauf festlegen zu wollen, ob sich alle Varianten des Wuchers auf das gleiche Erklärungsmodell zurückführen lassen. Aus diesem Grunde sind die verschiedenen Tatbestandsvarianten zunächst selbständig zu untersuchen. Demgegenüber erfordert die Differenzierung des Gesetzeswortlauts zwischen Miet-, Kredit-, Vermittlungs- und Leistungswucher keine weitere Zergliederung des Untersuchungsgegenstandes, da § 291 Absatz 1 Nr. 3 StGB deutlich erkennen läßt, daß der allgemeine Leistungswucher alle anderen Wucherarten umfaßt.[151] Der Übersichtlichkeit halber beschränkt sich die Untersuchung deshalb zunächst auf diese Grundform; erst am Schluß der Arbeit werden Spezialfragen zum Miet- und zum Kreditwucher behandelt werden.

---

150 Prot. 7, S. 2473; *Lackner/Werle* NStZ 1985, 504; vgl. auch die Begründung zu § 203 AE.

151 Sch-Sch-*Stree/Heine* § 291 Rn. 3; *Tröndle-Fischer* § 291 Rn. 4; *Maurach/Schroeder/Maiwald* BT/1 43/14; *Hohendorf* Individualwucher, S. 69.

A. Zwangslagenwucher

Bereits an früherer Stelle wurde das Charakteristikum des "reinen" Zwangslagenwuchers dahingehend bestimmt, daß das bedrängte Opfer keine unverständige, sondern eine nach wirtschaftlichen Kriterien durchaus rationale Entscheidung trifft.[152] Als Opfer des Zwangslagenwuchers muß demnach zumindest auch ein nach verständigen Maßstäben entscheidender, von den Schwächen der anderen Wucheralternativen gerade freier Marktteilnehmer in Betracht kommen. Das Problem zwangslagenbedingt *nicht* marktadäquater Opferdispositionen wird daher im Rahmen dieses Kapitels ausgeklammert und statt dessen nur der Fall untersucht, in dem allein die Situation das Opfer dazu zwingt, sich auf den wucherischen Vertrag einzulassen. Worin besteht also das Unrecht des Wucherers, der sich die Zahlungsbereitschaft eines solchen *verständigen* "Opfers" zunutze macht?

I. Zwangslagenwucher als Erpressung?

Wenn der Bewucherte von seiner Zustimmung zum Vertrag normativ distanziert werden soll, kann dies nach dem soeben Gesagten nicht unter Berufung auf eine Wissensüberlegenheit oder – in der Terminologie der mittelbaren Täterschaft gesprochen – "Wissensherrschaft" des Täters geschehen. Daß Täter und Opfer nicht den gleichen Einfluß auf den Verlauf und das Ergebnis der Vertragsverhandlungen haben, liegt in dieser Konstellation nicht an mangelnder Einsicht des Opfers in die Bedeutung des abzuschließenden Geschäfts, sondern daran, daß dieses seinem Interesse an der vom Täter angebotenen Leistung eine starke Priorität zumißt. Insofern besteht eine Parallele zum Willensschwächewucher, bei dem das "psychische Kräfteparallelogramm" ebenfalls so beschaffen ist, daß die Motivation zur Inanspruchnahme der Leistung auch durch die hohen Kosten nicht zu neutralisieren ist. Wiederum in der Begrifflichkeit der mittelbaren Täterschaft gesprochen handelt es sich hier um Fälle der *Willensherrschaft* des Täters.

Eine solche Willensherrschaft des Täters über das Opfer besteht auch bei der *Nötigung* bzw. – wo es wie beim Wucher um Vermögensentscheidungen geht – bei der *Erpressung*. Die Verwandtschaft des Zwangslagenwuchers mit der Erpressung ist in der Literatur bereits häufig bemerkt worden.[153] Konstruktiv läßt sich diese Wuchervariante möglicherweise sogar als ein Spezialfall der Erpres-

---

[152] S. dazu oben 1. Abschnitt B II. 1) d).

[153] *Schmidt* Wucher und Ausbeutung, S. 239; *Kollmann* Erpressung, S. 131 ff.; *Pelke* "Übel" und "Vorteil", S. 167 ff.; *Jakobs* FS Peters, S. 69 (85 ff.); *Arzt* FS Lackner, S. 641 ff.; *Scheffler* GA 1995, 1 (7).

sung darstellen:[154] Auch der Wucherer droht dem Opfer konkludent mit einem Übel, nämlich damit, es werde die begehrte Leistung – jedenfalls von ihm – gar nicht erhalten. Entscheidend für die Erlangung der Willensherrschaft durch den Täter ist nach dieser Lesart gar nicht die Zwangslage selbst, sondern allein die Wirkung der vom Täter unterschwellig kommunizierten Drohung, deren notwendiges Gewicht freilich durch das Merkmal der Zwangslage determiniert wird. Mit der Deutung des Zwangslagenwuchers als eines Unterfalls der Erpressung könnte für die Frage, warum die Entscheidung des Wucheropfers trotz ihrer nicht zu bezweifelnden "Verständigkeit" strafrechtlich nicht diesem, sondern ausschließlich dem Drohenden zuzurechnen ist, auf die Erpressungsdogmatik zurückgegriffen werden. Bei § 253 StGB ist eine gewisse Rationalität des Opferverhaltens sogar Tatbestandsvoraussetzung: Nach allgemeiner Auffassung verlangt das Merkmal der "Empfindlichkeit" des angedrohten Übels, daß dieses geeignet sei, einen "besonnenen Durchschnittsmenschen" im Sinne des Täterverlangens zu motivieren.[155] Baut das Täterkalkül also auf eine zwar vorhersehbare, aber *irrationale* Reaktion des Opfers, so kommt Erpressung nicht in Betracht. Der Erpressungstäter kalkuliert also gerade damit, daß sich das Opfer in der "Krisensituation" rational verhält; er minimiert die Opferfreiheit durch die Inszenierung einer Situation, in welcher das rationale Bestreben des Opfers zur Verlustminimierung dieses vorhersehbar dazu bewegen wird, sich auf die vom Täter gewünschte Option einzulassen. Auch beim Zwangslagenwucher kann der Täter damit rechnen, daß sich das Opfer nach rationalen Maßstäben für das ungleichgewichtige Geschäft entscheiden wird. Erpreßt der Wucherer also sein Opfer?

1) Die Drohung mit erlaubtem Verhalten im Rahmen der Erpressung

Wäre der Zwangslagenwucher als ein Spezialfall der Erpressung anzusehen, müßte die Diagnose einer "Sonderstellung"[156] dieses Delikts revidiert werden,

---

[154] *Pelke* "Übel" und "Vorteil", S. 168. *Jakobs* FS Peters, S. 69 (85) diagnostiziert bei den von ihm nicht unter die Nötigung bzw. Erpressung subsumierten Fällen des Drohens mit erlaubtem Verhalten eine "völlige formale Gleichheit mit dem Wucher." Vgl. auch die Begründung zu AE § 116 Ziff. 4 d) (S. 65), wonach die Fälle einer Drohung mit "nicht rechtspflichtwidrigem Unterlassen" als ein "typischer Fall des Wuchers" aus dem Nötigungsunrecht auszuscheiden seien; die Strafbarkeit sei hier "allein im Rahmen des Wuchertatbestandes zu entscheiden."

[155] BGHSt 31, 195 (201); BGH NStZ 1988, 287; Sch-Sch-*Eser* § 240 Rn. 9; *Lackner-Kühl* § 240 Rn. 13; *Tröndle-Fischer* § 240 Rn. 32; *Otto* BT, 27/18; *Wessels/Hettinger* BT/1 Rn. 404; *Küpper* BT/1, 3/51; *Rengier* BT/2, 23/44; Krey BT/1 Rn. 326; *Maurach/Schroeder/Maiwald* BT/1 13/26; *Kindhäuser* LPK § 240 Rn. 13; ähnlich LK-*Träger/Altvater* § 240 Rn. 57 ("ein nicht unerhebliches Maß an Druck"); vgl. auch SK-*Horn* § 240 Rn. 15 i.V.m. Rn. 10.

[156] *Isopescul-Grecul* Wucherstrafrecht, S. 221.

welches sich dann mit den vorgegebenen Wertungen problemlos harmonisieren ließe. Zu untersuchen ist deshalb, ob das Verhalten des Wucherers zugleich unter den Tatbestand des § 253 StGB zu subsumieren ist. Dies könnte trotz der geschilderten Parallelen zwischen beiden Delikten deshalb problematisch sein, weil der Täter nach dem Wortlaut des § 291 StGB berechtigt ist, einen Vertragsschluß mit dem Opfer zu verweigern und diesem die begehrte Leistung vorzuenthalten. Somit stellt sich seine "Drohung" als eine solche mit einem *erlaubten* Verhalten dar. Ob aber eine derartige Drohung unter dem Gesichtspunkt der Erpressung überhaupt strafbar sein kann, wird bekanntlich überaus kontrovers diskutiert. Käme nun eine Drohung mit erlaubtem Nichtkontrahieren prinzipiell nicht als Erpressung in Betracht, könnte auch der Zwangslagenwucher nicht als Spezialfall dieser Norm verstanden werden. Aber mehr noch: Vor dem Hintergrund der konstruktiven Ähnlichkeit von Wucher und Erpressung wäre dann noch dringender zu begründen, warum dem Täter ein Verhalten als Wucher zurechenbar sein soll, welches als Erpressung wegen vorrangiger Zuständigkeit des Opfers gerade nicht in Betracht kommen soll.

a) Herrschende Ansicht: Drohen mit erlaubtem Verhalten prinzipiell erpressungsrelevant

Als herrschende Ansicht zu der angesprochenen Streitfrage hat sich heute die Auffassung etabliert, daß die Drohung mit einem rechtmäßigen aktiven *Tun* ohne weiteres unter den Drohungsbegriff der §§ 240, 253 StGB subsumierbar sei. Die sogenannte "Verwerflichkeitsklausel" im jeweiligen Absatz 2 bringe deutlich zum Ausdruck, daß das Unwerturteil stets von einer Betrachtung des *Verhältnisses* von Nötigungszweck und Nötigungsmittel abhänge.[157] Dabei erfasse der Wortlaut auch die Konstellation, daß die Verwerflichkeit allein aus der spezifischen Verbindung eines an sich erlaubten Mittels mit einem an sich ebenso zulässigen Zweck folge. Der seit jeher besonders intensiv diskutierte Fall einer Drohung mit berechtigter Strafanzeige für den Fall der Nichtgewährung finanzieller oder anderer Vorteile kann damit, dem vorherrschenden Rechtsgefühl entsprechend, als Erpressung erfaßt werden; er dient der herrschenden Auffassung geradezu als Beweis für die Richtigkeit ihrer These.[158] Auch der Gesetzgeber der Strafprozeßordnung hat sich diese Sicht anscheinend zu eigen gemacht: § 154c StPO ermöglicht die Einstellung eines Strafverfahrens, wenn der

[157] LK-*Träger/Altvater* § 240 Rn. 75; Sch-Sch-*Eser* § 240 Rn. 15; *Tröndle-Fischer* § 240 Rn. 24; *Lackner-Kühl* § 240 Rn. 25; *Otto* BT, 27/32; *Küpper* BT/1, 3/59; *Wessels/Hettinger* BT/1, Rn. 426; *Rengier* BT/2, 23/59; zu § 253 StGB a.F. grundlegend *Engelhard* Chantageproblem, S. 52 ff.

[158] *Pelke* "Übel" und "Vorteil", S. 40 argumentiert, daß nach der Gegenansicht die "geradezu klassischen Fälle einer Nötigung bzw. einer Erpressung aus dem Bereich der Nötigungstatbestände entfielen ."

Beschuldigte mit der Androhung der Anzeige der betreffenden Tat genötigt oder erpreßt worden ist.[159]

Weitaus umstrittener ist die Behandlung der im hiesigen Zusammenhang interessierenden Drohung mit einem erlaubten *Unterlassen*. Der BGH[160] und ein Teil der Literatur[161] gehen heute davon aus, daß auch mit einer solchen Drohung grundsätzlich ein Erpressungs- bzw. Nötigungserfolg herbeigeführt werden könne. Begründet wird diese Auffassung damit, daß es für die Wirksamkeit der Drohung aus der Opferperspektive auf die Rechtmäßigkeit oder Unrechtmäßigkeit des Drohungsinhaltes nicht ankomme.[162] Nach der älteren Rechtsprechung und einer noch immer beachtlichen Literaturmeinung hingegen ist das Drohen mit einem rechtmäßigen Unterlassen regelmäßig nicht als nötigungs- bzw. erpressungsrelevant anzusehen.[163] Diese letztere Ansicht wird heute häufig dahingehend modifiziert, daß bei Drohungen mit erlaubtem Unterlassen noch einmal danach zu differenzieren sei, ob der Täter mit einer *Verschlechterung* oder aber allein mit der Vorenthaltung einer *Verbesserung* der Lage des Opfers drohe. Im ersten Fall könne eine Strafbarkeit wegen Nötigung oder Erpressung durchaus in Betracht kommen, ansonsten jedoch liege kein "strafwürdiger Angriff auf die durch § 240 geschützte Willensfreiheit" vor.[164]

Eine andere Differenzierung bietet *Zopfs* an: Voraussetzung einer Drohung im Gegensatz zur bloßen Ankündigung eines Übels sei, daß dem Täter die "Setzungsmacht" bezüglich der Herbeiführung des Übels zukomme. Diese liege dann vor, wenn ein Beitrag des Täters zur Realisierung des Übels erforderlich

---

159 Dies wird insbesondere von *Pelke* "Übel" und "Vorteil", S. 37, SK-*Hoyer* § 253 Rn. 13 und *Kindhäuser* BT/2 17/11 als ein entscheidendes Argument zugunsten der herrschenden Auffassung gewertet.

160 BGHSt 31, 195 (198 ff.); OLG Stuttgart NStZ 1982, 161. Vgl. auch schon RGSt 72, 75 (76), in denen die Täter ebenfalls mit einem erlaubten Unterlassen gedroht hatten; das Reichsgericht begründet die Verurteilung hier mit der Erwägung, das Verhalten der Täter verstoße gegen das Schikaneverbot des § 226 BGB.

161 LK-*Träger/Altvater* § 240 Rn. 63; *Lackner-Kühl* § 240 Rn. 14; *Tröndle-Fischer* § 240 Rn. 34; *Kohlrausch-Lange* § 240 Bem. 1; *Otto* BT, 27/24; *Mitsch* BT/2/1 6/25; *Gössel* BT/1, 18/68; *Haft* BT, S. 127; *Hohmann-Sander* BT/2, 12/24; *Eser* Strafrecht III, Fall 12 A 56; *Bergmann* Nötigung, S. 131 ff.; *Volk* JR 1981, 274; *Hillenkamp* JuS 1994, 769 (770); *ders.* JuS 1997, 822 f.; *Stoffers* JR 1988, 492 (496 f.).

162 *Volk* JR 1981, 274.

163 RGSt 14, 264 f.; 63, 424 (425); BGH NStZ 1982, 287; OLG Hamburg NJW 1980, 2592; *Haffke* ZStW 84 (1972), 37 (71 Fn. 135); *Schubarth* JuS 1981, 726 (727); *Frohn* StV 1983, 365 f.; *Roxin* JuS 1964, 373 (377); *Ostendorf* NJW 1980, 2592 (2593). Nach *Krey/Hellmann* BT/2 Rn. 308 ist das Drohen mit einem erlaubten Unterlassen nur dann erpressungs- bzw. nötigungsrelevant, wenn sich die Situation für das Opfer als "existentielle Not" darstellt.

164 Sch-Sch-*Eser* § 240 Rn. 20; *Rengier* BT/2 23/51 f.; *Küpper* BT/1, I 3/54; *Schroeder* JZ 1983, 284 (286); *Roxin* JR 1983, 333 (338).

sei, dieses sich also nicht auch unabhängig vom Täter einstellen würde.[165] Bei der Drohung mit einem Unterlassen sei dies nur ausnahmsweise der Fall; hier verweise der Täter regelmäßig auf ein "bereits gesetztes (aber noch künftiges) Übel".[166] "Setzungsmacht" sei aber ausnahmsweise dennoch zu bejahen, wenn eine Rechtspflicht des Täters zum Handeln bestehe (Setzungsmacht aus normativen Gründen);[167] darüber hinaus komme aber in bestimmten Fallkonstellationen auch eine faktische Setzungsmacht dann in Betracht, wenn der Täter das Übel allein durch sein Unterlassen herbeiführen könne. Dies sei etwa dann der Fall, wenn der Onkel die freiwilligen Unterstützungszahlungen für seine Nichte einzustellen oder der Ehemann damit drohe, nicht mehr mit seiner Frau zu sprechen.[168]

b) Die Gegenansicht: Prinzipiell keine Erpressung durch Drohen mit rechtmäßigem Verhalten

Nach einer früher auch in der Rechtsprechung und heute noch in der Literatur vertretenen Gegenansicht ist die Drohung mit einem erlaubten Verhalten prinzipiell nicht vom Tatbestand der Nötigung bzw. Erpressung erfaßt.[169] Zur Begründung wird auf systematische Erwägungen verwiesen. Könne grundsätzlich jede Drohung ungeachtet der Rechtmäßigkeit des angekündigten Verhaltens als nötigungsrelevant angesehen werden, so liefe dies darauf hinaus, daß der fakti-

[165] *Zopfs* JA 1998, 813 (817).

[166] *Zopfs* JA 1998, 813 (818).

[167] *Zopfs* JA 1998, 813 (819).

[168] *Zopfs* JA 1998, 813 (818). Das Drohen mit dem Abbruch eines bisher – auch ohne Rechtspflicht – praktizierten Verhaltens sehen auch *Maurach/Schroeder/Maiwald* BT/1 13/28 als erpressungsrelevant an.

[169] OLG Hamburg NJW 1980, 2592 mit zustimmender Anmerkung von *Ostendorf*; *Jakobs* FS Peters, S. 69 (76); SK-*Horn* § 240 Rn. 16; *ders.* NStZ 1983, 497; *Timpe* Nötigung, S. 149 ff.; *Gutmann* Freiwilligkeit, S. 272 ff; *Joecks* § 240 Rn. 23; ähnlich *Wessels/Hettinger* BT/1 Rn. 414 ff. Ob die Erlaubtheit des angekündigten Verhaltens schon das Merkmal der Drohung oder ob es die "Empfindlichkeit" des Übels entfallen läßt, wird freilich unterschiedlich beurteilt: *Jakobs* verneint schlicht die Einschlägigkeit des "geschützten Rechtsguts" und in einem späteren Aufsatz [GS H. Kaufmann S. 791 (797)] den Nötigungserfolg. *Horn* NStZ 1983, 497 (499) plädiert für eine Problemansiedlung bei der "Empfindlichkeit" des Übels, während *Gutmann* Freiwilligkeit, S. 285 eine normativierende Einschränkung des Drohungsbegriffs vorzieht. Zu Recht nennt *Horn* (SK § 240 Rn. 3) die Frage "zweitrangig". Wenn *Gutmann* Freiwilligkeit, S. 286 demgegenüber meint, unter dem normativen Merkmal der "Empfindlichkeit" werde mit der Zumutbarkeit eine andere Frage verhandelt als die – ebenfalls normativ zu bewertende – "Legalität der Zufügung des in Aussicht gestellten Übels", reißt er damit zwei intim miteinander verknüpfte Fragestellungen auseinander. In beiden Fällen geht es um das Maß des vom Opfer zu Ertragenden, in beiden Fällen wird dieses Maß nicht auf einer psychologischen Skala, sondern durch die normative Abgrenzung von Freiheitsbereichen ermittelt.

sche Handlungsspielraum des einzelnen durch das Nötigungsverbot beschränkt werde, um den faktischen Handlungsspielraum eines anderen zu erhalten. Somit erweise sich das Nötigungsverbot bei Zugrundelegung eines rechtlich ungefilterten Begriffs von Freiheit als eine in sich widersprüchliche Norm.[170] Um ein solches Ergebnis zu vermeiden, sei es systematisch geboten, von vornherein nur die Beeinträchtigung *rechtlich* gewährter Freiheit als nötigungsrelevant zu behandeln.[171] Sei der Nötigungstäter zu einem bestimmten Verhalten rechtlich befugt, müsse jeder andere die sich daraus für ihn spiegelbildlich ergebenden Einschränkungen seiner faktischen Freiheit hinnehmen.[172] Alle diese Aspekte der dem Täter rechtlich zustehenden Freiheit müßten seine Rechtsgenossen gegen sich gelten lassen. Sie seien somit rechtlich "gebunden", wo der Täter wählen dürfe.

Für den Zwangslagenwucher folgt aus dieser Ansicht, daß eine Deutung dieses Delikts als Spezialfall der Erpressung nicht in Betracht kommt, sofern den Täter nicht ausnahmsweise eine Kontrahierungspflicht trifft.[173] Das Verbot des Wuchers könnte danach nur auf solche Wertungen gestützt werden, die im Rahmen des Erpressungstatbestandes noch keine Berücksichtigung gefunden haben. Jenseits bestehender Kontrahierungszwänge wäre keine Brücke zwischen Erpressung und Wucher zu schlagen.

c) Stellungnahme

Die vorgeschlagenen Differenzierungen zwischen verschiedenen Fallgruppen erlaubten Verhaltens erscheinen problematisch. *Ostendorf* rechtfertigt die Position, nach der es auf die Klassifizierung des Drohungsinhalts als Tun oder Unterlassen ankommen soll, mit dem Argument, daß der Täter beim Drohen mit einem *Tun* eine illegitime Verknüpfung der Strafanzeige mit seinen privaten Zwecken vornehme, während im Fall einer Drohung mit *Nichtzurücknahme* der Anzeige das Übel bereits über dem Opfer schwebe und dem Täter nicht zugerechnet werden könne.[174] Wenn *Ostendorf* für diesen letzten Argumentationsschritt die Lehre von den Garantenpflichten – genauer: den Ingerenzgedanken – bemüht und geltend macht, die Anzeigeerstattung selbst sei jedenfalls rechtmäßig gewesen,[175] so ist diese Begründung indes unzureichend, weil hiermit allenfalls die gleiche "Prima-facie-Zulässigkeit" des Nichthinderns einer Anzeige erwiesen ist, die hinsichtlich der Anzeigeerstattung unbestrittenerweise eben-

[170] *Jakobs* FS Peters, S. 69 f.
[171] *Jakobs* FS Peters, S. 69 (76).
[172] *Jakobs* FS Peters, S. 69 (79).
[173] Zu diesen Fällen unten 2. Abschnitt A I. 2).
[174] *Ostendorf* NJW 1980, 2592 (2593).
[175] *Ostendorf* ebd.

falls besteht. Warum jedoch nunmehr die *Zusatz*prüfung der Motivation des Täters und der Legitimität der Verknüpfung zwischen seinen Zielen und dem Sanktionsinteresse entfallen soll, bleibt offen. Auch im übrigen ist eine überzeugende Begründung dafür, daß die normativ entscheidende Grenze zwischen dem Drohen mit einem Tun und dem Drohen mit einem Unterlassen verlaufen soll, nicht ersichtlich. Zu Recht gelangen deshalb heute die weitaus meisten Auffassungen zu dem Schluß, daß es nicht darauf ankommen kann, ob der Täter den Inhalt seiner Drohung als Tun oder als Unterlassen formuliert und ob er mit der Stellung oder mit der Nichtzurücknahme einer Strafanzeige droht.[176]

Ebensowenig überzeugend wie die soeben besprochene Ansicht ist die Auffassung, nach der bei der Drohung mit Unterlassen danach zu differenzieren ist, ob dem Opfer eine Verschlechterung oder nur das Ausbleiben einer Verbesserung seiner Lage in Aussicht gestellt wird. Das hierfür vorgetragene Argument, das Opfer habe in diesem Fall auf die Hilfeleistung durch den Täter keinen Anspruch, dieser sei also in seiner Entscheidung rechtlich frei,[177] beweist mehr als von den Vertretern dieser Ansicht beabsichtigt, da es auch für die Fälle der Drohung mit einem aktiven Tun gelten müßte: In rechtlicher Hinsicht ebenso frei ist auch der Zeuge einer Straftat, das Gesehene zur Anzeige zu bringen oder dies zu unterlassen; von einem "Angriff auf die Freiheitssphäre des Opfers"[178] dürfte in diesem Fall dann ebenfalls keine Rede sein. Es ist nicht einzusehen, warum die rechtliche Freiheit nur in einem der beiden Fälle ohne Rücksicht auf etwaige Inkonnexität ohne weiteres soll "kapitalisiert" werden können, während in dem anderen Fall die Legitimität der Drohung einem besonderen Verwerflichkeitstest zu unterwerfen sein soll.

Zu diesen Schwierigkeiten kommt hinzu, daß sich das Kriterium der Verbesserung bzw. Verschlechterung des *status quo* nur mit erheblichen Unsicherheiten zur Anwendung bringen läßt, solange es nicht *normativ* aufgefaßt wird:[179] Wenn etwa *Rengier* die Ankündigung eines anhaltenden Autofahrers gegenüber einer Tramperin, sie an der Straße stehenzulassen, als Beispiel für eine Drohung mit einer ausbleibenden Verbesserung anführt,[180] so ist dies unter psychologi-

---

[176] *Roxin* JR 1983, 333; *Rengier* BT II, 23/48. In BGHSt 31, 195 (202) wird das gleiche Argument dazu herangezogen, die Notwendigkeit einer prinzipiellen Gleichbehandlung des Drohens mit einem Tun und mit einem Unterlassen zu begründen; ähnlich *Schroeder* JZ 1983, 284 (285).

[177] *Rengier* BT/2, 23/52.

[178] *Roxin* JR 1983, 333 (336).

[179] Verstünde man das Kriterium der "Verschlechterung" *normativ*, fiele diese Ansicht mit der Gegenposition zusammen, nach der ein Drohen mit erlaubtem Verhalten stets als nicht nötigungs- bzw. erpressungsrelevant anzusehen wäre: Die Lage des Übeltäters, der eine Strafanzeige zu gewärtigen hat, wird durch die Realisierung dieser Möglichkeit *normativ* nicht verschlechtert.

[180] *Rengier* BT/2 23/51.

schem Blickwinkel keineswegs zwingend; für die Betroffene mag sich die Aussicht, nun doch zu Fuß gehen zu müssen, durchaus als eine neuerliche Verschlechterung ihrer Lage darstellen.

Daß die "einfache Formel", nach der zwischen der Zufügung eines "Nachteils" einerseits und der Vorenthaltung eines "Vorteils" andererseits zu unterscheiden sei, jedenfalls "mißverständlich" ist, sieht auch *Roxin.*[181] Wenn er aber statt dessen "empfindliche Beeinträchtigungen von außen" und "rechtlich nicht legitimiertes Begehren" gegenüberstellt bzw. fragt, ob "etwas Schlimmes" oder aber "nichts geschehen" wird,[182] ist damit kaum ein höheres Maß an Präzision erreicht. Auch in dieser Variante erscheint deshalb eine Differenzierung zwischen "ausbleibender Verbesserung" einerseits und Verschlechterung der Opferlage andererseits als ein für die Abgrenzung zwischen erlaubtem und strafrechtlich relevantem Verhalten untaugliches Kriterium.

Schließlich leuchtet auch der Differenzierungsvorschlag von *Zopfs* nicht ein, insofern er neben einer rechtlichen auch eine ausschließlich auf faktischen Umständen beruhende "Setzungsmacht" anerkennt, da die Kriterien für das Vorliegen einer solchen tatsächlichen Setzungsmacht bei *Zopfs* nicht offengelegt, sondern von einer offenkundig willkürlichen Bestimmung des jeweils drohenden Übels abhängig gemacht werden: Wenn nur der Onkel das Übel einer "Zahlungseinstellung *durch den Onkel*" und nur der Ehemann das Übel eines Kommunikationsverweigerung *seinerseits* durch bloßes Unterlassen verwirklichen kann, so gilt dies für alle Unterlassenden: Nur sie selbst können durch bloßes Unterlassen das Übel ihres eigenen Nichthandelns herbeiführen. Die Frage ist aber, warum ein Übel jeweils gerade in der Nichtleistung *durch den Drohenden* bestehen soll. Hierfür aber sind in Wahrheit nicht faktische, sondern allein normative Erwägungen entscheidend: Wenn der mit Schweigen drohende Ehemann sich einer Nötigung schuldig macht, beruht dies darauf, daß er im Rahmen der ehelichen Lebensgemeinschaft gemäß § 1353 BGB *verpflichtet* ist, mit seiner Frau zu sprechen,[183] so daß seine Drohung ein rechtswidriges Verhalten zum Inhalt hat. Im Fall des bislang freiwillig zahlenden Onkels ist eine Nötigung abzulehnen.[184] Somit läßt sich das Kriterium der "Herrschaft" über

---

[181] *Roxin* JR 1983, 333 (336); ebenso *Volk* JR 1981, 274 (275), der anders als *Roxin* folgerichtig für eine Gleichbehandlung beider Drohungsformen – mit Tun oder mit Unterlassen – plädiert.

[182] *Roxin* ebd; ähnlich *Frohn* StV 1983, 365: "ansonsten nicht bevorstehende Einbußen" – auch hier wäre unklar, zu welchem Ergebnis mit diesem Kriterium im Beispiel der Tramperin zu gelangen wäre.

[183] Dies liegt zumindest dann nahe, wenn man § 1353 BGB eine Verpflichtung der Eheleute zu "Liebe, Treue ... gegenseitiger Achtung, Offenheit, Vertrauen und Rücksichtnahme" entnimmt (MünchKomm(BGB)-*Wacke* § 1353 Rn. 17 f.; s. auch Erman-*Heckelmann* § 1353 Rn. 5).

[184] Zutreffend *Roxin* JuS 1964, 373 (377).

das Übel mit dem naturalistischen Kriterium der "faktischen Setzungsmacht" nicht zuverlässig zur Anwendung bringen.

Da jedenfalls die bislang diskutierten Differenzierungen nicht überzeugen können, scheint eine Entweder-Oder-Entscheidung unausweichlich: Entweder kann die Drohung mit einem erlaubten Verhalten grundsätzlich *immer*, d.h. vor allem unabhängig von einer Einordnung als Tun oder Unterlassen, nötigungs- bzw. erpressungsrelevant sein oder aber sie ist es grundsätzlich *nicht*. Im Ausgangspunkt ist der zuletzt dargestellten Ansicht Recht zu geben. Ein Begriff von Freiheit jenseits genuin normativer Begrenzungen ist *rechtlich* nicht zu denken. Wo *Rechte* existieren, ist als notwendige Kehrseite die faktische Freiheit des anderen von vornherein insoweit limitiert, als daß er eben diese Rechte nicht ignorieren darf. Eine Rechtsnorm kann daher keinen unrechtlichen, auf die Faktizität physischen Vermögens beschränkten Begriff von Freiheit als Schutzgut voraussetzen, ohne sich selbst zu widersprechen.[185] Verstanden als eine Vorschrift, welche absolute Willkürfreiheit schützt, indem sie diese gleiche Freiheit beschneidet, wäre das Verbot der Nötigung sinnlos.[186] Zurückzuweisen ist auch die Ansicht, die Befugnis zur Verknüpfung zweier jeweils erlaubter Verhaltensalternativen miteinander könne nicht grundsätzlich unterstellt werden, sondern sei für jede Konstellation eigens festzustellen. Eine solche Forderung, wie sie etwa *Arzt* indirekt erhebt,[187] weist *Gutmann* mit Recht entschieden zurück: Die Vorstellung, die Erlaubtheit bestimmter Verhaltensweisen sei generell an bestimmte Zwecke geknüpft, laufe auf eine "Funktionalisierung subjektiver Rechtspositionen zugunsten eines imaginären kollektiven Zweckzusammenhangs" hinaus; sie sei "Kernbestandteil totalitärer Rechtstheorie".[188] Die

---

[185] So auch *Timpe* Nötigung, S. 21. Überdenkenswert erscheint aus den dargelegten Erwägungen auch die ganz herrschende Interpretation des Artikel 2 Absatz 1 GG, nach der der Schutzbereich durch die unbeschränkte "Freiheit, zu tun und zu lassen" bestimmt sei [grundlegend BVerfGE 6, 32 (36 f.) (Elfes); bestätigt in BVerfGE 80, 137 (152 f.) (Reiten im Walde); nach *Scholz* AöR 100 (1975), 80 (82) "prägen und durchdringen" die Konsequenzen dieser Interpretation "inzwischen weite Zonen auch des Verwaltungs- und des Verfahrensrechts"; vgl. auch die Einschätzung von v. Münch/Kunig-*Kunig* Art. 2 Rn. 12 ff.] In der verfassungsrechtlichen Literatur werden entsprechende Bedenken in neuerer Zeit außer von *Scholz* noch von *Hesse* Verfassungsrecht, Rn. 427 f. und von *Grimm* [abweichendes Votum zu BVerfGE 80, 137 ff.; ebd. 164 (167 ff.)] geltend gemacht. Kritisch auch *Jakobs* ZStW 110 (1998, 716 (718 f.), der die Annahme eines Grundrechts auf Totschlag zutreffend als den Versuch charakterisiert, "den *Hobbes*schen Naturzustand auf den Grundrechtsbegriff zu bringen" (S. 718).

[186] Insoweit stimmt auch *Arzt* FS Lackner, S. 641 (644) der geschilderten Ansicht noch ausdrücklich zu.

[187] Vgl. *Arzt* FS Lackner, S. 641 (642 f.).

[188] *Gutmann* Freiwilligkeit, S. 282, der ebenfalls – zumindest *de lege lata* – eine nicht verallgemeinerungsfähige Sonderstellung der "Spezialfälle" der Festnahme und der Strafanzeige zugesteht (S. 281).

Vermutung spricht daher stets zugunsten einer unbeschränkten Verknüpfungsfreiheit.

Dennoch gibt es Konstellationen, in denen aus einer gegebenen Primärfreiheit zur Vornahme einer Handlung *nicht* das Recht folgt, mit diesem "Stück Freiheit"[189] zu handeln und es nach Belieben zu kapitalisieren.[190] So erkennt auch *Jakobs* ausdrücklich an, daß etwa die Drohung mit berechtigter Strafanzeige zum Zweck der Erlangung persönlicher Vorteile strafbares Unrecht darstellen könne.[191] In einem solchen Fall sei jedoch nicht die Beeinträchtigung rechtlich garantierter Freiheit, sondern die mit einem derartigen Verhalten einhergehende "Privatisierung der Strafrechtspflege" als unrechtsbegründend anzusehen, weshalb der Nötigungstatbestand nicht einschlägig sein könne.[192] Auch in bezug auf den Wucher geht *Jakobs*, der in dem auch zu noch so hohen "Preisen" vorgelegten Hilfsangebot des nicht Leistungspflichtigen sogar eine Erweiterung der Freiheitssphäre des Opfers zu sehen bereit ist,[193] keineswegs von einer *de lege ferenda* herzustellenden Straffreiheit aus; im Gegenteil ergebe sich in zahlreichen Fällen des Drohens mit einem erlaubten Verhalten "eine völlige formale Gleichheit mit dem Wucher",[194] der sich damit nach *Jakobs* als die wahre *sedes materiae* dieser zuvor fälschlich für Erpressungsunrecht gehaltenen Konstellationen empfiehlt.[195]

Daß auch in einem Fall wie dem Drohen mit berechtigter Strafanzeige kein Nötigungs- bzw. Erpressungsunrecht verwirklicht sein soll, läßt sich indes mit dem Argument, "geschütztes Rechtsgut" der Nötigung sei allein die rechtliche Frei-

---

[189] Noch plastischer spricht *Gutmann* Freiwilligkeit, S. 281 in Anlehnung an *Feinberg* von "bargaining chips".

[190] Gerade diese unbeschränkte "Verknüpfungsfreiheit" bestreiten die Vertreter der heute herrschenden Meinung; besonders deutlich *Arzt* FS Lackner, 641 (642).

[191] *Jakobs* FS Peters, S. 69 (85).

[192] *Jakobs* ebd.; *Timpe* Nötigung, S. 165. Vgl. auch *Ostendorf* NJW 1980, 2592 (2593): Die "Zwangsausübung mit Hilfe staatlicher Verfolgungsmechanismen" könne nicht "einem privaten Freiheitsraum in der Weise zugerechnet werden, daß sie für eigene Ziele einsetzbar" sei.

[193] *Jakobs* FS Peters, S. 69 (82); ebenso *Kollmann* Erpressung, S. 75 ff; *Timpe* Nötigung, S. 155 f.; *Gutmann* Freiwilligkeit, S. 278; und *Horn* NStZ 1983, 497 (498). Mit dieser Behauptung nehmen die genannten Autoren die von ihnen befürwortete normativierende Auffassung des Rechtsguts Freiheit unter der Hand wieder zurück. Was dem Opfer bei der Drohung mit berechtigter Strafanzeige durch das Angebot des Täters gegeben wird, ist lediglich die vage Hoffnung, der Täter werde sich an den "Deal" halten und nicht von seinem – ihm unbenommen bleibenden (*Gutmann* Freiwilligkeit, S. 280 f.)! – Recht Gebrauch machen, die Anzeige doch noch zu erstatten; ähnlich *Ostendorf* NJW 1980, 2592 f., der sich ebenfalls nur gegen die Etikettierung als "Freiheitsgewinn" wendet, *Jakobs* und *Horn* im übrigen aber zustimmt. Sehr klar auch *Kindhäuser* BT/2, 17/54, der daraus allerdings die Erpressungstauglichkeit der betreffenden Fälle schließt.

[194] *Jakobs* FS Peters, S. 69 (85).

[195] Ebenso *Horn* NStZ 1983, 497 ff.

heit des Opfers,[196] nur dann zwingend begründen, wenn zwischen der beschädigten Institution Strafrechtspflege und der von §§ 240, 253 StGB geschützten Freiheit des einzelnen Bürgers keinerlei normativ relevanter Zusammenhang besteht. Eine solche These aber erscheint gerade vor dem Hintergrund eines normativ geprägten Freiheitsbegriffs, wie ihn *Jakobs* vertritt, keineswegs selbstverständlich;[197] vielmehr wäre es aus der Sicht einer normativierenden Auffassung prinzipiell unproblematisch, auch die Einhaltung von Verfahrensregeln oder – umfassender – die intakte, nicht fehlgesteuerte Rechtspflege als Bestandteil der Opferfreiheit und damit als durch §§ 240, 253 StGB geschützt aufzufassen. Der Schluß von einer Primär- auf die entsprechende sekundäre "Verwertungsfreiheit" wäre dann ausnahmsweise unzulässig, wenn es sich bei der primären Freiheit um eine institutionell bezogene und damit gebundene Verhaltensoption handelt, die einer "Verwertung" zu beliebigen Zwecken nicht zugänglich ist. Möglicherweise liegt in diesen Fällen tatsächlich eine "Inkonnexität" von Zweck und Mittel vor.

Jedenfalls für einen Kernbereich der Institution Strafverfolgung findet eine Einbeziehung institutioneller Garantien in die Rechtsposition des einzelnen Bürgers ihren sichtbaren Niederschlag im geltenden Recht. Das "Offenbaren" einer Straftat stellt nämlich keineswegs unter allen Umständen ein erlaubtes Verhalten dar, sondern unterliegt Beschränkungen. So trifft den Verteidiger im Strafverfahren als Organ der Rechtspflege (§ 1 BRAO)[198] eine Verschwiegenheitspflicht, die sich auch auf ihm vom Mandanten anvertraute Geständnisse von Straftaten erstreckt; diese darf der Verteidiger nicht zur Kenntnis Dritter gelangen lassen.[199] Ein Verstoß gegen diese Pflicht kann nach § 203 Absatz 1 Satz 1 Nr. 3 StGB ("Verteidiger in einem gesetzlich geordneten Verfahren") strafbar sein;[200] das Strafverfolgungsinteresse im Hinblick auf bereits begangene Delikte rechtfertigt die Verletzung der Schweigepflicht grundsätzlich nicht.[201] Somit kann dem Drohen mit einer solchen Verhaltensweise durch den Verteidiger

---

[196] Etwas anderes dürfte sich nach *Jakobs* auch nicht für die Erpressung als den vermögensbezogenen Spezialfall der Nötigung ergeben.

[197] So aber SK-*Horn* § 240 Rn. 42: Es "müßte eigentlich evident sein", daß das Opfer die ihm nicht zustehende Freiheit nicht dadurch gewinnen könne, daß der Täter die Ausübung seines Rechts in Beziehung zu einem weiteren Zweck setze.

[198] Dazu RG JW 1926, 2756; BVerfGE 34, 293 (300); BVerfG NJW 1998, 296; BGHSt 9, 20, (22); 29, 99 (102 ff.); 38, 345 (347); BGH NStZ 1997, 401; SK-*Rogall* vor § 133 Rn. 95; *Beulke* Strafprozeßrecht, Rn. 150; *Volk* Strafprozeßrecht, 11/20 ff.; *Lesch* Strafprozeßrecht, 3/172.

[199] *Beulke* Strafprozeßrecht, Rn. 178; *Volk* Strafprozessrecht, 11/17; *Lesch* Strafprozeßrecht, 3/176.

[200] *Beulke* ebd.; *Volk* ebd.

[201] OLG Bremen MedR 1984, 112; LK-*Jähnke* § 203 Rn. 89; SK-*Samson* § 203 Rn. 45; NK-*Jung* § 203 Rn. 27; Sch-Sch-*Lenckner* § 203 Rn. 32; *Gössel* BT I, S. 435; *Rengier* BT II, 31/28; dort auch jeweils zu Ausnahmen. Vgl. auch *Haffke* GA 1973, 65 (69).

auch nach der normativierenden Auffassung durchaus Nötigungs- oder Erpressungscharakter zukommen, so daß aus § 154c StPO kein zwingendes Argument gegen diese Theorie zu gewinnen ist. Ein Rückgriff auf den wenig überzeugenden Vorschlag *Gutmanns*, § 154c StPO als eine Art tatbestandsfingierende Subsumtionsanweisung des Gesetzgebers zu verstehen,[202] ist deshalb entbehrlich.

Die geäußerten Bedenken gegen die Auffassung von *Jakobs*, *Horn*, *Timpe* und *Gutmann* können an dieser Stelle dahinstehen, wenn sie für die Wucherkonstellation ohne Auswirkungen bleiben. Das wäre nur dann der Fall, wenn durch das Drohen mit dem erlaubten Übel des Nichtkontrahierens ähnlich wie bei der Drohung mit berechtigter Strafanzeige eine *institutionell gebundene* Freiheit "verbogen" wird. Dies ist aber nicht der Fall; der Markt ist im Gegensatz zur Strafverfolgung keine staatliche Veranstaltung. Wer konkludent damit "droht", eine Ware nicht abzugeben, wenn nicht ein bestimmter Preis gezahlt werde, setzt schon deshalb kein unerlaubtes Risiko, weil ein System freier Preisgestaltung ohne derartige "Drohungen" auch nicht im Ansatz möglich wäre: Selbst derjenige, der einem Kontrahierungszwang unterliegt, darf selbstverständlich damit "drohen", nicht zu leisten, wenn der Interessent nicht den üblichen Preis zu zahlen bereit ist.

Aus dem Vorstehenden ergibt sich, daß ein Fall des Zwangslagenwuchers regelmäßig nicht zugleich unter den Erpressungstatbestand zu subsumieren ist. Damit gelangt die hier vertretene Auffassung zu der gleichen Lösung wie ein beträchtlicher Teil des Schrifttums: Sowohl diejenigen, die beim Drohen mit einem Unterlassen nach der Verbesserung oder Verschlechterung des *status quo* differenzieren wollen, als auch die Vertreter der normativierend einschränkenden Gegenansicht müssen verneinen, daß der Bewucherte beim Kontrahieren in einer erpressungsrelevanten Weise in seiner Freiheit beschränkt wird. Die möglicherweise gegen die im Grundsatz vorzugswürdige Position von *Jakobs* und anderen vorzutragenden Bedenken greifen auf dieses Resultat nicht durch. Für die Frage nach dem Unrecht des Wuchers bedeutet dieses Ergebnis, daß auf Zurechnungserwägungen aus dem Erpressungstatbestand nicht zurückgegriffen werden kann.[203] Das Wucherverbot muß vor diesem Hintergrund in noch stärkerem Maße als eine systemfremde Norm erscheinen. Wie kann es sein, daß § 291 StGB für strafbar erklärt, was nach den in § 253 StGB getroffenen Wertungen gerade keine Zuständigkeit des Täters begründen kann? Ist nicht nunmehr mit

[202] *Gutmann* Freiwilligkeit, S. 280.

[203] Im übrigen gilt, daß nach der gegenteiligen Ansicht der Rückgriff auf die Erpressung zwar möglich, jedoch dogmatisch nicht wirklich befriedigend wäre, da sich der Unrechtscharakter beider Delikte nach dieser Deutung im psychischen "Wehtun" erschöpfte. Dabei handelt es sich jedoch um eine für die Begründung strafwürdigen Unrechts unbrauchbare Kategorie (dazu prägnant *Glaser* Abhandlungen, S. 10: Eine Rechtsverletzung sei "nicht darin zu sehen, daß irgend ein Seelenzustand in uns gegen unseren Willen hervorgerufen wird.").

der Erpressung die einzige Tür zugeschlagen, durch die zu einer systematisch stimmigen Begründung des wucherischen Unrechts zu gelangen wäre?

2) Zwangslagenwucher als Erpressungsdelikt gegen Kontrahierungszwänge?

Daß die dem Wucher formal gleichen Fälle des Drohens mit einem erlaubten Verhalten nach hiesiger Ansicht bereits an der ersten Hürde des Erpressungstatbestandes scheitern und damit für den Wucher nach einer ganz anderen Begründung verlangen, sollte nicht übersehen lassen, daß nach dem Bisherigen zumindest für *eine* wuchertypische Konstellation unter Erpressungsgesichtspunkten Raum bleibt. In den Fällen nämlich, in denen der Anbieter einem *Kontrahierungszwang* unterliegt, "droht" derjenige, welcher seine Leistung nur zu Wucherpreisen anzubieten gewillt ist, konkludent gerade nicht mit einem zulässigen, sondern mit einem *unerlaubten* Verhalten.[204] Somit könnte der Wucher als eine Erpressung gedeutet werden, bei der mit der Mißachtung eines bestehenden Kontrahierungszwanges gedroht wird, was freilich in den gesetzlichen Tatbestand erst hineinzulesen wäre. Diese Lösung böte aber nicht nur den Vorteil, daß der Wucher als Spezialfall der Erpressung voll und ganz in § 253 StGB aufginge; zugleich erhielte § 291 StGB als Delikt gegen Kontrahierungszwänge feste Konturen und einen klar umrissenen Anwendungsbereich. Da bei dieser Konstruktion neben dem Wucher stets auch eine Erpressung einschlägig wäre, könnte der Wucher nur als ein *privilegierter* Fall der Erpressung gedeutet werden. Mit der Interpretation des Wuchers als eines Delikts gegen Kontrahierungszwänge, bei dem der Täter mit der Abschlußverweigerung aber letztlich nur droht, könnte zugleich die Frage nach der Haftungsprivilegierung des Wuchers gegenüber der Erpressung dahingehend zu beantworten sein, daß die bloße Drohung eine gegenüber der Totalverweigerung leichtere Form des Unrechts darstelle.

a) Kontrahierungszwänge in der geltenden Rechtsordnung

Kontrahierungszwänge sind in der geltenden Zivilrechtsordnung keineswegs so selten, wie dies in der strafrechtlichen Literatur mitunter suggeriert wird: Gesetzliche Kontrahierungszwänge bestehen in weiten Bereichen der Daseinsvorsorge vom Taxiunternehmen über die Energieversorgung bis zur Haftpflichtversicherung.[205] Nach einer ständigen, auch von der zivilrechtlichen Literatur ge-

---

[204] Vgl. *Scheffler* GA 1992, 1 (10 f.).

[205] Gute Übersichten bei MünchKom(BGB)-*Kramer* vor § 145 Rn. 10; Staudinger-*Bork* vor § 145 Rn. 17; *Kilian* AcP 180 (1980), 47 (53 f.); siehe auch Soergel-*M. Wolf* vor § 145 Rn. 52; Erman-*Hefermehl* vor § 145 Rn. 17; Palandt-*Heinrichs* vor § 145 Rn. 8; *Gernhuber* Schuldverhältnis, S. 133; *Esser/Schmidt* Schuldrecht AT/1, S. 167; *Fikentscher* Schuldrecht,

billigten Rechtsprechung können sich Abschlußpflichten nicht nur aus ausdrücklicher gesetzlicher Anordnung, sondern auch indirekt aus Regelungen ergeben, denen dies auf den ersten Blick nicht zu entnehmen ist. So wird bereits seit langem aus § 826 BGB ein Kontrahierungszwang für die Fälle abgeleitet, in denen die Vertragsverweigerung auf Grund eines faktischen Monopols als sittenwidrige Diskriminierung anzusehen wäre, insbesondere wenn der Kunde auf die Leistung angewiesen und es ihm nicht zumutbar ist, sich anderweitig nach Ersatz umzusehen.[206] Unter bestimmten Umständen soll aus § 826 BGB aber auch ohne die Voraussetzungen eines Monopols und eines "Angewiesenseins" eine Abschlußpflicht herzuleiten sein. Diskutiert wird bei Fällen rassischer Diskriminierung, in denen einem potentiellen Kunden auf Grund seiner Hautfarbe der Zutritt zu einer Kneipe oder Diskothek nicht gestattet wird.[207] Größere praktische Bedeutung für die Konstruktion von Abschlußzwängen aus dem Gedanken eines Diskriminierungsverbots als § 826 BGB hat jedoch mittlerweile die kartellrechtliche Regelung des heutigen § 20 GWB.[208] Diese Norm bindet "marktbeherrschende Unternehmen"[209] in der Weise, daß sie andere Unternehmen "weder unmittelbar noch mittelbar unbillig behindern oder gegenüber gleichartigen Unternehmen ohne sachlich gerechtfertigten Grund unmittelbar oder mittelbar unterschiedlich behandeln" dürfen. Von den Einzelheiten der

---

Rn. 86; *Larenz* Schuldrecht AT, S. 43 f. Zu energierechtlichen Anschluß- und Versorgungspflichten ausführlich *Busche* Privatautonomie, S. 405 ff.

206 Zuerst in RGZ 48, 114 (124 ff.); dazu *Kilian* AcP 180 (1980), 47 (56 ff.). Zum von der reichsgerichtlichen Rechtsprechung zugrundegelegten Monopolbegriff *Bydlinski* AcP 180 (1980), 1 (30). Zur heutigen Bedeutung für Kontrahierungszwänge MünchKom(BGB)-*Kramer* vor § 145 Rn. 13; Soergel-*M. Wolf* vor § 145 Rn. 52; Staudinger-*Bork* vor § 145 Rn. 21 ff.; Erman-*Hefermehl* § 145 Rn. 18; *Schlechtriem* Schuldrecht AT, Rn. 39; *Medicus* Schuldrecht AT, Rn. 84.

207 Für einen Kontrahierungszwang in solchen Fällen Staudinger-*Bork* vor § 145 Rn. 24; *Larenz* Schuldrecht I, S. 63 f.; *Bezzenberger* AcP 196 (1996), 395 (429). Dagegen *Medicus* Schuldrecht AT, Rn. 84 mit der eher pragmatischen Überlegung, mit einem Kontrahierungszwang könne der Diskriminierte ohnehin keine freundliche Bedienung, sondern "allenfalls zähneknirschenden Scheingehorsam erreichen"; als wirksamere Waffe empfehle sich das Verwaltungsrecht. Wenn *Kühner* NJW 1986, 1397 (1401) seine Ablehnung eines Kontrahierungszwangs in dieser Fallgruppe auf die fehlende Unmittelbarkeit der Grundrechtswirkung für Private stützt, überzeugt dies jedenfalls nicht; § 826 BGB ist gerade eine derjenigen Normen, mit deren Hilfe grundrechtliche Wertungen in das Zivilrecht einfließen (*Larenz* Schuldrecht I, S. 47).

208 MünchKom(BGB)-*Kramer* vor § 145 Rn. 15; Palandt-*Heinrichs* vor § 145 Rn. 9; *Gernhuber* Schuldverhältnis, S. 136; *Larenz* Schuldrecht I, S. 46; *Medicus* Schuldrecht AT, Rn. 82; vgl. auch Staudinger-*Bork* vor § 145 Rn. 18; Soergel-*M. Wolf* vor § 145 Rn. 54; *Kilian* AcP 180 (1980), 47 (60, 81).

209 Zu diesem Begriff Immenga/Mestmäcker-*Markert* § 20 Rn. 23 ff.; *Emmerich* Kartellrecht, S. 228 ff.; *Rittner* Wettbewerbs- und Kartellrecht, 10/17 ff.; *Bunte* Kartellrecht, S. 212.

normativen Konstruktion abgesehen[210] besteht Einigkeit darüber, daß auch aus dieser kartellrechtlichen Norm mittelbar Abschlußzwänge herzuleiten sind. Droht also ein monopolistisches Unternehmen mit ungleicher Behandlung, also etwa damit, nur zu einem höheren Preis als dem üblichen abzuschließen, so liegt eine Drohung mit *unerlaubtem* Verhalten vor.

Umstritten ist, ob eine Abschlußpflicht auch aus *culpa in contrahendo* entstehen kann. Dies wird zum Teil dann angenommen, wenn sich ein Vertragsteil nach Klärung aller *essentialia negotii* "willkürlich" zurückziehe und vom Vertragsschluß absehe.[211] Die Gegenauffassung hält dies für einen Verstoß gegen das Prinzip der Vertragsfreiheit.[212] Für letztere Ansicht spricht, daß Vertragsverhandlungen immer unter dem Risiko des Scheiterns geführt werden.[213] Liegen kongruente Willenserklärungen der Beteiligten vor, ist der Vertrag nach § 145 BGB bereits geschlossen; fehlt es daran, besteht kein Grund, einen Anspruch auf mehr als das negative Interesse zu gewähren. Erst recht kann dann, wenn eine besiegelnde Formalität gesetzlich vorgeschrieben oder privat vereinbart wurde, vor dem "offiziellen" Vertragsschluß ein diesem gleichwertiger Vertrauenstatbestand nicht geschaffen werden.

---

[210] Die Rechtsprechung bevorzugt traditionell eine Konstruktion über das Schadensersatzrecht: Der Vertragsschluß zu den gebotenen Konditionen ergebe sich aus der Pflicht zur Naturalrestitution nach vorhergehendem Verstoß gegen das durch § 20 GWB statuierte Verbot; vgl. etwa BGHZ 21, 1 (8); 36, 91 (100); BGH BB 1998, 2332. Dem folgt noch immer ein beträchtlicher Teil der Literatur (Soergel-*M. Wolf* vor § 145 Rn. 53; *Esser/Schmidt* Schuldrecht AT/1, S. 167; *Schlechtriem* Schuldrecht AT, Rn. 39; *Medicus* Schuldrecht AT, Rn. 85). Andere Autoren halten es indes für einfacher und überzeugender, die Pflicht zum Vertragsschluß unmittelbar aus dem Verbot der Abschlußverweigerung herzuleiten. Auch dafür werden allerdings verschiedene Konstruktionsmöglichkeiten vorgeschlagen: Am schlichtesten ist die Postulierung eines "Erfüllungsanspruchs der positiven Gebote, die sich aus deliktsrechtlichen Normen ableiten lassen" [*Gernhuber* Schuldverhältnis, S. 135; ähnlich auch *Larenz* Schuldrecht I, S. 45 f.; *Bezzenberger* AcP 196 (1996), 395 (428 f.)]. Nach anderer Ansicht handelt es sich um einen quasinegatorischen Unterlassungsanspruch [Staudinger-*Bork* vor § 145 Rn. 20; Immenga/Mestmäcker-*Markert* § 20 Rn. 228; *Kilian* AcP 180 (1980), 47 (82); *K. Schmidt* DRiZ 1977, 98], während eine weitere Auffassung einen positiven Anspruch auf "Naturalpraestation" vertritt [MünchKom(BGB)-*Kramer* vor § 145 Rn. 13; *Bydlinski* AcP 180 (1980), 1 (13)].

[211] Soergel-*M. Wolf* vor § 145 Rn. 55; *Schlechtriem* Schuldrecht AT, Rn. 39; *v. Craushaar* JuS 1971, 127 ff.

[212] Staudinger-*Bork* vor § 145 Rn. 28; *Busche* Privatautonomie, S. 145 ff.; *Bydlinski* AcP 180 (1980), 1 (32).

[213] *Busche* Privatautonomie, S. 146.

b) Keine Reduktion des Zwangslagenwuchers auf Kontrahierungspflichten

Nach *Jakobs* und *Timpe* kommt eine Deutung des Zwangslagenwuchers als Erpressungsdelikt gegen Kontrahierungszwänge schon deswegen nicht in Betracht, weil diese Autoren auch die Drohung mit einem unerlaubten Verhalten nicht *durchweg* als erpressungstauglich ansehen, sondern nur dann, wenn sich ihr Inhalt auf die Verletzung "garantierter Rechte" beziehe.[214] Darunter verstehen sie übereinstimmend einerseits die absoluten Rechte und zum anderen deren "funktionale Äquivalente"[215], mithin diejenigen Güter, bei denen "jeder andere dafür zu sorgen hat, daß er durch sein Verhalten diese Güter nicht beeinträchtigt".[216] Keine "garantierten" Rechte seien hingegen diejenigen, für deren Durchsetzung der jeweilige Inhaber auf den Rechtsweg verwiesen sei.[217] Somit sei der Nichtabschluß eines Vertrages kein nötigungs- bzw. erpressungstauglicher Drohungsinhalt. Auch Kontrahierungspflichten lassen sich nicht im Wege der Selbsthilfe durchsetzen und stellen damit keine "absoluten Rechte" im Sinne von *Jakobs* und *Timpe* dar, so daß sich nach ihrer Auffassung die Erpressungslösung auch nicht für den angekündigten Verstoß gegen Kontrahierunsgpflichten eignet.

Auch unabhängig von einer solchen weiteren Einschränkung der möglichen Inhalte nötigenden Drohens sprechen die gewichtigeren Gründe gegen eine Ein-

---

[214] *Jakobs* GS H. Kaufmann, S. 791 (610); *Timpe* Nötigung, S. 160 ff. *Kindhäuser* BT/2, 17/45 stellt zwar auch darauf ab, ob der angekündigte Eingriff ein Recht beträfe, welches dem Opfer "rechtlich garantiert" ist. Allerdings wird damit nach *Kindhäuser* noch kein abschließendes Urteil über die Erpressungstauglichkeit der Drohung gefällt, vielmehr kennt auch er die "inkonnexe" Verbindung von (eigentlich) erlaubtem Mittel und (eigentlich) erlaubtem Zweck (BT/2, 17/45 ff.). Auf einem Mißverständnis beruht es hingegen wohl, wenn *Hillenkamp* BT-Probleme, S. 28 f. dem Urteil BGH NStZ 1982, 287 sowie *Haffke* ZStW 84 (1972), 37 (71 Fn. 135) sowie *Tiedemann* Wettbewerb, S. 20 ff. entnimmt, dort werde die Auffassung vertreten, daß nicht der Verstoß gegen eine beliebige Rechtspflicht, sondern nur gegen eine Garantenpflicht möglicher Drohungsinhalt bei einer Nötigung bzw. Erpressung sein könne. Die ältere Rechtsprechung und Literatur, auf die die erwähnten Fundstellen sich beziehen, sprechen nur unspezifisch von einer "Pflicht zum Handeln" [RGSt 63, 424 (425); BGH GA 1960, 277 (278); *Dreher/Tröndle* § 253 Rn. 5]. *Tiedemann* selbst (Wettbewerb, S. 21) meint nur, die Rechtspflicht werde "meist" auf einer Garantenstellung beruhen; ähnlich bei *Haffke* aaO. Auch BGH NStZ 1982, 287 spricht zunächst nur von einer "Rechtspflicht zum Handeln", auf die es sodann als auf "eine solche Garantenpflicht" Bezug nimmt, was vermutlich eher eine sprachliche Ungenauigkeit als die Propagierung einer neuen einschränkenden Auffassung darstellt.

[215] *Jakobs* GS H. Kaufmann, 791 (805); *Timpe* Nötigung, S. 89.

[216] *Jakobs* GS H. Kaufmann, 791 (804); *Timpe* Nötigung S. 72.

[217] *Kindhäuser* BT/2, 17/8 beschränkt die Drohungsinhalte auf die Beeinträchtigung *notstandsfähiger* Rechte, ohne damit allerdings wie *Jakobs* und *Timpe* (Nötigung, S. 163 ff.) die Inkonnexität als selbständig unrechtsbegründenden Umstand bereits *de lege lata* zu verwerfen, vgl. BT/2, 17/54 ff.

engung des Wuchers auf Fälle bestehender Kontrahierungszwänge. Zweifelhaft erscheint diese Lösung bereits deshalb, weil mit dem Kredit- und Mietwucher im Gesetz zwei Konstellationen ausdrücklich benannt sind, in denen jedenfalls ein *gesetzlicher* Kontrahierungszwang nicht besteht und auch aus § 20 Abs. 1 GWB oder § 826 BGB allenfalls in Ausnahmefällen eine Abschlußpflicht herzuleiten sein wird. Zudem erscheint das System der Kontrahierungszwänge zu heterogen, um als einheitliches Erklärungsmodell für ein strafrechtliches Verbot zu dienen. Schließlich ist auch problematisch, daß sowohl § 826 BGB als auch § 20 GWB auf *Ungleichbehandlungen* durch dieselbe natürliche oder juristische Person abstellen; der sitten- bzw. kartellrechtswidrige Vertrag stellt sich nicht aus "intrinsischen" Gründen, sondern nur deshalb als Unrecht dar, weil das Opfer darauf verweisen kann, *vom selben "Täter"* härter behandelt worden zu sein als andere. Vor diesem Hintergrund aber wäre die – nach § 291 Abs. 2 Satz 2 Nr. 2 sogar verschärfte – Strafbarkeit des gewerbsmäßigen Wucherers gar nicht zu erklären, da demjenigen, der sich auf wucherische Geschäfte spezialisiert hat und *nur* unausgewogene Verträge abzuschließen pflegt, in puncto Ungleichbehandlung gerade kein Vorwurf zu machen wäre. Aus diesen Gründen kann nicht davon ausgegangen werden, daß mit der Definition des Wuchers als "Erpressung trotz Kontrahierungszwangs" eine zutreffende Analyse des Wucherunrechts geleistet ist.

3) Zwischenergebnis

Der Vergleich von Wucher und Erpressung hat gezeigt, daß die Zuständigkeitsbegründung im Rahmen des § 291 StGB nicht nach demselben Muster erfolgen kann wie bei den Tatbeständen der Nötigung und Erpressung. Der Wucherer schafft im Regelfall kein Risiko, das unter dem Gesichtspunkt der *Erpressung* als unerlaubt anzusehen wäre. Wo er sich mit seinem Verhalten über bestehende Kontrahierungszwänge hinwegsetzt, kommt zwar, vorbehaltlich der – problematischen – Verwerflichkeitsprüfung Erpressungsstrafbarkeit in Betracht; jedoch kann das Wucherunrecht nicht am Gesetz vorbei auf solche Fälle beschränkt werden. Auch bei Verstößen gegen Kontrahierungszwänge geht deshalb das wucherische nicht in Erpressungsunrecht auf.

II. Das Verbot des Zwangslagenwuchers als Ausprägung einer Solidaritätspflicht

Nachdem der Zwangslagenwucher nicht als ein Spezialfall der Erpressung erklärt werden konnte, gilt es nunmehr, sich dem Untersuchungsgegenstand von einer anderen Seite anzunähern. Insofern der Wucher eine bereits vor der Tat bestehende, dem Täter nicht zurechenbare Zwangslage des Opfers voraussetzt, besteht ein jedenfalls äußerlicher Zusammenhang dieses Delikts mit der *unterlassenen Hilfeleistung*. Auch dieser Tatbestand setzt ein Opfer voraus, welches sich bereits zeitlich vor einem strafrechtlich relevanten Verhalten des Täters in einer Situation befindet, die es als "schwach" kennzeichnet. Sowohl § 291 als auch § 323c StGB thematisieren somit strafrechtliche Pflichten, die sich aus der besonderen Bedrängnis eines anderen für einen an der Entstehung dieser Bedrängnis *Unbeteiligten* ergeben. Dieses Verhältnis zwischen dem Wucher auf der einen und der unterlassenen Hilfeleistung auf der anderen Seite gilt es im Folgenden näher zu untersuchen.

Parallel zu den vorstehenden Ausführungen zur Erpressung soll dabei zunächst geprüft werden, ob der Zwangslagenwucher möglicherweise nur dann eingreift, wenn zugleich die Voraussetzungen des § 323c StGB zu bejahen sind, so daß er als eine akzessorische "Ergänzungsnorm" zur unterlassenen Hilfeleistung einzuordnen wäre. Diese Auslegungsmöglichkeit soll unter 1) erörtert werden. Dabei wird sich herausstellen, daß der Zwangslagenwucher vom Vorliegen der Merkmale des § 323c StGB ebenso unabhängig ist wie von denjenigen des Erpressungstatbestandes. Unter 2) wird sodann zu erwägen sein, inwiefern gleichwohl ein wertungsmäßiger Zusammenhang zwischen unterlassener Hilfeleistung und Zwangslagenwucher festzustellen ist und für die dogmatische Behandlung des Wuchers fruchtbar gemacht werden kann. Das Ergebnis dieser Reflexionen wird sein, daß § 291 StGB auf dem gleichen Gedanken beruht, der nach allgemeiner Auffassung auch § 323c StGB zugrundeliegt, nämlich dem der *Solidarität*.[218] Die Implikationen dieses Zusammenhangs gilt es dann unter

---

[218] LK-*Spendel* § 323c Rn. 26; NK-*Seelmann* § 323c Rn. 3; *Lackner-Kühl* § 323c Rn. 1; *Kindhäuser* LPK § 323c Rn. 2; *Jakobs* AT 12/46; *Kühl* AT 1/11; *Rengier* BT/2 42/1; *Krey* BT/1 Rn. 806a; *Maurach/Schroeder/Maiwald* BT/2 55/3; *Haft* BT, S. 283; *Otto* BT 67/1; *Vermander* Unfallsituation, S. 20; *Kahlo* Handlungsform, S. 281; *Heil* Folgen, S. 47, 56 f.; *Gallas* JZ 1952, 396; *Neumann* JA 1987, 244 (255); *Seelmann* JuS 1995, 281 (282 ff.); nur terminologisch abweichend SK-*Rudolphi* § 323c Rn. 1, der von der "sozialen Verbundenheit" des einzelnen mit den Mitbürgern spricht; *Arzt/Weber* BT 39/3 ("Minimum an tätiger Nächstenliebe"); *Welzel* JZ 1953, 327 (328) ("soziale Verantwortung der Bürger") und *Kreuzer* Ärztliche Hilfeleistungspflicht, S. 25 ("Gemeinschaftverantwortlichkeit"). Auch *Morgenstern* Unterlassene Hilfeleistung, S. 37 behandelt § 323c StGB als "herausragendes Beispiel einer strafrechtlichen Solidaritätspflicht". Hingegen begreift *Pawlik* GA 1995, 360 (363 f.) § 323c StGB als Solidaritäts*substitut*: Da Solidarität gesellschaftlich in den Bereich des Privaten zurückgedrängt werde, übernehme der Staat diese Funktion im Hinblick auf das Allgemeine und

3) für die Interpretation zu entfalten. Insbesondere die Auslegung des Merkmals "Zwangslage" wird dabei durch die hier vorgenommene systematische Einordnung des Wuchers profitieren, da sich aus dem Kontext des Solidaritätsgedankens Anhaltspunkte dafür ermitteln lassen, unter welchen Bedingungen das Strafrecht Notsituationen, die vom Täter nicht zu verantworten sind und normativ insofern als "zufällig" erscheinen, rechtliche Bedeutung beimißt. Dem vorliegenden Kapitel kommt somit eine zentrale Bedeutung im Gesamtzusammenhang der Argumentation zu: Es soll gezeigt werden, daß die "Sonderstellung des Wuchers im geltenden Strafrecht"[219] nicht auf der Atypizität seines "Schutzgutes" beruht, sondern sich seiner systematischen Stellung als einer Solidaritätspflicht verdankt.

1) Das Verbot des Zwangslagenwuchers als akzessorische Ergänzungsnorm zu § 323c StGB?

Bereits im Rahmen der "Erpressungslösung" hätte unter dem Stichwort "Kontrahierungszwänge" diskutiert werden können, ob der Zwangslagenwucher als eine "Erpressung" zu deuten sein könnte, bei der der Täter mit der *Nichterfüllung einer dem Opfer geschuldeten Hilfspflicht aus § 323c StGB* droht.[220] Auch diese Vorschrift begründet eine Art strafrechtlichen "Kontrahierungszwang", indem sie den Normadressaten zur Hilfeleistung in einem Unglücksfall bzw. bei gemeiner Not oder Gefahr verpflichtet.[221] Gegen eine solche Interpretation, nach der das Merkmal der "Zwangslage" als ein Verweis auf sämtliche tatbestandlichen Voraussetzungen der unterlassenen Hilfeleistung zu verstehen wäre, würden zahlreiche der zuvor gegen eine Anknüp-

---

nehme dafür die Bürger als "Verwaltungshelfer" in Anspruch. Der Solidaritätsbezug ist freilich auch dort vorhanden, wo die Solidaritätsbeziehung als über den Staat vermittelt konstruiert wird (vgl. auch *Pawlik* Notstand, S. 154, wo § 323c StGB nunmehr als nach § 34 StGB "zweite jener Normen, die nach heute herrschendem Verständnis Rechtspflichten zur Solidarität statuieren" eingeführt wird). Daß § 323c StGB mit dem Gedanken der "Solidarität" zu tun hat, kann somit als unbestritten gelten. Nur eine Minderheit betrachtet jedoch Solidarität als das "geschützte Rechtsgut" der Vorschrift [*Otto* BT 67/1; *Vermander* Unfallsituation, S. 20 ff.; *Maurach* JR 1956, 347 (349)]; die weitaus herrschende Meinung sieht in ihr den "Grundgedanken" (*Wessels/Hettinger* BT I Rn. 1042) bzw. den "Strafgrund" der Norm (*Lackner-Kühl* § 323c Rn. 1), der vom "geschützten Rechtsgut" begrifflich strikt zu unterscheiden sei (so insbesondere LK-*Spendel* § 323c Rn. 26).

[219] *Isopescul-Grecul* Wucherstrafrecht, S. 221.

[220] Insofern es beim Individualwucher auf eine *individuelle* Zwangslage ankommt, wäre vor allem die Tatbestandsvariante des "Unglücksfalls" einschlägig.

[221] Das Wort "Kontrahierungszwang" paßt hier deshalb nicht exakt, weil es durch die Hilfeleistung nach § 323c StGB nicht zum Abschluß eines Vertrages (der dann in der Regel ein Auftrag wäre) kommen muß; unter Umständen entsteht hier ein gesetzliches Schuldverhältnis aus Geschäftsführung ohne Auftrag (vgl. Palandt-*Sprau* vor § 677 Rn. 2).

fung des Wuchers an Kontrahierungszwänge aller Art vorgetragenen Einwände nicht verfangen:[222] Weder liegt § 323c StGB ein mit der verschärften Haftung des gewerbsmäßigen Wucherers schwer zu vereinbarendes Gleichbehandlungsgebot im Sinne des Kartellrechts zugrunde, noch wäre der Zwangslagenwucher in dieser Deutung von so heterogenen Wertungen wie denen des GWB oder des zivilrechtlichen Kriteriums der "Sittenwidrigkeit" abhängig, vielmehr könnte dem Delikt auf diese Weise ein klar umrissener Anwendungsbereich zugeschrieben werden. Auch für die Privilegierung des Wuchers gegenüber § 253 böte sich auf dem Hintergrund dieser Lösung eine Erklärung an: Diese könnte dann nämlich darauf zurückzuführen sein, daß der Wucherer anders als der Erpresser mit seiner Drohung nicht ein Verletzungsverbot, sondern "nur" die Erfüllung einer Hilfspflicht in Frage stellt, deren vollständige Verletzung gleichfalls nur mit einem sehr geringen Strafmaß bedroht ist.

Als problematisch könnte indes das Verhältnis der Strafrahmen von § 291 StGB und § 323c StGB untereinander erscheinen, weil der mit dem Unterlassen der Hilfe nur drohende Wucherer härter bestraft wird als derjenige, der die geforderte Hilfe glatt verweigert: Während die unterlassene Hilfeleistung eine Höchststrafe von nur einem Jahr vorsieht, drohen dem Wucherer bis zu drei Jahre Freiheitsentzug. Dies erscheint auch insofern erstaunlich, als der Wucherer letztlich "nur" das Vermögen des Opfers lädiert, während bei einer "Totalverweigerung" im Sinne des § 323c StGB unter Umständen wesentlich höherwertige Rechtsgüter wie etwa Leib oder Leben unwiederbringlich zerstört werden. Das hier angesprochene Wertungsproblem stellt sich erst recht dann, wenn man dem Zwangslagenwucher mit der ganz herrschenden Meinung einen deutlich weiteren Anwendungsbereich zugesteht als § 323c StGB. Der Grund für diese unterschiedliche Gewichtung im Strafmaß kann nur darin zu suchen sein, daß der Wucherer im Gegensatz zum Unterlassungstäter des § 323c StGB aus der Not des Opfers "Honig saugt" und sie in einen eigenen Vorteil zu wenden sucht.[223] Auch an anderer Stelle bestraft das Gesetz eigennützige Übergriffe auf Rechtsgüter anderer stärker als bloße Destruktion. So ist zum Beispiel die Sachbeschädigung in § 303 StGB mit geringerer Strafe belegt als der aus der

---

[222] Vgl. dazu soeben 2. Abschnitt A II. b).

[223] Auch zwischen Erpressung bzw. Nötigung auf der einen und unterlassener Hilfeleistung auf der anderen Seite besteht ein Mißverhältnis hinsichtlich des Strafrahmens, sofern man die Drohung mit Nichterbringung einer allgemeinen Hilfspflicht als erpressungsrelevant ansähe: Dann würde nämlich ebenfalls die Nichterfüllung der Pflicht weniger hart bestraft als ihre Erfüllung unter unangemessenen Bedingungen. Diese Überlegung spricht dafür, die Drohung mit der Begehung eines § 323c StGB mit *Jakobs* und *Timpe* aus dem Anwendungsbereich der §§ 240, 253 StGB herauszunehmen; anders, trotz der grundsätzlichen Beschränkung der genannten Normen auf rechtlich garantierte Freiheiten, *Kindhäuser* BT/2, 17/13 mit dem Hinweis, daß derjenige, der eine zumutbare Hilfeleistung verweigere, hierzu seinerseits im Wege der Nothilfe gezwungen werden könne.

Rechtsgüterschutz- bzw. Opferperspektive in gleicher Weise fühlbare Diebstahl, bei dem der Täter sich die entwendete Sache selbst oder einem Dritten zuwendet.[224] Daß ein Ertrinkender gleichwohl lieber Opfer eines Wuchers oder auch einer Erpressung als einer unterlassenen Hilfeleistung würde, ist also nach dem Gesetz jedenfalls nicht maßgeblich.

Obwohl sich die "Akzessorietätslösung" in die Strafrahmensystematik des Besonderen Teils ohne besondere Schwierigkeiten integrieren ließe, sind gegen sie aus anderen Gründen erhebliche Bedenken anzumelden: So besteht ein augenfälliger Unterschied zwischen den beiden hier zu verknüpfenden Normen darin, daß § 323c StGB anders als § 291 StGB die *Zumutbarkeit* der Hilfeleistung für den Täter zum Tatbestandsmerkmal macht.[225] Zwar wäre es "konstruktiv" ohne weiteres möglich, das Merkmal der Zwangslage als einen Verweis auf *sämtliche* Voraussetzungen des § 323c StGB zu deuten und auf diese Weise das Zumutbarkeitserfordernis auch in den Wuchertatbestand hineinzulesen. Eine solche Lösung wird jedoch durch den Wortlaut des § 291 StGB keineswegs nahegelegt. Sie entspricht außerdem nicht den Erwägungen des Gesetzgebers, der mit

---

[224] Mit der Ausdehnung des Diebstahls auf die Fälle der Drittzueignung ist freilich das Erfordernis einer "Durchgangsbereicherung" des Täters obsolet geworden (vgl. nur *Tröndle-Fischer* § 242 Rn. 46), so daß der Dieb nunmehr ebensowenig eigennützig handeln muß wie der Sachbeschädiger. Gleichwohl ist für den Diebstahl neben der Eigentumsverletzungskomponente der Aspekt der Zuwendung der Sache an einen Nichtberechtigten nach wie vor konstitutiv. Eingehend zum Verhältnis von Diebstahl und Sachbeschädigung *Wallau* JA 2000, 248 ff.

[225] Auf Tatbestands- (und nicht auf Schuldebene) wird die Zumutbarkeit zu Recht von der herrschenden Meinung verortet: BGHSt 17, 177; NK-*Seelmann* § 323c Rn. 41; *ders.* JuS 1995, 281 (285); Sch-Sch-*Cramer/Sternberg-Lieben* § 323c Rn. 20; *Lackner/Kühl* § 323c Rn. 7; *Tröndle-Fischer* § 323c Rn. 10; *Kindhäuser* LPK § 323c Rn. 15; *Otto* BT 67/12; *Wessels/Hettinger* BT/1 Rn. 1048; *Rengier* BT/2 42/10; *Arzt/Weber* BT 39/26; *Frellesen* Zumutbarkeit, S. 211 ff., 219; *Vermander* Unfallsituation, S. 84 f.; *Kreuzer* Ärztliche Hilfeleistungspflicht, S. 90 f.; *Naucke* FS Welzel, S. 761 (773); *Gallas* JZ 1952, 396 (400); *Hruschka* JuS 1979, 385 (391); *Geilen* Jura 1983, 138 (145 f.); *Dölling* NJW 1986, 1011 (1016); *Herzberg* JZ 1988, 182 (187); *Pawlik* GA 1995, 360 (372); *Stree* FS Lenckner, S. 393 (394 ff.). Die Zumutbarkeitsklausel umfaßt insbesondere mit dem Unterfall der Pflichtenkollision Konstellationen, die "durch eine bloße Minderung des Schuldvorwurfs nicht erfaßt werden können" [so zutreffend *Seelmann* JuS 1995, 281 (285)]. Auch diejenigen Fälle, die "Rechtfertigungshöhe" nicht erreichen, können nicht auf die Schuldebene verlagert werden. Eine solche differenzierende Betrachtung, wie sie LK-*Spendel* § 323c Rn. 159; SK-*Rudolphi* § 323c Rn. 24; *Maurach/Schroeder/Maiwald* BT/2 55/25; *Welzel* Strafrecht, S. 472 f. und *Schöne* Unterlassene Erfolgsabwendungen, S. 90 ff. vertreten, vernachlässigt, daß es in § 323c StGB nicht um eine ausnahmsweise Befreiung von einer Respektierungspflicht geht, sondern ein – nach den üblichen Kriterien – unzuständiger Bürger für einen anderen in die Pflicht genommen werden soll (so auch ausdrücklich *Tröndle-Fischer* § 323c Rn. 2). Eine solche Pflicht aber kann nur unter engen Zumutbarkeitsvoraussetzungen überhaupt entstehen, wie auch § 34 StGB deutlich macht (so zu Recht NK-Seelmann § 323c Rn. 41). Die Zumutbarkeitsklausel ist also insgesamt als Tatbestandsmerkmal anzusehen.

der Einführung des Begriffs "Zwangslage" in den Wuchertatbestand die sehr restriktive Auslegung des zuvor verwendeten Merkmals der "Notlage" überwinden wollte.[226] Der Begriff des Unglücksfalls wird jedoch in Rechtsprechung und Literatur vergleichsweise eng als eine plötzlich auftretenden Gefahr für Leib, Leben oder Sachen von hohem Wert – die Einbeziehung der Sachgefahr ist bereits streitig – definiert,[227] so daß die "Akzessorietätslösung" auf eine ebenfalls sehr enge Auslegung des Wuchers hinausliefe, nach der wiederum sowohl der Miet- als auch der Kreditwucher aus dem Anwendungsbereich des *Zwangslagen*wuchers weitgehend ausgeschieden werden müßten, da der Bedarf nach einer Wohnung oder nach Geld in den seltensten Fällen unter den Begriff des "Unglücksfalles" zu subsumieren wäre.

Eine strikte Parallelisierung des Begriffs der Zwangslage mit den Tatbestandsvoraussetzungen der unterlassenen Hilfeleistung vermag nach alledem nicht zu überzeugen. Dies gilt auch dann, wenn man die "Akzessorietätslösung" ohne den – nach *Jakobs* und *Timpe* in dieser Konstellation ohnehin versperrten[228] – "Umweg" über die Erpressung konstruierte und den Zwangslagenwucher schlicht als eine vom Vorliegen sämtlicher Voraussetzungen des § 323c StGB abhängige "Ergänzungsnorm" zu dieser Vorschrift auffaßte, deren Bedeutung darin bestünde, die Unbedingtheit der Hilfspflicht zu unterstreichen und diese dem Spiel von Angebot und Nachfrage zu entziehen. Auch in dieser Deutung, nach welcher der Wucher keinen Unterfall, sondern bereits eine Erweiterung der Erpressung im Bereich der unterlassenen Hilfeleistung darstellte, ergäben sich die soeben ins Feld geführten Bedenken insbesondere gegen die dann kaum zu vermeidende Ausklammerung des Miet- und Kreditwuchers.

Somit ist zu konstatieren, daß der Zwangslagenwucher zwar durchaus mit einer Hilfspflicht nach § 323c StGB zusammentreffen *kann*, dies jedoch keine Voraussetzung für die Anwendbarkeit des § 291 StGB darstellt. Es bleibt dabei, daß das Verbot des Zwangslagenwuchers auch "Drohungen" mit einem solchen Unterlassen untersagt, welches für sich genommen nicht als unterlassene Hilfeleistung zu bestrafen wäre und deshalb jedenfalls auch als Inhalt einer Erpressungsdrohung nicht in Betracht käme. Die Vorschrift des § 291 StGB beschränkt sich folglich weder auf eine Privilegierung "minderschwerer", weil nur eine Solidaritätspflicht in Frage stellender Erpressungsfälle, noch auf eine Vor-

[226] BT-Drucks. 7/3441 S. 40 f.; Prot. 7/2563; *Müller-Emmert/Maier* NJW 1976, 1657 (1664); *Heinz* GA 1977, 193 (219); vgl. auch BGHSt 42, 399 f.

[227] S. dazu ausführlich unten 2. Abschnitt A II. 3) c) aa) bbb) (1).

[228] Für diese Autoren kommt eine "Erpressungslösung" hier wegen der von ihnen angenommenen Beschränkung der Nötigung auf Drohen mit dem Bruch "garantierter Rechte" nicht in Betracht. Nach *Timpe* Nötigung, S. 162 Fn. 33 beinhaltet § 323c StGB kein "garantiertes Recht"; und auch *Jakobs* kontrastiert das absolute Recht als Paradebeispiel eines "garantierten Rechts" mit dem bloßen Anspruch auf "Mindestsolidarität" aus § 323c StGB [GS H. Kaufmann, 791 (804 f.)]; anders *Kindhäuser*, vgl. oben Fn. 223.

verlagerung der Strafbarkeit nach § 323c StGB, sondern weitet die strafrechtliche Relevanz von "Zwangslagen" über den Anwendungsbereich dieser beiden Normen hinausgehend aus.

2) Der Solidaritätsgedanke als Element des § 291 StGB

Wenn auch der Zwangslagenwucher mit der unterlassenen Hilfeleistung ebensowenig "identifiziert" werden kann wie mit der Erpressung, so ist dennoch als eine gemeinsame Spezialität beider Vorschriften festzuhalten, daß sie eine vom Täter nach rechtlichen Maßstäben nicht zu verantwortende Bedrängnissituation des Opfers zum Anlaß nehmen, dem Täter strafrechtliche Pflichten aufzuerlegen. Im Gegensatz dazu nimmt das Strafrecht bei einem großen Teil der übrigen Delikte die Beteiligten, sofern sie nicht in einer besonderen *Rolle* angesprochen sind, gerade nicht in ihrer konkreten physischen, ökonomischen, geistigen oder psychischen Verfassung, sondern nur in einem ganz abstrakten und verallgemeinernden Sinne als *Personen* wahr. Indem sie Verstöße gegen das rechtliche Grundgebot *neminem laede!* oder, als Gefährdungsdelikte, erfolgsunabhängig bereits die Schaffung abstrakter oder konkreter Gefahren sanktionieren, "schützen" sie die Rechtsgüterausstattung des potentiellen Opfers unabhängig von deren aktueller Beschaffenheit und "Reichhaltigkeit": § 212 StGB erfaßt die Tötung eines Moribunden ebenso wie die eines Kerngesunden und die eines Heiligen ebenso wie die eines Kriminellen; für § 242 StGB macht es keinen Unterschied, ob die fremde Sache ihrem Eigentümer ohnehin lästig war oder aber seine letzte Habe darstellte, umgekehrt spielt es auch keine Rolle, welche Verwendungsmöglichkeiten der Dieb für die Sache hat. Inhalt der jeweiligen strafrechtlichen Pflicht ist in diesen Fällen ausschließlich die Respektierung der *vorhandenen* Rechtsgüter anderer; auf die Frage, wie dieser Rechtsgüterbestand beschaffen ist, kommt es nicht an. Auch im Rahmen der Erpressung bleibt nach den obigen Darlegungen die konkrete Situation des Opfers außer Betracht: Auch wenn dem Opfer bereits von anderer Seite Gefährdungen drohen, haftet der Täter nur, wenn er ihm die rechtswidrige Zufügung "neuer" Übel in Aussicht stellt. Somit begründen gerade jene Merkmale des § 291 StGB eine Verwandtschaft zu § 323c StGB, welche den Wucher von der Erpressung unterscheiden; die Zwangslage des Bewucherten ist wie der zu Hilfeleistung verpflichtende Unglücksfall des § 323c StGB *per se* beachtlich.[229] Damit ist die

[229] Obwohl die Strafbarkeit nach § 323c StGB nicht vom Eintritt oder Nichteintritt des drohenden Schadens abhängt, stellt die Pflicht des § 323c StGB nach Sch-Sch-*Cramer/ Sternberg-Lieben* § 323c Rn. 1 gegenüber den unechten Unterlassungsdelikten "kein aliud, sondern ein minus" dar; auch hier solle "gehandelt werden, um drohende Schäden abzuwenden, nur daß die strafrechtliche Reaktion hinter der des unechten Unterlassungsdelikts zurückbleibt." Auch SK-*Rudolphi* § 323c Rn. 2 meint, daß "Inhalt des ... Hilfeleistungsgebots ... die Abwendung der bei einem Unglücksfall oder bei gemeiner Gefahr oder Not drohenden Unrechtser-

Betrachtungsweise hier weniger "abstrakt" als bei der Erpressung; die konkrete, bereits mitgebrachte Situation des Opfers wird "sichtbar" gemacht, das Opfer erscheint – um die Terminologie *Caros* nochmals aufzugreifen – nicht mehr nur noch als "Schemen", sondern als konkret hilfsbedürftig .

a) Kennzeichen einer Solidaritätspflicht

Diese Parallele zwischen dem Wucher und § 323c StGB läßt es als denkbar erscheinen, daß auch das Wucherverbot ebenso wie das strafrechtliche Hilfsgebot als eine "Solidaritätspflicht" aufzufassen und die Lösung der dogmatischen Detailfragen aus dieser Einordnung zu entwickeln sein könnte.[230] Möglicherweise liegt auch in diesem systematischen Zusammenhang der Grund für die "Sonderstellung", die das Wucherverbot unter den Vorschriften des Besonderen Teils anscheinend einnimmt. Gegen eine solche Annahme spricht jedoch auf den ersten Blick der Umstand, daß das Verbot des Zwangslagenwuchers im Gegensatz zu den als Solidaritätspflichten anerkannten Normen, zu denen neben § 323c StGB auch der rechtfertigende Notstand des § 34 StGB gezählt wird,[231] nicht zu einem "Umverteilungseffekt" führt. Während die §§ 34, 323c StGB dem Pflichtigen zugunsten des von der Notstandsgefahr oder dem Unglücksfall Betroffenen die Duldung eines Eingriffs in seine Rechtsgüter bzw. die aktive Bereitstellung eigener Ressourcen zumindest von Zeit und Arbeitskraft auferlegen, die ihm rechtlich "eigentlich" zur ausschließlichen Nutzung zugeschrieben sind, ist § 291 StGB nicht auf eine unmittelbare Verbesserung der Situation des Gefährdeten gerichtet; vielmehr beläßt das Wucherverbot dem Täter trotz der

---

folge" sei. Sehe man die in § 323c StGB statuierte Pflicht hingegen nur als auf die Entfaltung einer Tätigkeit gerichtet, so laufe dies dem Schutzzweck der Norm, welchen *Rudolphi* im Rechtsgütererhalt sieht, zuwider und auf ein reines Gesinnungsstrafrecht hinaus. Daß eine bloß demonstrative, im Hinblick auf den Rettungserfolg ungeeignete Betätigung von Hilfsbereitschaft gleichzeitig notwendige und hinreichende Bedingung zur Vermeidung der Strafbarkeit sei, wird jedoch ersichtlich nirgends vertreten. Darin mag man mit *Maurach/Schroeder/Maiwald* BT/2 55/19 eine Annäherung der echten an die unechten Unterlassungsdelikte erblicken; nach wie vor trifft aber zu, daß "die erfolgsfreien und die erfolgsbezogenen Unterlassungsdelikte jeweils verschiedenen Prinzipien unterliegen" (so wiederum SK-*Rudolphi* vor § 13 Rn. 10).

[230] Es gebührt *Kindhäuser* das Verdienst, als erster auf einen möglichen Zusammenhang zwischen Wucherverbot und Solidaritätsgedanken hingewiesen zu haben [NStZ 1994, 105 (107)]; allerdings läßt er diesen Gedanken leider in seinem – allzu reichhaltigen und damit allzu unbestimmten – Begriff der "Vertragsfreiheit" verschwimmen.

[231] Von einer Solidaritätspflicht sprechen ausdrücklich SK-*Günther* § 34 Rn. 1; NK-*Neumann* § 34 Rn. 9; *Kühl* AT 8/9; *Renzikowski* Notstand, S. 239 ff.; *Pawlik* Notstand, passim; *Göbel* Einwilligung, S. 107; *Keller* Rechtliche Grenzen, S. 282 ff; *Seelmann* Solidaritätspflichten, S. 295 f; *Kratzsch* Verhaltenssteuerung, S. 356 f.; *Küper* Grund- und Grenzfragen, S. 93; *ders.* Der "verschuldete" rechtfertigende Notstand S. 27, 31; *ders.* JuS 1987, 81 (87); *Kelker* Nötigungsnotstand, S. 133 ff.; *Perron* Rechtfertigung und Entschuldigung, S 94.

Zwangslage des anderen die Möglichkeit, diesem die benötigte Leistung vorzuenthalten und ihn seinem Schicksal zu überlassen.[232]

Allerdings wäre es kurzschlüssig, dem Verbot des Zwangslagenwuchers bereits deshalb den Charakter einer Solidaritätspflicht abzusprechen, weil es keine "effektive" Umschichtung von Gütern verlangt. Vielmehr muß zunächst geklärt werden, worin das Spezifische dieser Pflichtenkategorie zu suchen ist; der Begriff der strafrechtlichen Solidaritätspflicht entfaltet nämlich durchaus "keine selbstexplikative Kraft".[233] Daß das "Solidarische" in der Bereitstellung von Ressourcen liegt, ist deshalb keineswegs ausgemacht. In der Diskussion um Begriff und Zulässigkeit strafrechtlicher Solidaritätspflichten spielt denn auch der materielle Umverteilungseffekt allenfalls eine untergeordnete Rolle. So rückt etwa *Seelmann* – unter Rückgriff auf eine Dichotomie von *Jonas*[234] – einen ganz anderen Gesichtspunkt in den Vordergrund: Kennzeichen strafrechtlicher Solidaritätspflichten sei, daß in ihrem Rahmen eine "ex post facto-Rechnung" durch eine "situationsbedingte Determinierung des Zu-tuenden"[235] ersetzt werde. Gemeint ist, daß hier anders als sonst im Strafrecht eigenes, zurechenbares Verhalten des Täters nicht mehr den einzigen Anknüpfungspunkt für strafrechtliche Rechtsfolgen darstellt, sondern die Strafbarkeit auch von solchen Faktoren abhängig gemacht wird, die der Täter nicht beeinflussen kann, sondern mit denen er konfrontiert wird.[236] Auch nach *Neumann* orientiert sich § 323c StGB "gerade nicht an der allgemeinen rechtlichen Aufteilung von Verantwortungsbereichen."[237] Ähnliches gilt für den rechtfertigenden Notstand: Nach *Renzikowski* "ändern sich der Umfang der Freiheitssphäre und die Zuständigkeit für die Wahrnehmung der Interessen. Der Hilfeleistungspflichtige wird in seiner rechtlich geschützten Freiheit eingeschränkt; seine Zuständigkeit erweitert sich jedoch, da er für fremde Interessen verantwortlich wird".[238] *Reinhard Merkel* wiederum erblickt die Besonderheit der im rechtfertigenden Notstand liegenden Solidaritätspflicht darin, daß sie anscheinend "mit dem formalen Grundprinzip

---

[232] Höchst unwahrscheinlich ist jedoch der Fall, daß § 291 StGB dem Opfer eine Chance zur Behebung seiner Zwangslage abschneidet [vgl. aber *Kindhäuser* NStZ 1994, 105 (106)]. Da das Gesetz dem "Anbieter" hohe Gewinne bis zur Grenze des auffälligen Mißverhältnisses zugesteht, besteht für den Täter ein starker ökonomischer Anreiz, sich auf das Geschäft einzulassen und die Schwäche des Täters zu einem für ihn überaus vorteilhaften Abschluß auszunutzen. Der nur zu wucherischen Konditionen leistungsbereite Täter dürfte daher ein Phantom darstellen, welches der Gesetzgeber getrost vernachlässigen durfte.

[233] So *Pawlik* Notstand, S. 58 zum Begriff der Solidarität.

[234] *Jonas* Prinzip Verantwortung, S. 174.

[235] *Seelmann* Solidaritätspflichten, S. 303.

[236] Vgl. *Seelmann* Solidaritätspflichten, ebd. und S. 298.

[237] *Neumann* JA 1987, 244 (255); ähnlich *Tröndle-Fischer* § 323c Rn. 2: § 323c begründe "eine außerhalb des sonstigen strafrechtlichen Zurechnungssystems liegende Zuständigkeit des Unterlassungstäters".

[238] *Renzikowski* Notstand, S. 189; vgl. auch LK-*Spendel* § 323c Rn. 29.

unserer (und eigentlich jeder) Rechtsordnung" kollidiere, indem sie die Bedeutung der "rechtsförmigen Distribution von Gütern, Ansprüchen und Freiheiten" relativiere.[239] Auch *Merkel* sieht somit nicht nur das schiere "Ergebnis" der durch § 34 StGB bewirkten Güterumverteilung, sondern die zugrundeliegende Umschichtung von "Ansprüchen und Freiheiten", also von Verantwortungs- und Herrschaftsbereichen als das hervorstechende Merkmal des rechtfertigenden Notstands an, bei dem der Eingriffsadressat nicht darauf verweisen kann, mit der den anderen betreffenden Gefahr nichts zu tun zu haben.

Die vorstehenden Ausführungen lassen bereits deutlich werden, daß eine "Umverteilung" unter *normativem* Blickwinkel nicht erst mit der Verschiebung von Ressourcen, sondern auf einer systematisch vorgelagerten Ebene mit der Umschichtung von Zuständigkeitsbereichen beginnt. Voraussetzung dafür ist aber stets, daß der "Schleier" der "schemenhaften" Abstraktion "Rechtsperson" gehoben wird; nur so kann die vom anderen "mitgebrachte" Schwäche zum selbständigen Anknüpfungspunkt strafrechtlicher Pflichten werden.[240] Mit dieser partiellen Zurücknahme des rechtlichen Abstraktionsniveaus ist notwendig eine Veränderung der Zurechnungskriterien verbunden: Wo die Person in ihrer konkreten, "mitgebrachten" Verfassung in den Blick kommt, muß in diesem Umfang "Täterorganisation" als ausschließliches Zurechnungsprinzip zurücktreten;[241] es kommt beim Unglücksfall ebenso wie im Rahmen des rechtfertigenden Notstands gerade nicht darauf an, ob den Pflichtigen für das Vorliegen dieser Umstände eine Verantwortlichkeit nach den üblichen Kriterien der objektiven Zurechnung trifft.[242] Auf der andere Seite wird der "Solidaritätsberechtigte" von der Alleinverantwortung für die Organisation seiner Angelegenheiten entlastet: Obwohl er zuvor darauf bestehen durfte, die sein Leben betreffenden Entscheidungen selbst zu treffen, folgt daraus nicht, daß er mit den ihn nunmehr betreffenden Gefahren auch allein fertig zu werden hätte und niemanden behelligen dürfte. Für die ihm zustehende Autonomie ist er somit zumindest nicht in voller Höhe kostenpflichtig, sondern darf einen Teil auf

---

[239] *Merkel* Zaungäste?, S. 176; vgl. auch SK-*Samson* § 34 Rn. 4, der dem rechtfertigenden Notstand das Potential zutraut, die rechtsförmige Distributionsstruktur "ganzer Rechtsbereiche" aus den Angeln zu heben, wenn man ihn nicht durch eine restriktive Auslegung domestiziere.

[240] In *diesem* Punkt sehen denn auch einige Autoren das Skandalon strafrechtlicher Solidaritätspflichten (insbesondere *Morgenstern* Unterlassene Hilfeleistung, S. 135 ff; *Seelmann* Solidaritätspflichten, S. 302 ff.), während die schiere Güterumschichtung etwa durch die Erhebung von Steuern weithin fraglos akzeptiert wird. Zu der erwähnten Kritik später ausführlich unten 2. Abschnitt A II. 2) c) bb).

[241] *Keller* Rechtliche Grenzen, S. 282 f.; ebenso, aber kritisch, *Seelmann* Solidaritätspflichten, S. 302 f.

[242] *Renzikowski* Notstand, S. 189. In *diesem* Sinne ließe sich mit *Kohler* Studien, S. 48 von § 323c StGB als einer "Zufallspflicht" sprechen.

andere abwälzen. Zwischen Organisationsfreiheit und Folgenverantwortung besteht im Rahmen der Solidaritätspflichten somit kein striktes Synallagma.

b) Beispiele für Delikte mit Solidaritätsbezug

Stellt man für die Kennzeichnung als strafrechtliche Solidaritätspflicht somit auf ein spezielles *Zurechnungs*regime ab, welches den einen Bürger dadurch von der Alleinverantwortung für das Gelingen seiner Selbstorganisation entlastet, daß es einem anderen Sonderpflichten auferlegt, ohne für deren Begründung auf "besonders verdichtete und strukturierte Nähebeziehungen"[243] zurückgreifen zu können,[244] ist auch der Zwangslagenwucher dieser Pflichtenkategorie zuzuordnen, da das Vorliegen der Zwangslage ausreicht, für den Täter eine besondere Vermeidepflicht zu begründen, das Opfer jedoch sich seine "Zustimmung" nicht zurechnen lassen muß. Zur klarstellenden Unterscheidung von den "klassischen", auf eine "Umverteilung" von Ressourcen gerichteten Solidaritätspflichten ließe sich beim Zwangslagenwucher von einer Solidaritätspflicht im weiteren Sinne sprechen. Keinen Bezug zum Solidaritätsgedanken weisen hingegen alle diejenigen – überaus zahlreichen – Delikte auf, bei denen der Tatbestand an die Täter- oder Opferrolle bestimmte Anforderungen stellt, ohne daß eine Zurechnungsverschiebung zwischen beiden Seiten vorläge. Dies gilt beispielsweise für die echten und unechten *Sonderdelikte*, bei denen es zwar auf eine bestimmte Eigenschaft des *Täters* etwa als Amtsträger, Arzt, Verwandter oder Unfallbeteiligter und die mit der jeweiligen Rolle verbundenen Erwartungen ankommt,[245] jedoch der *Be*lastung der einen keine *Ent*lastung der anderen Seite korrespondiert. Ebenfalls nicht um Solidaritätsdelikte handelt es sich bei Tatbeständen wie § 90 StGB, in denen das Opfer als Repräsentant der Staatsgewalt besonderen Schutz genießt.[246]

Schwieriger zu beantworten ist die Frage, ob es sich auch bei speziellen Tatbeständen zum Schutz von Kindern wie etwa § 176 StGB um Solidaritätsdelikte handelt. Von einer Relativierung des Synallagmas zwischen *Organisationsfrei-*

---

[243] *Pawlik* GA 1995, 360 (361).

[244] Damit ist zugleich positiv auf ein zwischen den Beteiligten bestehendes "Grundverhältnis" als ausreichenden Anknüpfungspunkt für die von jeglicher vorheriger "Verwicklung" des Pflichtadressaten in die Entstehung der Notlage unabhängige Inanspruchnahme des Täters verwiesen. Dies gilt *mutatis mutandis* auch dann, wenn man wie *Pawlik* GA 1995, 360 ff. dieses Grundverhältnis als eine "Dreiecksbeziehung" auffaßt, bei der die vermittelnde Rolle durch den Staat eingenommen wird; nach diesem Konzept gibt es keine originäre, sondern nur abgeleitete Solidaritätspflichten, bei denen der Bürger als "Verwaltungshelfer" des Staates agiert [*Pawlik* GA 1995, 360 (364)].

[245] Vgl. *Jakobs* AT 2/17.

[246] Sch-Sch-*Stree/Sternberg-Lieben* § 90 Rn.1; *Lackner-Kühl* § 90 Rn. 1; *Tröndle-Fischer* § 90 Rn. 1.

heit und der Verantwortung für die Folgen kann hier deshalb keine Rede sein, weil dem Kind die selbständige Regelung seiner Angelegenheiten gerade nicht zugebilligt wird, so daß sich *Un*freiheit und *Fremd*verantwortung zu entsprechen scheinen und der "Schutz" des Opfers gerade darin besteht, ihm Organisationsfreiheit generell zu verweigern.[247] Damit unterscheidet sich das Kind vom Wucheropfer, das ebenso wie der Gefährdete in §§ 323c und 34 StGB zwar alle Vorteile rechtlicher Bewegungsfreiheit für sich in Anspruch nehmen darf, aber dennoch nicht den ganzen Preis der Verantwortung dafür bezahlen muß. Der Unterschied zwischen beiden Fallgruppen ist jedoch kein prinzipieller, sondern ein bloß gradueller, da auch in der *generellen* Verantwortungsentlastung des Kindes bei gleichzeitiger Anerkennung als *Rechtsperson* eine Zurücknahme des denkbar möglichen Abstraktionsniveaus liegt, das darin bestünde, den Personenstatus untrennbar mit Selbständigkeit und entsprechender Folgenverantwortung zu verknüpfen.[248] Wollte man aber den Begriff der Solidaritätspflichten für diejenigen Fälle reservieren, bei denen es wie beim Wucher um die punktuelle Entlastung einer prinzipiell zur Regelung der eigenen Angelegenheiten kompetenten Person ginge, so wären auch §§ 323c, 34 und 291 StGB immer dann nicht dieser Pflichtenkategorie zuzuordnen, wenn es um die Abwendung der Gefahr von einem Kind ginge. Eine solche Differenzierung aber kann kaum überzeugen, so daß es angebracht erscheint, von Solidaritätspflichten auch dann zu sprechen, wenn das Synallagma zwischen der Zuerkennung des Status als Rechtsperson und der Alleinverantwortung für die Folgen relativiert wird.

c) Strafrechtliche Solidaritätspflichten – normatives Ding der Unmöglichkeit?

aa) Der Solidaritätsgedanke in der geltenden Rechtsordnung

Mit der Etablierung von Solidaritätspflichten in dem soeben erläuterten Sinne distanziert sich die geltende Rechtsordnung von einer Konzeption, nach der das Recht dem Schicksal des einzelnen und seinen tatsächlichen Handlungsmöglichkeiten prinzipiell gleichgültig gegenübersteht und deshalb grundsätzlich davon absieht, die unterschiedlichen Bedingungen zu thematisieren, unter denen

---

[247] Nach herrschender Auffassung ist das von § 176 geschützte Rechtsgut die "von vorzeitigen sexuellen Erlebnissen ungestörte Gesamtentwicklung des Kindes" [BGHSt 45, 131 (132); LK-*Laufhütte* § 176 Rn. 1; SK-*Horn/Wolters* § 176 Rn. 2; Sch-Sch-*Lenckner/Perron* § 176 Rn.1; *Lackner-Kühl* § 176 Rn. 1; *Tröndle-Fischer* § 176 Rn. 1].

[248] *Bartholomeyczik* AcP 166 (1966), 30 (64 f.). Daß dem Wucheropfer im Gegensatz zum Kind prinzipiell auch rechtliche Gestaltungsmacht eingeräumt wird, stellt keine ungerechtfertigte Bevorzugung, sondern auch aus der Perspektive des Täters die gegenüber einer vollständigen Entmündigung schonendere Lösung dar, da ihm auf diese Weise ein größerer Freiheitsraum gewahrt bleibt, als wenn der in einer Zwangslage Befindliche aus Solidaritätsgründen ganz aus dem rechtlichen Verkehr gezogen würde.

die Rechtspersonen nach dem gleichen Gesetz agieren. In einem nach solchen Prinzipien verfaßten, streng abstrakten Rechtssystem, welches den Gleichheitsgedanken konsequent durchführte und seine Akteure ausschließlich als ununterscheidbare *Personen* konzipierte, wären spezielle Tatbestände zum Schutz von Kindern ebenso ausgeschlossen wie ein Delikt der unterlassenen Hilfeleistung, der Zwangslagenwucher und der rechtfertigende Notstand.

Als exemplarisch für eine derartige Theorie gilt noch immer die Rechtsphilosophie *Kants*. *Kant* beharrt darauf, daß ausschließlich zurechenbare Handlungen als rechtlich relevant anzusehen, alle naturhaften und alle von dem Betroffenen selbst verursachten Nöte aus dem Bereich des Rechtlichen auszublenden seien.[249] Im Gegensatz dazu reflektiert § 323c StGB einen Gedanken, dessen Berechtigung schon *Hegel* gegenüber *Kant* hervorgehoben hatte[250] und dessen Siegeszug durch alle Gebiete des positiven Rechts sich schlagwortartig als die Entwicklung vom liberalen Rechtsstaat klassischer Provenienz zum Sozialstaat charakterisieren läßt.[251] Das grundgesetzlich in Art. 20 Absatz 1 GG verankerte Sozialstaatsprinzip wird auf dem Hintergrund dieser Tradition und in scharfer Abgrenzung von einer im kantischen Sinne liberalen Konzeption heute einmütig als eine Absage an eine "nur formale, rechtliche Freiheit" und als eine Verpflichtung des Staates auf "reale, in der sozialen Wirklichkeit vorhandene Freiheit" verstanden.[252]

Die wohl handgreiflichste Konsequenz dieses Gedankens stellt der staatlich gewährte Anspruch auf Sozialhilfe dar, der den bedürftigen Einzelnen durch direkte Unterstützungsleistungen vor einem Absinken seiner Lebensverhältnisse unter dasjenige Niveau bewahren soll, welches eine Freiheitsbetätigung nach

---

249 "Der Begriff des Rechts ... betrifft nur das äußere und zwar praktische Verhältnis einer Person gegen eine andere, sofern ihre Handlungen als Fakta aufeinander (unmittelbar, oder mittelbar) Einfluß haben können." (*Kant* Rechtslehre, S. 38). Der Begriff "Fakta" meint bei *Kant* im ursprünglichen lateinischen Wortsinne "Gemachtes", d.h. "zurechenbare Handlung" (*Kersting* Wohlgeordnete Freiheit, S. 97).

250 Am deutlichsten wird dies in der Notrechtslehre. Während *Kant* Rechtslehre, S. 45 in aller Schärfe die Vorstellung zurückweist, schiere Not könne Unrecht in Recht verkehren, verficht *Hegel* in seinen "Grundlinien der Rechtsphilosophie" (§ 127) die Überzeugung, daß der drohende Lebensverlust zum Eingriff in geringere Rechte Unbeteiligter ermächtige. Dem liegt ein gegenüber *Kant* weiterer Rechtsbegriff zugrunde, der die Ebene des "Wunsches" nicht vollständig ausblendet, sondern unter der Bezeichnung "Recht des Wohls" zum integralen Bestandteil von Recht erklärt; vgl. dazu ausführlich *Pawlik* Notstand, S. 83 ff.

251 *Welzel* NJW 1953, 327 (328); vgl. auch *Renzikowski* Notstand, S. 197: "Wer will", könne einen Zusammenhang mit Art. 20 GG sehen.

252 So ausdrücklich v. Münch/Kunig-*Schnapp* Art. 20 Rn. 36; v. Mangoldt/Klein/Starck-*Sommermann* Art. 20 Rn. 105 f.; Dreier-*Gröschner* Art. 20 (Sozialstaat) Rn. 18; AK(GG)-*Kittner* Art. 20 IV Rn. 7 ff.; *Jarass-Pieroth* Art. 20 Rn. 109; *Stein/Frank* Staatsrecht, S. 163 f.; *Hesse* Verfassungsrecht, Rn. 214. Zur Ideengeschichte *Stern* Staatsrecht, Bd. I, S. 882 ff.

allgemeinem Verständnis erst ermöglicht.[253] Das Sozialstaatsprinzip macht jedoch nicht an der Grenze des öffentlichen Rechts Halt, sondern durchdringt mittlerweile ebenso das Privatrecht und damit das Verhältnis der Bürger *untereinander*, wo die ursprünglich dem Gedanken einer formal ausgestalteten Privatautonomie verpflichtete Konzeption des Bürgerlichen Gesetzbuchs[254] inzwischen vor allem durch das in seiner Bedeutung immer noch stetig wachsende *Verbraucherschutzrecht* erheblich relativiert ist.[255] Die theoretischen Grundlagen dieser überaus heterogenen und stetig noch anwachsenden Rechtsmaterie sind noch immer heftig umstritten.[256] Unzweifelhaft ist jedoch, daß sich das

---

[253] Das BVerwG hat frühzeitig das überkommene Fürsorgerecht in ein subjektives öffentliches Recht uminterpretiert [E 1, 159 (160 ff.)]; das Bundessozialhilfegesetz trägt dem Rechnung (*Stern* Staatsrecht 1, S. 696 f.). Dieser Anspruch wird vielfach unmittelbar aus dem Grundgesetz abgeleitet (so etwa *Jarass/Pieroth* Art. 20 Rn. 113; *Stein/Frank* Staatsrecht, S. 162; *Schoch* Sozialhilfe, S. 30; ähnlich v. Münch/Kunig-*v. Münch* Art. 20 Rn. 165; ablehnend Maunz/Dürig-*Herzog* Art. 20 VIII, Rn. 28; Fichtner-*Fichtner* § 1 Rn. 12), während die h.M. im übrigen die Herleitung konkreter Teilhaberechte aus dem Verfassungsrecht ablehnt (v. Münch/Kunig-*v. Münch* Vorbem. Rn. 20 f.; Sachs-*Sachs* Art. 20 Rn. 33; *Jarass/Pieroth* Art. 20 Rn. 113; *Hesse* Verfassungsrecht, Rn. 289; *Stein/Frank* Staatsrecht, Rn. 165).

[254] *Eisenhardt* Rechtsgeschichte, Rn. 582; *Schlosser* Grundzüge, S. 165; Soergel-*Wolf* vor § 145 Rn. 1; MünchKom(BGB)-*Kramer* vor § 145 Rn. 2; *Larenz/Wolf* AT, 2/39 ff.; *Raiser* JZ 1958, 1 (2). Nach *Wieacker* Privatrechtsgeschichte, S. 479 ff., war das BGB allerdings "nicht der Ausdruck einer einheitlichen sozialen und politischen Tendenz, sondern ein Ausgleichsversuch zwischen mehreren Wertsystemen, die sich in der deutschen Sozialgeschichte des 19. Jhs. nicht hatten verschmelzen können".

[255] *Dauner-Lieb* Verbraucherschutz, S. 13 f.; *Hommelhoff* Verbraucherschutz, S. 1 ff.; *Drexl* Wirtschaftliche Selbstbestimmung, S. 1; *Kemper* Verbraucherschutzinstrumente, S. 22; *E. Schmidt* JZ 1980, 153 (154 f.); *Gilles* JA 1980, 1 (5). Die Literatur zum Verbraucherschutzrecht ist unabsehbar geworden und schwillt wegen der immer noch steigenden Anzahl einschlägiger Vorschriften immer weiter an. Sie verteilt sich zudem bislang zu einem großen Teil auf Kommentierungen und Monographien zu *einzelnen* Verbraucherschutzgesetzen. S. zum neuen Verbraucherkaufrecht im BGB als einer der jüngsten Früchte der Verbraucherschutzgesetzgebung ausführlich die Darstellung von *Micklitz* Schuldrechtsreform.

[256] Das "Theoriedefizit" des Verbraucherschutzrechts beklagen insbesondere *Dauner-Lieb* Verbraucherschutz, S. 17; *Dick* Verbraucherleitbild, S. 54 ff.; *Drexl* Wirtschaftliche Selbstbestimmung, S. 5 f.; *Enderlein* Rechtspaternalismus, S. 261 ff; *v. Westphalen* DB 1981, 61 (63); vgl. auch *Dreher* JZ 1997, 167 ff. Die Diskussion um das "Verbraucherleitbild" (dazu eingehend *Dick* Verbraucherleitbild, S. 12 ff.) ist auch nach der Einführung einer Verbraucherdefinition in das BGB (§ 13) nicht zur Ruhe gekommen. Kontrastiert werden einerseits ein Konzept, welches von einem prinzipiell umsichtigen Verbraucher ausgeht, der nur punktuell einer Stärkung seiner Position bedürfte, und ein "marktkompensatorischer" Ansatz, der davon ausgeht, daß der Verbraucher "strukturell" unterlegen sei. Die Diskussion gewinnt noch dadurch an Komplexität, daß das Verbraucherschutzrecht in der Regel als Umsetzung europäischer Richtlinien Eingang in die deutsche Privatrechtsordnung findet, wobei dem Verbraucherschutzgedanken im Gemeinschaftsrecht eine wiederum andere Funktion zugeschrieben wird, nämlich den Verbraucher mit den Voraussetzungen dafür auszustatten, "selbstbewußt" den Binnenmarkt voranzutreiben (vgl. zum Ganzen MünchKom(BGB)-*Micklitz* vor §§ 13, 14

Verbraucherrecht gegenüber den "klassischen" Privatrechtsnormen dadurch auszeichnet, daß es das ursprüngliche Abstraktionsniveau des BGB partiell aufgibt und die Akteure statt dessen in ihrer konkreten sozialen Rolle in den Blick nimmt, um auf diese Weise dem Umstand Rechnung zu tragen, daß die soziale Wirklichkeit das Postulat der Gleichheit der Rechtssubjekte häufig und mitunter in eklatanter Weise widerlegt.[257] Vor dem Hintergrund dieser "Diskrepanz zwischen Modellannahmen und sozialer Wirklichkeit"[258] sollen die verbraucherschützenden Vorschriften helfen, "Waffengleichheit" zwischen den Parteien herzustellen.[259] Derselbe Gedanke steht auch hinter der Herausbildung des Arbeitsrechts als einer selbständigen Rechtsmaterie; auch hier soll die als zu "abstrakt" und damit der sozialen Wirklichkeit unangemessen empfundene bürgerlichrechtliche Regelung des Dienstvertrags korrigiert werden.[260] Schließlich

Rn. 70 f.). Wegen der Vielgestaltigkeit der Konstellationen, in denen ein deutliches Verhandlungsungleichgewicht zwischen den Parteien besteht, wird der Begriff des "Verbrauchers" mitunter als "Mystifikation" [*Medicus* FS Kitagawa, S. 471 (484)] oder "Phantom" bezeichnet (vgl. den Titel des Aufsatzes von *Dreher* JZ 1997, 167 ff.).

257 Dazu *Larenz/Wolf* AT 34/44; *Flume* Rechtsgeschäft, S. 10, der die Diskrepanz zwischen dem normativen Erfordernis gleicher Stärke und der sozialen Wirklichkeit als "das ewige Dilemma der Privatautonomie" bezeichnet; *Oechsler* Gerechtigkeit, S. 146; *Wolf* Entscheidungsfreiheit, S. 12 ff.; *Schmidt-Rimpler* FS Raiser, S. 3 (13). Diese Zielsetzung teilen mit denjenigen Gesetzen, die wie das ehemalige Verbraucherkredit- oder das Haustürwiderrufgesetz (heute §§ 491 ff. bzw. § 312 BGB) ausdrücklich an die Verbrauchereigenschaft einer Vertragspartei anknüpfen, auch Kodifikationen wie das ehemalige AGB-Gesetz (heute §§ 305 ff. BGB), das ursprünglich kein auf Kompensation wirtschaftlicher oder sonstiger Unterlegenheit gerichtetes Verbraucherschutzgesetz im technischen Sinne darstellte, sondern das durch die Verwendung der AGB-Klauseln selbst geschaffene Übergewicht neutralisieren sollte [so die ganz überwiegende Meinung: BGH NJW 1976, 2345 (2346); Ulmer/Brandner/Hensen-*Ulmer* Einleitung Rn. 29; Soergel-*Stein* Einleitung AGBG Rn. 8; MünchKom(BGB)-*Basedow* Einleitung AGBG Rn. 4 f.; Erman-*Hefermehl/Werner* vor § 1 AGBG Rn. 7; *Heinrichs* NJW 1977, 1505; *ders.* NJW 1996, 2190 (2194); *Hensen* JA 1981, 133 (134); *H. Roth* BB 1987, 977 (981 f.); *Köndgen* NJW 1989, 943 (946)]; diese Stoßrichtung hat sich jedoch durch die richtlinienbedingte Einführung des § 24a AGBG (§ 310 Abs. 3 n.F.) geändert, so daß die §§ 305 f. jetzt *auch* als Verbrauchergesetze anzusehen sind (Ulmer/Brandner-Hensen-*Ulmer* § 24a Rn. 1; Staudinger-*Schlosser* § 24a AGBG Rn. 5; MünchKom(BGB)-*Basedow* § 24a AGBG Rn. 6; Palandt-*Heinrichs* § 310 Rn. 7; *Damm* JZ 1994, 161 (166 f.); *Heinrichs* NJW 1996, 2190 (2194).

258 *E. Schmidt* JZ 1980, 153 (156).

259 Vgl. *Larenz/Wolf* AT 2/44 ff. und 42/3; *Larenz/Wolf* AT, 2/44 ff.; *Wolf* Entscheidungsfreiheit, S. 107 ff.; *Raiser* JZ 1958, 1 (2 ff.); Bartholomeyczik AcP 166 (1966), 30 (67 ff.); *E. Schmidt* JZ 1980, 153 (156); *Damm* JZ 1994, 161 (168 f.). *Drexl* Wirtschaftliche Selbstbestimmung, S. 395 spricht von der notwendigen "Materialisierung" der formalen Konzeption der Vertragsfreiheit.

260 *Söllner* Grundriß, S. 12 f.; *Zöllner/Loritz* Arbeitsrecht, S. 28 f.; *Wieacker* Privatrechtsgeschichte, S. 549 f.; *Bartholomeyczik* AcP 166 (1966), 30 (65); *Blomeyer* Der gerechte Preis, S. 45; vgl. auch *Brox/Rüthers* Arbeitsrecht, Rn. 1d; *Lieb* Arbeitsrecht, Rn. 120.

kann auch das bürgerlichrechtliche Wucherverbot des § 138 Abs. 2 BGB als eine Verbraucherschutznorm im weiteren Sinne aufgefaßt werden.[261] Bei allen diesen Regelungen handelt es sich gewissermaßen um eine zivilrechtliche Erscheinungsform des Solidaritätsgedankens, bei denen das kantische Prinzip absoluter Gleichheit und Selbständigkeit der Rechtspersonen durch eine Umschichtung von Verantwortungssphären relativiert wird.

bb) Strafrechtliche Solidaritätspflichten?

Während in der zivilistischen Lehre zwar die mittlerweile erreichte Intensität des Verbraucherschutzes zum Teil auf Kritik stößt,[262] jedoch die prinzipielle Legitimität derartiger Regelungen als unbestritten gelten kann, der gegenüber *Kant* erweiterte Rechtsbegriff somit also voll zum Durchbruch gelangt ist, finden die Relativierung des Prinzips formeller Gleichheit und die damit einhergehende Veränderung der Zurechnungsregeln durch "Solidaritätspflichten" im Bereich des Strafrechts nach wie vor sehr grundsätzlichen Widerspruch. Zwar kannten bereits sowohl das Preußische Allgemeine Landrecht als auch das Preußische Strafgesetzbuch von 1851 sowie das Reichsstrafgesetzbuch Vorschriften, welche die Verweigerung möglicher Hilfe unter Strafe stellten.[263] Trotz dieser langen Traditionslinie gilt § 323c StGB – nicht nur wegen der Be-

---

[261] *Johannson* Verbraucherschutz, S. 83 ff; schon für § 138 Abs. 1 BGB auch *Ott* BB 1981, 937 (940).

[262] *Dauner-Lieb* Verbraucherschutz, S. 18 ff.; *Hommelhoff* Verbraucherschutz, S. 4 ff.; *v. Westphalen* DB 1981, 61 ff. sowie *ders.* ZIP 1995, 1643 ("Vom citoyen zum consommateur"); *Dreher* JZ 1997, 167 (176 ff.) ("Erosion des Privatrechts"). Vgl. auch den Titel der Arbeit von *Johannson* Verbraucherschutz im Bankrecht – Ist die Vertragsfreiheit noch gewährleistet?, und dort S. 83.

[263] Nach dem Preußischen Allgemeinen Landrecht von 1794 (Teil II, Titel 20, §§ 782 ff.) war derjenige mit einer – geringfügigen – Gefängnisstrafe zu belegen, der die ihm mögliche Errettung eines anderen "aus der Hand der Räuber oder Mörder, aus Wasser- und Feuersnoth oder aus einer anderen drohenden Lebensgefahr" unterlassen hatte, sofern der Gefährdete ums Leben gekommen war. Der diese Vorschrift ablösende, an Art. 475 Nr. 12 Code Pénal orientierte § 340 Nr. 7 des Preußischen Strafgesetzbuches von 1851, der später beinahe unverändert in das Reichsstrafgesetzbuch übernommen wurde, verzichtete auf dieses Erfordernis und setzte statt dessen voraus, daß der Unterlassende zu der Hilfeleistung eine ausdrückliche polizeiliche Aufforderung erhalten hatte. Obwohl das Unrecht der Unterlassung damit primär in einer Gehorsamsverweigerung gegenüber der staatlichen Gewalt gesehen wurde, erhielt sich für diesen Straftatbestand die abschätzige Bezeichnung "Liebesparagraph" (vgl. den Titel der Untersuchung von *Leonhard* zum damaligen § 360 Z. 10 RStGB). Nach ihrer Neufassung als § 330c RStGB im Jahre 1935 verlangte die Vorschrift wiederum eine Hilfeleistung auch ohne behördliche Aufforderung dann, wenn dies nach dem "gesunden Volksempfinden" geboten war. Zur Geschichte des § 323c StGB ausführlich *Gieseler* Unterlassene Hilfeleistung, S. 5 ff.; ferner *Morgenstern* Unterlassene Hilfeleistung, S. 38 ff.; *Harzer* Unterlassene Hilfeleistung, S. 33 ff.; Haubrich Unterlassene Hilfeleistung, S. 56 ff. S.auch *Geilen* Jura 1983, 78 f.

geisterung der nationalsozialistischen Rechtswissenschaft für die von ihr umgestaltete Vorschrift[264] – noch immer keineswegs als selbstverständlicher Bestandteil der Strafrechtsordnung.[265]

Ähnliches gilt auch für den rechtfertigenden Notstand des § 34 StGB, dem unlängst noch *Reinhard Merkel* "etwas sozusagen Unheimliches"[266] attestiert hat und der ebenfalls fast allgemein als ein Ausfluß des Solidaritätsgedankens angesehen wird. Ebenso wie § 323c StGB gestattet auch § 34 StGB Rechtsverletzungen, die sich in einem nach den Vorstellungen *Kants* konzipierten Zurechnungssystem nicht begründen ließen. Der Notstandspflichtige kann sich bei Vorliegen einer Gefahr für ein wesentlich überwiegendes Rechtsgut eines Dritten nicht auf seine ansonsten von jedermann zu respektierenden Rechte berufen, sondern muß einen zur Rettung dieser Güter gebotenen Eingriff dulden, wobei es ebensowenig wie bei § 323c StGB erforderlich ist, daß er zuvor in die Entstehung der Notstandslage verwickelt war. Indem sie die Notlage eines Mitbürgers zur Legitimation eines Eingriffs in die "vorgängige" Güterverteilung genügen läßt, bricht auch die Regelung des rechtfertigenden Notstandes mit dem "Prinzip der Eigenständigkeit der Individuen"[267]; sie relativiert den Grundsatz der "rechtsförmigen Distribution von Gütern, Ansprüchen und Freiheiten"[268]

---

[264] Auf diese wird freilich immer wieder hingewiesen, so bei *Seelmann* JuS 1995, 281; *Kargl* GA 141 (1994), 247 (250 ff.); *Morgenstern* Unterlassene Hilfeleistung, S. 41 ff.; *Harzer* Unterlassene Hilfeleistung, S. 53 ff. Affirmativ zu § 330c RStGB als dem unmittelbaren Vorgänger des heutigen § 323c StGB vor dem Hintergrund der "Treupflicht gegenüber der Volksgemeinschaft, wie nationalsozialistisches Denken sie auffaßt", vor allem *Georgakis* Hilfspflicht und Erfolgsabwendungspflicht, insbes. S. 1 ff.; (Zitat S. 4). Nach dem Krieg herrschte trotz eines durchaus vorhandenen Problembewußtseins bezüglich der ideologischen Vorzeichen, unter denen § 330c RStGB eingeführt wurde, die Auffassung vor, es könne "sich nicht darum handeln, den neuen Geist der Solidarität und sozialen Verantwortung wieder preiszugeben"; vielmehr gelte es, "ihn mit dem überkommenen Ideal der persönlichen Freiheit zu einer höheren Einheit zu verbinden" (*Gallas* JZ 1952, 396).

[265] NK-*Seelmann* § 323c Rn. 3: "nichts Selbstverständliches"; das Recht dürfe, außer im Rahmen von Garantenpflichten, nicht die "positive Zuwendung gegenüber anderen gebieten". Kritisch zu § 323c StGB vor allem *Harzer* Unterlassene Hilfeleistung, S. 111 ff., zusammenfassend S. 239; *Morgenstern* Unterlassene Hilfeleistung, S. 123 ff.; *Kargl* GA 1994, 247 ff.; *Seelmann* JuS 1995, 281; vgl. auch *Pawlik* GA 1995, 360.

[266] *Merkel*, Zaungäste?, S. 175. Mit einem "Gefühl des Unbehagens" sah auch *Gallas* der Kodifizierung dieses Rechtsinstituts im Jahre 1968 entgegen und warnte nachdrücklich vor den "rechtspolitischen Gefahren", die er in einer von der Vorschrift ausgehenden "Versuchung" erblickte, "vermeintlich sozial gebotene Entscheidungen auf Kosten des Freiheitsspielraums des Verletzten und der Autorität der Rechtsordnung zu treffen" [*Gallas* ZStW 80 (1968), 1 (23 f.)]. Zur wechselvollen Dogmengeschichte des rechtfertigenden Notstands ausführlich *Pawlik* Notstand, S. 34 ff.

[267] *Renzikowski* Notstand, S. 189.

[268] *Merkel* Zaungäste?, S. 171 (176).

und stellt insofern ein Pendant zu der in § 323c StGB statuierten Hilfspflicht dar, bei der der zur Solidarität Verpflichtete selbst initiativ werden muß.[269]

Gestritten wird in der strafrechtlichen Diskussion nicht über die grundsätzliche Legitimität der Entwicklung hin zum Sozialstaat und über die Berechtigung von Solidaritätselementen in anderen Teilgebieten der Rechtsordnung,[270] sondern darüber, ob "im Grunde jedes Recht ‚Sozialrecht' mit unterschiedlicher Intensität"[271] sein könne oder ob "die Integration des Solidaritätsthemas insofern bedenklich erscheinen kann, als sie mit dem jeweiligen Verantwortungsbegriff oder Aufgabenbereich kollidieren kann."[272] Hier wird von einigen Autoren geltend gemacht, daß es der "Verantwortungsbegriff" gerade des Strafrechts "angesichts von dessen Autonomiefiktion, des in ihm verhängten individuellen Tadels und des über den Zwang zur Schadenswiedergutmachung hinausgehenden Eingriffs in Freiheit und Eigentum"[273] nicht zulasse, die Haftung an Umstände anzuknüpfen, die ausschließlich in der Person des solidaritätsbedürftigen Opfers lägen.[274] Zudem wird immer wieder geltend gemacht, daß Solidaritätspflichten anders als bloße Respektierungsgebote zu unbestimmt seien, um als Rechtspflichten formuliert werden zu können.[275] Überdies setze die Bestimmung eines konkreten Pflichteninhalts eine Verständigung über die "Vorstellungen von einem glücklichen und gelingenden Leben" voraus,[276] wofür sich jedoch kein "materiales Kriterium der Vernunft"[277] finden lasse; die

---

[269] *Seelmann* Solidaritätspflichten, S. 296. Nach *Hruschka* JuS 1979, 385 kann im Rahmen des Notstandes unter Umständen nicht nur ein "Stillhalten", sondern auch ein Tätigwerden gefordert sein. Wie das Verhältnis zwischen diesen beiden Solidaritätsnormen genau beschaffen ist, stellt eine in der Literatur noch kaum untersuchte Frage dar. Wegen der gemeinsamen Wurzel beider Normen müßte die Zumutbarkeitsgrenze bei § 323c StGB wenigstens *grosso modo* ähnlich bestimmt werden wie die Abwägung im Rahmen des § 34 StGB; vgl. dazu insbesondere *Pawlik* Notstand, S. 154 ff.; *Hruschka* JuS 1979, 385 (390 f.). Die ganz herrschende Meinung setzt jedoch die "Einstiegskriterien" für den Notstand weitaus niedriger an als bei der unterlassenen Hilfeleistung; vgl. dazu unten 2. Abschnitt A II. 3) c) aa) bbb) (1).

[270] Vgl. *Seelmann* Solidaritätspflichten, S. 302.

[271] *Gitter* FS Fechner, S. 223 (224).

[272] *Morgenstern* Unterlassene Hilfeleistung, S. 95.

[273] *Seelmann* Solidaritätspflichten, S. 303.

[274] *Morgenstern* Unterlassene Hilfeleistung, S. 116 ff.; S. 136 f.; *Seelmann* Solidaritätspflichten, S. 302 ff.

[275] Vgl. die Ausführungen bei *Kant* Rechtslehre, S. 43 f. zur Billigkeit (*aequitas*), über die ein Richter mangels Bestimmtheit des aus ihr erwachsenden Anspruchs allenfalls dann entscheiden könne, wenn dies seine eigenen Rechte bzw. diejenigen der Krone betreffe, über die er disponieren dürfe; ferner *Kersting* Wohlgeordnete Freiheit, S. 380; *Morgenstern* Unterlassene Hilfeleistung, S. 129; im Ausgangspunkt ähnlich *Kühl* GA 1977, 353 (360, 362); *ders.* Eigentumsordnung S. 244.

[276] *Kersting* Wohlgeordnete Freiheit, S. 380.

[277] *Kersting* Wohlgeordnete Freiheit, S. 380.

notwendige Wertung entziehe sich "logischer Begriffsanstrengung".[278] Nach dieser Auffassung liegt in der Fixierung von Solidaritätspflichten ein Akt der Willkür und die Anmaßung einer legitimerweise nur dem einzelnen zustehenden Definitionskompetenz von seiten des Staates.

Insofern seitens der Kritiker strafrechtlicher Solidaritätspflichten zugestanden wird, daß die Frage nach deren Legitimität allenfalls *de lege ferenda* zu stellen sei,[279] könnte eine Auseinandersetzung mit den geschilderten Bedenken im Rahmen der vorliegenden Arbeit, der es ausschließlich um eine Systematisierung vorgegebener Zurechnungskategorien und um die Entwicklung einer auf das *geltende* Strafrecht bezogenen *innersystematischen* Theorie der Solidaritätspflichten geht, vernachlässigt werden. Jedoch ist die Kritik auch aus positivistischer Perspektive so lange nicht einfach als neben dem Untersuchungsgegenstand liegend abzutun, als der Vorwurf im Raum steht, daß die Etablierung strafrechtlicher Solidaritätspflichten bereits aus einer systematischen Binnenperspektive als widersprüchlich zu bewerten sei.[280] Die Einordnung des Wucherverbots als ein mit der unterlassenen Hilfeleistung und dem rechtfertigenden Notstand verwandtes Delikt würde dann die Schwierigkeiten einer theoretischen Verarbeitung dieses Delikts nicht lösen, sondern allenfalls genauer diagnostizieren; sie hätten dann ihren Grund eben in der systematischen "Unmöglichkeit" strafrechtlicher Solidaritätspflichten.

Die zur Begründung dieser These vorgetragenen Argumente vermögen indes nicht zu überzeugen. Die Behauptung, das "Wesen des Strafrechts" werde in der Weise "Kantisch definiert",[281] daß strafrechtliche Verantwortlichkeit nur denjenigen treffen könne, der "zurechenbar und schuldhaft in fremde Handlungssphären eingreift",[282] ist als Beschreibung des *geltenden* Strafrechts – und das nicht erst neuerdings – jedenfalls dann schlicht unzutreffend, wenn damit zugleich ein streng kantischer Rechtsbegriff unterstellt wird, der die realen "Ermöglichungsbedingungen" von Freiheit von vornherein ausspart und deswegen jedenfalls im Strafrecht nur eigenschaftslose Personen kennen will. Mit der Pönalisierung der unterlassenen Hilfeleistung und der Anerkennung des rechtfertigenden Notstandes hat die Rechtsordnung ausdrücklich anerkannt, daß auch im Regelungsbereich des Strafrechts nicht ein bloß negativer, ausschließlich auf

---

[278] *Denninger* JZ 1975, 545 (546); zustimmend *Kühl* GA 1977, 353 (356).

[279] *Seelmann* Solidaritätspflichten, S. 296.

[280] *Morgenstern* Unterlassene Hilfeleistung, S. 136 f., 140 f.; ebenso *Seelmann* Solidaritätspflichten, S. 295 (302 ff.), der ebd. S. 304 von einem "Kohärenzargument" spricht; noch vorsichtiger *ders.* JuS 1995, 281 (283): Die Strafwürdigkeit eines Verhaltens, welches einer Pflicht zum Ausgleich einer vom "Opfer" bereits mitgebrachten Benachteiligung geht, sei "nicht unproblematisch"; habe sich der Gesetzgeber aber einmal für die Pönalisierung entschieden, sei ein solcher Tatbestand "eher restriktiv zu interpretieren".

[281] *Morgenstern* Unterlassene Hilfeleistung, S. 137.

[282] *Morgenstern* Unterlassene Hilfeleistung, S. 140.

Abwehr der Beeinträchtigung vorhandener Rechtsgüterbestände ausgerichteter Rechtsbegriff und ein entsprechendes "abstraktes" Zurechnungskonzept maßgeblich sein soll. Der Gedanke der Individualverantwortung für zurechenbares und schuldhaftes Verhalten wird dadurch in keiner Weise berührt, allerdings sind die Zurechnungsstrukturen anders ausgestaltet als in einem "kantischen" System. Strafe bleibt aber auch hier individueller Tadel für fehlerhaftes Wollen einer Person, die sich angesichts einer bestimmten Verhaltensanforderung entweder normativ erwartungsgemäß verhalten oder aber den Rechtsgehorsam verweigern kann. Insofern ist der Unterschied zwischen den "klassischen" Strafrechtsnormen, nach denen der Täter *ohne weiteres* zur Respektierung der Güter des anderen verpflichtet ist, und denjenigen Vorschriften, nach denen es auf die "Organisation" des Täters *angesichts bestimmter Verhältnisse beim Opfer* ankommt, in systematischer Hinsicht nicht überzubewerten. Der Unterschied liegt – dies sei nochmals betont – allein bei einer mehr oder weniger abstrakten – und dies heißt: weniger oder mehr "sozialen", "solidarischen" – Konzeption der Rechtsperson und des ihr von Rechts wegen Zustehenden. Daß die geltende Rechtsordnung ihre Option für eine über *Kant* hinausgehende Bestimmung des Rechtlichen nicht auf dem Gebiet des Strafrechts widerruft,[283] führt deshalb nicht zu unlösbaren innersystematischen Verwicklungen mit dem "Wesen" des Strafrechts.[284]

Gleiches gilt für das Argument, Solidaritäts- seien im Gegensatz zu bloßen Respektierungspflichten zu unbestimmt, um als Inhalte von Strafnormen zu taugen. Diese Kritik übersieht, daß auch ein nach "Kantischen" Maßstäben entworfenes Strafrecht ohne gesellschaftliche Vorverständigungen nicht auskäme. Auch für die Entscheidung darüber, welche Intensität eine körperliche Beeinträchtigung aufweisen muß, um unter den Tatbestand der Körperverletzung subsumiert werden zu können, oder unter welchen Voraussetzungen von einer Beleidigung im strafrechtlichen Sinne ausgegangen werden kann, steht ein "materiales Kriterium der Vernunft" nicht zur Verfügung, so daß es auch hier eines Rückgriffs auf gesellschaftliche "Vorstellungen" bedarf. Das gleiche gilt für die Frage, welche Verhaltensweisen in bezug auf ein konkretes Rechtsgut als *erlaubt* riskant und welche als *unerlaubt* riskant angesehen werden; eine Antwort ist hier ebenfalls nicht aus "vernünftigen" Prinzipien zu deduzieren, so daß auch das bloße Verbot der Rechtsgüterbeeinträchtigung zumindest dann

[283] Vgl. *Bottke* wistra 1991, 1 (8).

[284] Zu der entschiedenen Kritik an strafrechtlichen Solidaritätspflichten bei *Morgenstern* Unterlassene Hilfeleistung, S. 137 sei insofern noch angemerkt, daß der Hinweis, das "Wesen des Strafrechts" werde "Kantisch definiert", auch als *normative* Behauptung seine philosophische Überlegenheit über konkurrierende Konzepte erst beweisen müßte. Wie sie selber einräumt, gelingt *Morgenstern* im philosophischen Teil ihrer Arbeit ein solcher Nachweis jedoch nicht (vgl. *Morgenstern* Unterlassene Hilfeleistung, S. 93). Als "doch eher doktrinär" bezeichnen ihre Ausführungen deshalb auch Sch-Sch-*Cramer/Sternberg-Lieben* § 323c Rn. 1.

einer Konkretisierung bedarf, wenn nicht ein kategorisches Gebot der Risikovermeidung zu einer Paralysierung jeglicher gesellschaftlicher Interaktion führen soll.[285] Somit ist auch das "klassische" Strafrecht stets sozial imprägniert, so daß auch insofern kein Unterschied zu den Solidaritätspflichten besteht, aus dem sich gegen diese ein prinzipieller Einwand herleiten ließe.

d) Konsequenzen für das Verhältnis zur Erpressung

Wenn dem Solidaritätsgedanken nach dem Vorstehenden auch im Strafrecht Bedeutung zukommt, so ließe sich nun erneut fragen, warum sich diese Wertung nicht bereits im Rahmen der Erpressung dahingehend bemerkbar machen soll, daß auch hier die konkrete Situation des Opfers in den Blick zu nehmen wäre, so daß unter Umständen auch die Drohung mit einem erlaubten Verhalten auf Grund des Solidaritätsgedankens als Erpressung anzusehen sein müßte. Dagegen spricht jedoch gerade die Existenz des Wucherparagraphen: Wäre die "Zwangslage" des Opfers bereits im Rahmen der Erpressung zu berücksichtigen, würden die speziellen Voraussetzungen des § 291 StGB unterlaufen. Indem das Gesetz die Auswirkungen des Solidaritätsgedankens somit bei dieser Norm monopolisiert, verhindert es, daß mit dessen Anerkennung ein mit dem Bestimmtheitsgebot nicht zu vereinbarender Wildwuchs an strafrechtlichen Pflichten einhergeht, der die etablierten strafrechtlichen Zurechnungsstrukturen in den "normalen" Delikten auf den Kopf stellte. Dennoch können Wucher und Erpressung ideal konkurrieren, nämlich dann, wenn der Wucherer auf Grund einer Rechtspflicht zur Erbringung der Leistung verpflichtet ist und seine Drohung sich als eine solche mit unerlaubtem Verhalten darstellt.[286]

e) Zwischenergebnis

Als Resultat der vorstehenden Überlegungen ist festzuhalten, daß der Zwangslagenwucher allein durch seine Einordnung in den systematischen Zusammenhang strafrechtlicher Solidaritätspflichten neben der Erpressung einen eigenständigen Sinn erlangt: Das Recht würdigt die Zwangslage des Opfers dadurch, daß es die konkludente Drohung mit Nichtleistung, die nicht unter den für die Individualität des Opfers grundsätzlich "blinden" Erpressungstatbestand subsumiert werden kann, in § 291 StGB unter Solidaritätsgesichtspunkten bewertet mit dem Ergebnis, daß der Zustimmung des Opfers die Beachtlichkeit nunmehr

---

[285] Vgl. *Jakobs* AT 7/35; *Frisch* Tatbestandsmäßiges Verhalten, S. 72 f.

[286] Ebenso *Hohendorf* Individualwucher, S. 173 f.; *Schauer* Grenzen, S. 219. Generell für die Möglichkeit einer Idealkonkurrenz zwischen beiden Delikten RG GA Bd. 46, 318; LK-*Schäfer/Wolff* § 302a Rn. 72; *Lackner-Kühl* § 291 Rn. 12; *Tröndle-Fischer* § 291 Rn. 29; a.A. SK-*Hoyer* § 291 Rn. 69, der den Wucher in solchen Fällen als von § 253 StGB verdrängt ansieht.

doch *wie bei einer Erpressung* entzogen wird. Damit wird hier ebenso wie bei § 323c StGB eine "strafrechtlich zufällige", d.h. eine solche Rechtsgütergefährdung, für die der Täter nicht zuständig ist, "sichtbar" gemacht. Daß jedenfalls ein Teil der Chantagefälle statt als Erpressung oder Nötigung unter dem Gesichtspunkt des Wuchers strafbar sein könnten, hatte bereits *Jakobs* als Lösung vorgeschwebt.[287] Anders als von ihm vermutet ist es aber kein *Rechtsgut*, welches die Wertungsverschiebung zwischen § 253 und § 291 StGB bewirkt, sondern der gleichsam querläufige Zurechnungsgedanke der Solidarität. Das Unrecht des Wuchers besteht somit in einer Verabsolutierung des Aspekts formeller Gleichheit und in der Unterschlagung der rechtlichen Bedeutsamkeit *wirklicher* Freiheit.

3) Konsequenzen für das Tatbestandsmerkmal der "Zwangslage"

a) Überblick über den Gedankengang

Nach den vorstehenden grundsätzlichen Erwägungen zur Bedeutung des Solidaritätsgedankens für das Verbot des Zwangslagenwuchers gilt es nunmehr, die gewonnenen Erkenntnisse zunächst für die Auslegung des Merkmals "Zwangslage" fruchtbar zu machen. Bereits zu Beginn der Untersuchung wurde darauf hingewiesen, daß eine besondere Schwierigkeit des Wuchertatbestandes in dem spezifisch *normativen* Charakter seiner sämtlichen Merkmale liegt, der einen "unbefangenen" Zugriff auf die Norm erschwert.[288] Erst vor dem Hintergrund des nunmehr entwickelten theoretischen Gerüsts wird es möglich, die verschiedenen Elemente des § 291 StGB mit hinreichender systematischer Sicherheit auszulegen. Aus den Bezügen des § 291 StGB zum Solidaritätsgedanken ergeben sich für die Interpretation der einzelnen Tatbestandsmerkmale Vorgaben, die nunmehr im einzelnen zu entfalten sind. Um den engen Zusammenhang mit den vorstehenden Erwägungen nicht zu zerreißen, soll die Erörterung der Frage, ob auch die übrigen Wuchervarianten Ausprägungen einer Solidaritätspflicht sind, zunächst zurückgestellt werden. Sie wird im nachfolgenden Abschnitt behandelt werden und dort die Auslegung der anderen Schwächelagen vorbereiten. Erst danach werden die verschiedenen Untersuchungsstränge zu den einzelnen Tatbestandsvarianten im Rahmen der Analyse des zentralen Merkmals des "auffälligen Mißverhältnisses" zusammengeführt.

---

[287] *Jakobs* FS Peters, S. 69 (85).
[288] Vgl. *Kindhäuser* Jura 1984, 465 f.

b) Der Meinungsstand

In Literatur und Rechtsprechung herrscht bezüglich der Auslegung des Merkmals der "Zwangslage" eine Einmütigkeit, die angesichts der erheblichen Meinungsdifferenzen bei der Bestimmung des geschützten Rechtsguts überrascht. Nach allgemeiner Auffassung handelt es sich bei der "Zwangslage" um eine wirtschaftliche Bedrängnis nicht notwendigerweise existenzbedrohenden Charakters,[289] die dann vorliegen soll, wenn "der Bewucherte nach seinen Verhältnissen die Leistung dringend benötigt und sie nach den Umständen nicht anderweitig günstiger erlangen kann"[290] oder wenn "mangels erforderlicher Mittel schwere wirtschaftliche Nachteile drohen."[291] Diese zwar im Wortlaut, aber kaum im Gehalt variierenden Definitionen lehnen sich eng an die Gesetzgebungsmaterialien an. Dort wird von der Zwangslage als von einer "wirtschaftlichen Bedrängnis, die zwar nicht die Existenz des Betroffenen bedroht, aber schwere wirtschaftliche Nachteile mit sich bringt" gesprochen; jedoch soll eine Zwangslage auch dann vorliegen, "wenn nicht eine wirtschaftliche Bedrängnis, sondern Umstände anderer Art ein zwingendes Sach- oder Geldbedürfnis entstehen lassen."[292] Als systematisches Argument dazu findet sich bereits in den Gesetzgebungsmaterialien der Hinweis, diese weite Auslegung ergebe sich aus dem Zusammenhang mit Absatz 2 der Vorschrift, der in Nr. 1 den besonders schweren Fall des Wuchers dadurch definiert, daß das Opfer durch die Tat in "wirtschaftliche Not" gerät; im Verhältnis dazu müsse die Zwangslage ein Minus darstellen. Nach einhelliger Meinung soll es für § 291 StGB keine Rolle spielen, ob die Zwangslage vermeidbar war oder ob sie das Opfer verschuldet hat.[293] Einer der wenigen streitigen Punkte betrifft die Frage, ob auch eine vom Opfer nur vorgestellte Zwangslage ausreicht, um Wucher bejahen zu können.[294]

---

289 BGHSt. 42, 399 f.; LK-*Schäfer/Wolff* § 302a Rn. 14; SK-*Samson* § 302a Rn. 33; SK-*Hoyer* § 291 Rn. 11; NK-*Kindhäuser* § 291 Rn. 30; Sch-Sch-*Stree/Heine* §291 Rn. 23; *Lackner-Kühl* Rn. 8; ebenso *Tröndle/Fischer* § 291 Rn. 10; M/B-*Nack* 61/15; *Otto* BT 61/134; *Arzt/Weber* 24/11 f.; *Maurach/Schroeder/Maiwald* BT/1 43/21; *Blei* BT, S. 263; *Gössel* BT/2 32/8; *Heinsius* Rechtsgut, S. 150 f.

290 *Lackner-Kühl* § 291 Rn. 8.

291 BGH NJW 1994, 1276; Sch-Sch-*Stree/Heine* Rn. 23; *Tröndle/Fischer* § 291 Rn. 10; vgl. auch E 62, Begr. 439; BT-Drucks. VI, 1549, S. 10.

292 So schon die Begründung zu § 265 E 1962; ebenso Begründung zum Regierungsentwurf des 1. WiKG, BT-Drucks. 7/3441 S. 40 f.

293 RG JW 08, 587; BGHSt 11, 182 (186); *Lackner-Kühl* Rn. 8; Sch-Sch-*Stree/Heine* § 291 Rn. 24; M/B-*Nack* 1716; *Tröndle-Fischer* § 291 Rn. 10; SK-*Hoyer* § 291 Rn. 13; LK-*Schäfer/Wolff* § 302a Rn. 15.

294 Bejahend: *Hohendorf* Individualwucher, S. 94; LK-*Schäfer/Wolff* § 291 Rn. 15; Sch-Sch-*Stree/Heine* § 291 Rn. 24; verneinend: SK-*Hoyer* § 291 Rn. 11; *Lackner-Kühl* § 291 Rn. 8.

c) Kritik der herrschenden Auffassung und Entwicklung einer eigenen Lösung

Nach dem Vorstehenden stellt das "zwingende Sach- oder Geldbedürfnis" die unbestrittene Quintessenz der gebräuchlichen Zwangslagendefinitionen dar.[295] Dieses Ergebnis vermag indes kaum zu befriedigen, da es das ursprüngliche Auslegungsproblem nicht löst, sondern nur reformuliert: Unter welchen Umständen ein "Sach- oder Geldbedürfnis" als so "zwingend" angesehen werden kann, daß die Entscheidung für das wucherische Geschäft nicht mehr dem Opfer zugerechnet werden kann, sondern eine strafrechtliche Verantwortlichkeit des Täters begründet, gilt es gerade zu klären.[296] Vor dem Hintergrund der Charakterisierung des Wucherverbots als Ausprägung einer Solidaritätspflicht in einem Rechtssystem, welches generell dazu tendiert, die Rechtspersonen unter Absehung von allen möglichen faktischen Zwängen, die ihr Verhalten beeinflussen, normativ als "frei" zu konzipieren, bedarf es an dieser Stelle einer möglichst präzisen Beschreibung der qualitativen Grenze, ab der einem von niemandem rechtlich zu verantwortenden "Zwang" auf Seiten des Opfers rechtliche Beachtlichkeit zugesprochen wird. Dabei sind mehrere Fragestellungen auseinanderzuhalten:[297] Zunächst ist zu klären, ob das Merkmal der Zwangslage tatsächlich in der Weise subjektiv zu bestimmen ist, daß grundsätzlich jedes vom Opfer als gewichtig empfundene Bedürfnis einen "zwingenden Sach- oder Geldbedarf" auslösen kann, oder aber ob von vornherein nur ganz bestimmte, nach objektiven Maßstäben qualifizierte Leistungen als "zwangslagentauglich" in Betracht kommen. Diese Frage soll unter aa) behandelt werden. Sodann ist zu erörtern, welche Anforderungen an die "Alternativlosigkeit" der vom Wucherer angebotenen Leistung zu stellen sind. Von einem "Zwang", auf das überteuerte Angebot einzugehen, läßt sich jedenfalls dann nicht sinnvoll sprechen, wenn eine günstigere Beschaffungsmöglichkeit sofort zur Hand ist. Welche Anforderungen im Rahmen des § 291 StGB hier zu stellen sind, muß ebenfalls anhand normativer Kriterien entschieden werden, was unter bb) geschehen soll. Unter cc) schließlich soll dann auf das sich aus der "objektivistischen" Deutungsvariante ergebende Folgeproblem der maßgeblichen Beurteilungsperspektive eingegangen und erörtert werden, ob gegebenenfalls auch eine eingebildete Zwangslage unter § 291 StGB zu subsumieren ist. Die Frage, ob auch rechtswidrige Geschäfte vom Wucherverbot erfaßt werden, sofern ein "dringendes Bedürfnis" nach der rechtswidrigen Leistung besteht, wird unter dd) erläutert, bevor abschließend unter ee) zu klären sein wird, ob ein Verschulden des Opfers an sei-

---

[295] Darauf stellt auch NK-*Kindhäuser* Rn. 30 unter Berufung auf BR-Drucks. 7/3441 S. 40 f. ab.

[296] Vgl. *Hohendorf* Individualwucher, S. 95: Das Merkmal der Zwangslage dürfe nicht "vollends konturenlos" werden.

[297] Vgl. auch *Lackner-Kühl* § 291 Rn. 8.

ner "Zwangslage" den Solidaritätsanspruch ausschließt und deswegen nicht unter § 291 StGB subsumiert werden kann.

aa) Zwangslagenrelevante Leistungen

Der Begriff der Zwangslage kennzeichnet dasjenige Ausmaß an "Rückständigkeit" des Bewucherten gegenüber einer Standardperson, bei dem das Strafrecht bereit ist, seine prinzipiell abstrakte, alle Akteure ausschließlich als unterschiedslose "Personen" wahrnehmende Betrachtungsweise aufzugeben und gleichsam hinter die "Maske" (lateinisch: *persona*) auf die individuellen Eigenschaften bzw. Umstände des handelnden Subjekts zu blicken. Der Charakter des Zwangslagenwuchers als eines Deliktes, welches eine der Erpressung nahestehende, aber gleichwohl regelmäßig nicht unter § 253 StGB zu subsumierende Konstellation unter dem rechtlichen Gesichtspunkt der Solidarität bewertet, legt es nahe, den Begriff der Zwangslage entweder in Anlehnung an das "empfindliche Übel" aus § 240 bzw. § 253 StGB oder aber eher in engem Zusammenhang mit den Voraussetzungen anderer strafrechtlicher Solidaritätspflichten, insbesondere §§ 323c und 34 StGB zu bestimmen. Dabei ist schon an dieser Stelle abzusehen, daß sich der Anwendungsbereich des Zwangslagenwuchers bei einer Entscheidung für die zweite Option im Vergleich zur herrschenden Ansicht tendenziell verkleinern würde, da in diesem Falle wohl kaum jedes "dringende Sach- oder Geldbedürfnis", sondern nur noch Gefahren für einen exklusiven Kreis besonders bedeutsamer Rechtsgüter als Zwangslage einzuordnen wären. Von der Entscheidung für eine der beiden Optionen hängt die Größe des Anwendungsbereichs des Zwangslagenwuchers somit entscheidend ab.

aaa) Parallelisierung mit "empfindlichem Übel"?

Mit dem Tatbestandsmerkmal des "empfindlichen Übels" stellt § 253 StGB für die dem Wucher konstruktiv ähnliche Konstellation der Erpressung durch Drohung ein Kriterium dafür zur Verfügung, unter welchen Bedingungen die Entscheidung einer prinzipiell zurechnungsfähigen Person auf Grund eines von außen wirkenden Drucks in der Weise als "unfrei" zu charakterisieren ist, daß das Deliktsopfer von ihr rechtlich distanziert werden kann. Die gleiche Aufgabe kommt im Rahmen des Wuchers der "Zwangslage" zu, so daß beide Begriffe als funktionale Äquivalente erscheinen. Für deren Parallelisierung könnte sprechen, daß auf diese Weise die Voraussetzungen für eine Entlastung des Opfers von der Verantwortung für den Vertragsschluß einheitlich zu formulieren wären.

Dennoch kommt eine Ausrichtung der Zwangslage an dem Merkmal des "empfindlichen Übels" auf dem Boden der bisher erarbeiteten Ergebnisse, nach denen der Wucher gerade nicht mit der Erpressung zu konfundieren ist, nicht in Betracht. Eine "Gleichschaltung" der beiden genannten Merkmale liefe aber gerade auf diese bereits oben abgelehnte "Erpressungslösung" hinaus. Das nach der hier vertretenen Auffassung nicht psychologisch, sondern normativ zu interpretierende Merkmal des empfindlichen Übels legt im Rahmen der Erpressung die Zurechnungsgrenzen frei vom Einfluß des Solidaritätsgedankens fest und steht aus diesem Grunde für eine Projektion in den Wuchertatbestand nicht zur Verfügung. Erst recht nicht in Betracht kommt eine Anknüpfung der Zwangslage an eine psychologisierende Deutung des empfindlichen Übels, wie sie von Teilen der Lehre schon für die Erpressung vertreten wird und bei der allenfalls "etwaige ungewöhnliche Reaktionen eines Überängstlichen"[298] aus dem Anwendungsbereich des Zwangslagenwuchers auszuschließen wären. Auch dies wäre mit dem Solidaritätsgedanken unvereinbar. Nach den Darlegungen des vorigen Kapitels ist "Solidarität" eine Kategorie, die erst *jenseits* der Sphäre abstrakter und deshalb inhaltlich beliebig zu füllender Rechte Bedeutung gewinnt und die als Garantie eines konkreten Freiheitspotentials unter Verallgemeinerungsbedingungen stehen muß.[299] Daß ein Übel psychologisch geeignet ist, "einen besonnenen Menschen im Sinne des Täterverlangens zu motivieren", kann daher für sich genommen noch keine Solidaritätspflicht auslösen; der Anwendungsbereich des Wuchers kann bei einem verzärtelten Dandy auf Grund dessen verfeinerter Bedürfnisse bzw. seiner größeren Empfindlichkeit nicht größer sein als etwa bei einer anspruchslosen Nonne.[300] Eine "Gleichsetzung" des Merkmals aus dem Erpressungstatbestand mit der Zwangslage kann deshalb in keiner Variante überzeugen.

bbb) Entwicklung des Zwangslagenbegriffs aus dem Solidaritätsgedanken

Soll die oben vorgenommene Einordnung des Wuchers als eines Solidaritätsdelikts dogmatisch nicht folgenlos bleiben, muß sich die Auslegung der Zwangslage statt an der Erpressung an anderen "Solidaritätsnormen" orientieren. Hierfür bieten sich im Strafrecht vor allem § 323c und möglicherweise auch § 34 StGB an. Damit ist freilich zunächst noch nicht mehr als eine ungefähre Richtung vorgegeben; der Begriff des Unglücksfalls[301] aus § 323c StGB kann, wie bereits oben dargelegt,[302] bereits deshalb nicht "eins zu eins" in den Wuchertat-

---

[298] Sch-Sch-*Eser* § 240 Rn. 9.
[299] *Pawlik* Notstand, S. 160 f.
[300] Während das Merkmal der Zwangslage nach *Sturm* JZ 1977, 84 (86) "bewußt ... nicht zu weit" zugeschnitten ist, hält es *Sickenberger* Wucher, S. 61– bedauernd – für "konturenlos". *Heinsius* Rechtsgut, S. 152 will die Zwangslage sogar ohne die beim "empfindlichen Übel" einschlägigen normativen Einschränkungen bestimmen; unter Wuchergesichtspunkten gölte damit eine noch subjektivere Perspektive als bei der Erpressung. Wie hier dagegen *Kersting* Politische Solidarität, S. 221 mit der Bemerkung, es sei "den Seltersmenschen nicht zuzumuten, den teuren Geschmack der Chapagnermenschen ... zu finanzieren."
[301] Die Tatbestandsvarianten "gemeine Gefahr oder Not" können im Hinblick auf den *Individual*wucher vernachlässigt werden.
[302] Vgl. oben 2. Abschnitt A II. 1).

bestand übernommen werden, weil dann sowohl der Miet- als auch der Kreditwucher aus dem Anwendungsbereich des Zwangslagenwuchers herausfielen. Daß der Zwangslagenwucher nicht als eine zu § 323c StGB akzessorische Norm aufgefaßt werden kann, stellt jedoch nach den bisherigen Ausführungen den Wertungszusammenhang zwischen beiden Delikten nicht in Frage. Somit erscheint es als Konsequenz der Einordnung des Zwangslagenwuchers in den Zusammenhang der Solidaritätsdelikte nicht nur denkbar, sondern sogar geboten, das Merkmal der Zwangslage aus diesem Kontext heraus zu erschließen.

(1) "Unglücksfall" bzw. Notstandsgefahr als Anhaltspunkte?

Nach der herrschenden Auffassung sind die Voraussetzungen, unter denen das Strafrecht "Solidarität" einfordert, nicht einheitlich ausgestaltet, was eine Ausrichtung der Zwangslage an den Merkmalen des "Unglücksfalls" bzw. der Notstandsgefahr beträchtlich erschwert: Nach der bereits erwähnten, vom Reichsgericht entwickelten und später vom BGH übernommenen Definition setzt der Begriff des Unglücksfalls in § 323c StGB ein plötzlich eintretendes Ereignis voraus, das einen erheblichen Schaden für Menschen verursacht oder zu verursachen droht.[303] Diese Definition wird von der Literatur jedenfalls im Kern gebilligt,[304] wobei als "erhebliche Schäden" neben solchen an Leib und Leben auch Beeinträchtigungen von Freiheit und sexueller Selbstbestimmung angesehen werden.[305] Sachgefahren hingegen sollen nur in sehr engem Rahmen für die Aktivierung der Hilfspflicht ausreichen. So verlangt *Seelmann* eine Beschränkung "auf solche Güter ... deren Verlust das Opfer im Kern seiner Rechtssubjektivität beeinträchtigt."[306] Davon könne nur die Rede sein, "wenn andernfalls die ‚bürgerliche Existenz' des Opfers in Gefahr geriete, also nur in Ausnahmefällen."[307] Andere Autoren begnügen sich mit der unspezifischeren Forderung, es müsse sich um "bedeutende Werte" handeln.[308] Nach wieder anderer, beson-

---

[303] RGSt 71, 187 (189); 75, 160 (162); RG DR 1942, 1223; BGHSt 6, 147 (152 f.); BGH NJW 1983, 350 (351).

[304] LK-*Spendel* § 323c Rn. 37 ff.; SK-*Rudolphi* § 323c Rn. 5; NK-*Seelmann* § 323c Rn. 10; *ders.* JuS 1995, 281 (284); Sch-Sch-*Cramer/Sternberg-Lieben* § 323c Rn. 5; *Lackner-Kühl* § 323c Rn. 2; *Tröndle/Fischer* § 323c Rn. 2a; *Maurach/Schroeder/Maiwald* BT/2 55/15; *Wessels/Hettinger* BT/1, Rn. 1044; *Arzt/Weber* BT 39/13; *Küpper* BT/1, 5/73; *Rengier* BT/2 42/2; *Küpper* BT/1 II 5/76; *Hohmann/Sander* BT/2 39/2; *Krey* BT/1 Rn. 806a; *Vermander* Unfallsituation, S. 49 ff.; *Kahlo* Handlungsform, S. 332.

[305] *Seelmann* JuS 1995, 281 (284).

[306] *Seelmann*, JuS 1995, 281 (284).

[307] *Seelmann* ebd.; ähnlich *Heil* Folgen, S. 64 (nur bei Zerstörung der materiellen Lebensgrundlage). Für die Ausrichtung staatlich eingeforderter Solidarität an den "materialen Grundbedingungen bürgerlicher Lebensführung" auch *Kersting* Politische Solidarität, S. 244.

[308] So etwa SK-*Rudolphi* § 323c Rn. 5, *Rengier* BT/2 42/5; ähnlich Sch-Sch-*Cramer/Sternberg-Lieben* § 323c Rn. 5 ("nur ausnahmsweise"); *Krey* BT/1 Rn. 806a; *Harzer* Unterlassene Hilfeleistung, S. 298 plädiert *de lege ferenda* dafür, daß § 323c StGB nur noch

ders strenger Auffassung hingegen sind reine Sachgefahren im Rahmen des § 323c StGB grundsätzlich gar nicht zu berücksichtigen.[309]

Mit dieser allgemein sehr restriktiven Auslegung des "Unglücksfalls" kontrastiert eine im Vergleich überaus großzügige Interpretation der Notstandsgefahr durch die herrschende Meinung. Der Wortlaut des § 34 StGB verlangt durch das Erfordernis des "wesentlichen Überwiegens" nur indirekt einen gewissen Mindestwert des bedrohten Rechtsguts; dies führt dazu, daß Bagatellgefahren zuweilen als für die Begründung einer Duldungspflicht nicht ausreichend bezeichnet werden.[310] Darüber hinaus aber finden sich in der Literatur kaum Hinweise darauf, daß das Eingriffsrecht des Notstandes nur unter engen Voraussetzungen bejaht werden könne.[311] Erst in neuerer Zeit sind Tendenzen zu beobachten, auch die Notstandsgefahr restriktiver zu interpretieren und so die "Einstiegsbedingungen" der verschiedenen strafrechtlichen Solidaritätspflichten stärker aneinander anzugleichen.[312] So gelangt *Pawlik*, ausgehend von einer

---

bei einer "Verletzung existentieller Rechte, insbesondere ... Lebensgefährdung" eingreifen soll. Keine Einschränkungen hingegen bei *Lackner-Kühl* § 323c Rn. 2; *Hohmann/Sander* BT/2 39/2; *Geilen* Jura 1983, 78 (84); und LK-*Spendel* (§ 323c Rn. 29), der sogar eine Pflicht zur "Ehrenrettung" im Rahmen des § 323c StGB für möglich hält (Rn. 30).

309 *Arzt/Weber* BT 39/3; *Otto* BT, 67/4; *Küpper* BT/1 II 5/76; *Schmidhäuser* BT 16/5; *Haft* BT, S. 285; *Vermander* Unfallsituation, S. 24 ff., 50; *Frellesen* Zumutbarkeit, S. 150 ff; *Kahlo* Handlungsform, S. 335; *Haubrich* Unterlassene Hilfeleistung, S. 253. Im Ausgangspunkt deutlich weiter als die h.M. hingegen *Pawlik* GA 1995, 360 (366), der aus seiner Konzeption des § 323c StGB als einer Vorschrift "zur Verhinderung sozialer Entropie und damit zur Stabilisierung des Ordnungsrahmens" der individuellen Freiheit der Bürger folgert, daß "auch der lapidarste Ladendiebstahl" als Angriff auf diese Freiheit und damit als Unglücksfall anzusehen sei.

310 LK-*Hirsch* § 34 Rn. 76; SK-*Günther* § 34 Rn. 18; Sch-Sch-*Lenckner/Perron* § 34 Rn. 40; *Jakobs* AT, 13/33. LK-*Hirsch* § 34 Rn. 38 will zusätzlich die von ihm sogenannten "Jedermannsgefahren" aus dem Notstand ausklammern; ein ähnliches Kriterium verwenden auch *Maurach/Zipf* AT/1 27/23, wenn sie eine über das "Normalrisiko" hinausgehende Not verlangen. Auch nach diesen Auffassungen bleibt die Eingangsschwelle zum rechtfertigenden Notstand aber eher niedrig, da die Gefahren *Hirsch* und *Maurach/Zipf* zufolge nicht nach der Schwere, sondern nach der Herkunft der Gefahr zu differenzieren sind; kritisch zu der Heterogenität der von Hirsch unter den Begriff der "Jedermannsdelikte" subsumierten Gefahren *Pawlik* Notstand, S. 157 f.

311 Nach *Lenckner* GS Noll, 243 (251) ist jede weitere Restriktion unvereinbar mit den Anforderungen des Wortlauts von § 34 StGB.

312 Eine Ausnahme stellt insofern die Position *Bockelmanns* in JZ 1959, 495 (498) dar, nach der die Rechtfertigungswirkung des Notstandes davon abhängen soll, daß für die beabsichtigte Rettungshandlung nicht die Aufopferung eines beliebigen Gutes gleicher Art in Betracht komme, sondern gerade der Zugriff entweder auf das *in concreto* beanspruchte oder aber auf dieses oder ein *bestimmtes* anderes Gut vonnöten sei. Diese überaus willkürliche Differenzierung ist zu Recht weithin auf Kritik gestoßen; vgl. LK-*Hirsch* § 34 Rn. 24, 50; NK-*Neumann* § 34 Rn. 64; Sch-Sch-*Lenckner/Perron* § 34 Rn. 21; *Lackner-Kühl* § 34 Rn. 4; *Köhler* AT S. 289; *Roxin* AT/1 16/21; *Otto* AT 8/176; *Maurach/Zipf* AT/1 27/24; *Gropp* Schwanger-

sich auf *Hegel* berufenden Theorie des rechtfertigenden Notstands, beim Gefahrbegriff des § 34 StGB zu einer ganz ähnlichen Auslegung wie *Seelmann* sie beim Merkmal des Unglücksfalls im Rahmen des § 323c StGB vertritt: Notstandsfähig seien die gesellschaftlich anerkannten "Bedingungen der Möglichkeit" für ein je individuelles Leben.[313] Anders als noch *Hegel* erkennt *Pawlik* dabei jedoch nicht nur das Leben als eine solche unbestreitbare Voraussetzung von "Besonderheit" an, sondern verweist auf den soziologischen Befund der Individualisierung und Ausdifferenzierung der Lebensstile, weshalb neben dem nackten Überleben auch die Voraussetzungen für ein Minimum an gesellschaftlicher "Selbstdarstellung" garantiert werden und Maßnahmen zu ihrer Rettung vom Notstandsrecht gedeckt sein müßten.[314] Auch wenn damit alles das umfaßt sein soll, was "der einzelne nach sozialem Urteil mindestens zur Verfügung haben muß, um seine wirtschaftliche Existenz zu sichern und sich auch im übrigen als vollwertiger Teilnehmer am sozialen Leben anerkannt zu wissen",[315] führt die von *Pawlik* vertretene Konzeption des Notstandsrechts verglichen mit der herrschenden Auffassung zu einem erheblich engeren Anwendungsbereich der Vorschrift, da zahlreiche "leichtgewichtige" Interessen nicht als anerkannte Minimalvoraussetzung jeden gelungenen Lebens qualifiziert werden können und sich somit nicht gegen die Position des Eingriffsadressaten durchzusetzen vermögen; vielmehr kann die Pflicht zur Duldung eines eigenmächtigen Eingriffs von außen nur durch ähnlich massive Verlusterwartungen auf seiten des Solidaritätsberechtigten ausgelöst werden wie im Rahmen des § 323c StGB.

Noch weitergehend als *Pawlik* plädiert *Köhler* sogar für eine völlige Gleichsetzung der Voraussetzungen des rechtfertigenden Notstandes einerseits und der – von ihm ebenfalls äußerst restriktiv interpretierten – Hilfspflicht nach § 323c StGB andererseits.[316] Auch *Köhler* untermauert seine Position mit rechtsphilosophischen Argumenten: Das "rechtliche Dasein der freien Person" müsse sich – als ein Verhältnis wechselseitiger Anerkennung – auf das Dasein anderer "beziehen", weshalb deren Fortexistenz zu erhalten sei.[317] Auf dieser Grundlage lassen sich Solidaritätspflichten tatsächlich nur in einem sehr engen Umfang begründen; strenggenommen gibt es außer dem Lebensnotstand keine Gefahr, die ohne Abstriche an der Konsistenz der zugrundegelegten Argumentation noch als notstands- oder hilfspflichttauglich anzusehen wäre.

---

schaftsabbruch, S. 87; *Pawlik* Notstand, S. 156 f.; *Grebing* GA 1979, 81 (87); *Küper* JZ 1976, 515 (516).

[313] *Pawlik* Notstand, S. 160.

[314] *Pawlik* Notstand, S. 160 f.

[315] *Pawlik* Notstand, S. 162.

[316] *Köhler* AT, S. 285.

[317] *Köhler* ebd.

(2) Grundlinien einer selbständigen Lösung

Auch auf der Grundlage der in dieser Arbeit entwickelten Konzeption der Solidaritätspflichten ergibt sich, daß nicht irgendeine Gefahr für ein beliebiges Rechtsgut die fundamentale Trennung zwischen den Rechtskreisen der einzelnen Bürger als den "Normalzustand" des Rechts dispensieren und das Strafrecht auf ein "polizeilichen" Kriterien zugängliches Zurechnungssystem umstellen kann. Eine solche Zuständigkeitsverschiebung kommt vielmehr nur dann in Betracht, wenn es um eine Leistung geht, die auch in anderen rechtlichen Zusammenhängen als unter Solidaritätsgesichtspunkten relevant angesehen wird. Daraus ergibt sich, daß nach der hier zu vertretenden Auffassung die Zwangslage – und auch die Notstandsgefahr – eine gegenüber der herrschenden Meinung deutlich engere Interpretation erfahren muß: Beide Tatbestandsmerkmale müssen sich ebenso wie der Unglücksfall des § 323c StGB auf ein Gut beziehen, dessen Verfügbarkeit für jedermann die Rechtsordnung nicht als gleichgültig ansieht.

Trotz dieser gemeinsamen Mindestvoraussetzung für alle an eine Notlage anknüpfenden strafrechtlichen Solidaritätspflichten ist der Anwendungsbereich des Zwangslagenwuchers deutlich weiter als derjenige des rechtfertigenden Notstandes und der unterlassenen Hilfeleistung: Während etwa Obdachlosigkeit unter Notstandsgesichtspunkten eine längerfristige Einquartierung gegen den Willen des Berechtigten nicht zu rechtfertigen vermag[318] und auch aus § 323c StGB ersichtlich keine Verpflichtung zum Eingehen von Mietverträgen hergeleitet wird, wird der Mietwucher als ein besonders relevanter Fall des § 291 StGB vom Gesetz besonders hervorgehoben. Diese unterschiedliche Behandlung derselben Notlage im Rahmen unterschiedlicher Solidaritätsnormen ist darauf zurückzuführen, daß sowohl § 323c als auch § 34 StGB neben den Voraussetzungen auf der "Gefahrenseite" zusätzlich verlangen, auch die "Kosten" der Rettung für den Pflichtigen im Rahmen *zusätzlicher* Tatbestandsvoraussetzungen zu berücksichtigen. Während die Vorschrift des § 323c StGB dies unter dem Gesichtspunkt der Zumutbarkeit fordert, setzt § 34 StGB ein wesentliches Überwiegen des zu rettenden Interesses über das aufzuopfernde voraus. Auch unter dem Gesichtspunkt der *Erforderlichkeit* des vom Pflichtigen verlangten Handelns bzw. Duldens ist dessen Beanspruchung im Notstand und bei Un-

[318] OLG Düsseldorf NJW 1982, 2678 (2679 f.); AG Wiesbaden NJW 1991, 188; *Artkämper* Hausbesetzer, S. 223 ff.; *Ostendorf* JuS 1981, 640 (641); vgl. auch *Degenhart* JuS 1982, 330 (331).

glücksfällen vor allem in zeitlicher Hinsicht deutlich eingeschränkt, da bei Dauergefahren stets die staatlich organisierte Hilfe vorrangig zuständig ist.[319]

Wenn es beim Wucher dagegen weder einer gesonderten Zumutbarkeitsprüfung noch einer Abwägung der Täterinteressen mit denen des Opfers bedarf, so berücksichtigt das Strafrecht damit, daß die Beanspruchungsintensität für den Solidaritätspflichtigen im Rahmen des § 291 StGB wesentlich geringfügiger ausfällt als im Anwendungsbereich des Notstandes und des § 323c StGB: Während die letzteren Vorschriften auch einen "materiellen" – jedenfalls vorläufigen[320] – Umverteilungsaspekt beinhalten – also etwa auf eine dauerhafte Entziehung der Verfügungsmacht über eine Wohnung hinausliefen –, ist dies beim Wucherverbot nicht der Fall; hier darf der Pflichtige die Zwangslage des anderen sogar dazu benutzen, für sich selber einen ansehnlichen Gewinn zu erwirtschaften,[321] der lediglich die Grenze der "Auffälligkeit" nicht überschreiten darf. Überdies ist dem Täter die durch § 291 StGB statuierte Unterlassungspflicht auch schon deshalb zumutbar, weil ihm nur der Verzicht auf solche Vorteile angesonnen wird, die ihm ohne die Zwangslage des anderen ohnehin nicht erreichbar wären.[322]

Wenn der Wucher neben dem Erreichen der allgemeinen "Solidaritätshöhe" keine weiteren einschränkenden Kriterien vorsieht, umfaßt der Kreis der prinzipiell zwangslagentauglichen Leistungen ohne weitere Einschränkungen hinsichtlich der "Zumutbarkeit" alles das, was von der Rechtsordnung prinzipiell als solidaritätsrelevant anerkannt wird. Damit wird schon an dieser Stelle deutlich, daß es jedenfalls nicht ausreicht, nur bestimmte Luxusgüter aus dem Anwendungsbereich des Zwangslagenwuchers auszuschließen;[323] vielmehr können nur Güter von rechtlich herausgehobener Bedeutung von diesem Tatbestand erfaßt sein.

(3) Konkretisierung

---

[319] Vgl. zum Vorrang staatlicher Notbekämpfung von der Beanspruchung privater eindringlich *Pawlik* Notstand, S. 182 ff., 218 ff. Auch OLG Düsseldorf NJW 1982, 2678 (2679 f.), AG Wiesbaden NJW 1999, 188 und *Degenhart* JuS 1982, 330 (331) stellen in den Obdachlosenfällen auf diesen Gesichtspunkt ab, der auch im Rahmen der unterlassenen Hilfeleistung Geltung zu beanspruchen hat; vgl. *Pawlik* GA 1995, 360 (370 f.).

[320] Zur Entschädigung des Eingriffsadressaten beim Notstand nach § 904 BGB und dem gleichwohl bestehenden Zumutungscharakter des Eingriffs *Pawlik* Notstand, S. 10 f.

[321] Zur relevanten Grenze des "auffälligen Mißverhältnisses" siehe unten 2. Abschnitt C.

[322] Nur in diesem Fall läßt sich davon sprechen, daß die Zwangslage ausgebeutet wird; Wucher läge dann nicht vor, wenn das Opfer sich auch ohne Zwangslage aus reiner Gutmütigkeit auf das Geschäft eingelassen hätte.

[323] So tendenziell *Heinsius* Rechtsgut, S. 156.

Woran läßt sich nun ermessen, welche Güter und Leistungen von der Rechtsordnung in einer Weise herausgehoben werden, daß es statthaft ist, das Zurechnungssystem der Eigenverantwortlichkeit zu durchbrechen, sobald diese auf dem Spiel stehen? Nach dem Vorangegangenen kann diese Frage nur durch einen Blick auf diejenigen Vorschriften beantwortet werden, welche aus der Perspektive anderer Rechtsgebiete eine Unterscheidung zwischen solidaritätsrelevanten und -irrelevanten Leistungen treffen:

(a) Anhaltspunkte aus dem Sozialhilferecht

Als wichtiger Anhaltspunkt kommen zunächst die Vorschriften des Sozialhilferechts in Betracht. Mit den im Bundessozialhilfegesetz formulierten Ansprüchen auf "Hilfe zum Lebensunterhalt" (§§ 11 ff. BSHG) und "Hilfe in besonderen Lebenslagen" (§§ 27 ff. BSHG)[324] garantiert der Staat dem einzelnen ein Auskommen, welches sich anders als noch im Rahmen der klassischen Armenfürsorge[325] nicht an den physiologischen Notwendigkeiten orientiert, sondern daran, dem Bedürftigen ein "menschenwürdiges", so weit als möglich sozial integriertes Leben zu erhalten (§ 1 Absatz 2 Satz 1 BSHG).[326] Damit orientiert sich das Sozialhilferecht an demselben Maßstab, an dem *Seelmann* und *Pawlik* die Interpretation der unterlassenen Hilfeleistung bzw. des Notstands ausrichten wollen. Auf der Grundlage der hier vertretenen Position bietet sich der sozialhilferechtliche Katalog von Gütern und Leistungen, mit dem die Rechtsordnung die jedem Bürger zustehende Minimalausstattung mit Lebensgütern definiert,[327] auch als Anhaltspunkt für die Interpretation der Zwangslage an, die demnach dann zu bejahen wäre, wenn es für das Opfer um den Bezug einer Leistung geht, die entweder bei der Berechnung des Sozialhilferegelsatzes[328] berücksichtigt wird oder die direkt vom Sozialhilfeträger übernommen wird.

---

[324] Zu dieser Unterscheidung *Schoch* Sozialhilfe, S. 22 f.; Fichtner-*Fichtner* § 1 Rn. 11; Fichtner-*Wenzel* § 11 Rn. 8 ff. Zur Hilfe zum Lebensunterhalt Fichtner-*Wenzel* § 11 Rn. 1 ff.

[325] Fichtner-*Fichtner* § 1 Rn. 5. Zur (Vor-) Geschichte des Sozialhilfe allgemein *Schoch* Sozialhilfe, S. 7 ff; *Schulte/Trenk-Hinterberger* Sozialhilfe, S. 37 ff.

[326] *Schoch* Sozialhilfe, S. 22; Fichtner-*Fichtner* §1 Rn. 12; *Schulte/Trenk-Hinterberger* Sozialhilfe, S. 104, 148 ("konventionelles Existenzminimum"). Zur "Akzessorietät" der im Rahmen von Solidaritätsbestimmungen maßgeblichen Standards zu den gesellschaftlichen Vorstellungen bezüglich der "Minimalbedingungen" von Persönlichkeitsentfaltung vgl. *Pawlik* Notstand, S. 161.

[327] *Schoch* Sozialhilfe, S. 120 f.; Fichtner-*Wenzel* § 11 Rn. 1. Auch in anderen Rechtsbereichen setzen die Regelsätze des Sozialhilferechts Standards, so vor allem im Steuerrecht, wo das steuerfreie Existenzminimum nach dem sozialhilferechtlichen Gesamtbedarf bestimmt wird. (BVerfG NDV 1999, 413; *Schoch* Sozialhilfe, S. 125; Fichtner-*Wenzel* § 22 Rn. 2).

[328] Gemäß § 22 Abs. 1 BSHG werden laufende Leistungen zum Lebensunterhalt außerhalb von Anstalten, Heimen und ähnlichen Einrichtungen nach Regelsätzen gewährt (dazu *Schoch* Sozialhilfe, S. 122; Fichtner-*Wenzel* § 22 Rn. 1 ff.). Wegen des in § 3 BSHG statuierten

Eine Zwangslage könnte danach vor allem bei den Grundgütern des täglichen Lebensbedarfs wie Nahrungsmitteln,[329] Bekleidung[330] oder Hausratsgegenständen[331] vorliegen. Darüber hinaus kommen aber auch kulturelle Aktivitäten wie etwa Musikunterricht in Betracht,[332] da zum notwendigen Lebensunterhalt nach § 12 Absatz 1 BSHG ausdrücklich auch "Beziehungen zur Umwelt und die Teilnahme am kulturellen Leben" gehören.[333] In dem klassischen, vom Reichsgericht ablehnend entschiedenen Fall eines stimmbegabten Tischlers, der sich zum Opernsänger ausbilden lassen will, könnte demnach eine Zwangslage zu bejahen sein.[334] Daß die Sozialhilfe nicht am nackten Überleben, sondern an der Ermöglichung einer sozialen Existenz des Bedürftigen ausgerichtet ist, belegt auch die Berücksichtigungsfähigkeit von Kosten für Geburtstage und andere Familienfeiern.[335] Einen wichtigen Posten in den Leistungen des Sozialhilfeträgers stellen zudem die Kosten für eine angemessene Unterbringung des Bedürftigen dar (vgl. § 3 Abs. 1 DVO § 22 BSHG), denn zu den Minimalbedingungen "bürgerlicher Existenz" gehört jedenfalls auch ein "Dach über dem Kopf".[336]

Das Sozialhilferecht zeigt aber zugleich, daß der Bereich "Wohnung" nicht uneingeschränkt "zwangslagentauglich" ist. Nach den dort einschlägigen Vorschriften wird ein Wohnungswechsel nur dann finanziell unterstützt, wenn dieser "angemessen" im Sinne des § 3 Absatz 2 BSHG ist. Dies soll dann zu bejahen sein, wenn "vernünftige Gründe" wie etwa die Nähe zum Arbeitsplatz, zu einer Schule oder zu Verwandten geltend gemacht werden können.[337] Dieselben Kriterien können auch für die Feststellung einer Zwangslage herangezogen werden. Demnach liegt eine solche nicht vor, wenn das Opfer etwa nur um eines

---

Grundsatzes der Individualität der Sozialhilfe (dazu *Schoch* Sozialhilfe, S. 92 ff.) muß jedoch nach § 22 Absatz 1 Satz 2 BSHG von den Regelsätzen abgewichen werden, soweit dies nach der Besonderheit des Einzelfalles geboten ist, was in bestimmten Bereichen wiederum nach vertypten Bemessungssätzen geschieht (gemäß § 3 DVO § 22 BSHG).

[329] *Schoch* Sozialhilfe, S. 122; Fichtner-*Wenzel* § 12 Rn. 6.

[330] Fichtner-*Wenzel* § 12 Rn. 33 f.

[331] Fichtner-*Wenzel* § 12 Rn. 37 ff.

[332] Fichtner-*Wenzel* § 12 Rn. 46 (Klarinettenunterricht).

[333] Dazu BVerwGE 35, 178; 36, 256; *Schoch* Sozialhilfe, S. 29; Fichtner-*Wenzel* § 12 Rn.1; *Lüke/Beck* JuS 1994, 22 (24).

[334] RG Seuff. Archiv 61 (1906), 439; kritisch zu dieser "statischen" Notlagenkonzeption des RG *Arzt/Weber* BT 24/11.

[335] Vgl. Fichtner-*Wenzel* 12/45.

[336] *Schoch* Sozialhilfe, S. 133 ff., Fichtner-*Wenzel* § 11 Rn. 8 ff. Die hohe Relevanz einer Wohnung für den durch "Solidarität" abgedeckten Bereich zeigt sich zudem darin, daß sich die sprichwörtlich "sozialen" zivilrechtlichen Vorschriften über die Wohnraummiete auch nach dem Ende der Wohnungszwangswirtschaft in geradezu klassischer Weise dadurch auszeichnen, daß sie die Vertragsfreiheit in vielfacher Weise einschränken (*Brox/Walker* Schuldrecht BT, Rn. 155; *Medicus* Schuldrecht BT, Rn. 237 ff.; ausführlich zur Geschichte des "sozialen Mietrechts" Staudinger-*Emmerich* vor § 535 Rn. 1 ff.).

[337] Fichtner-*Wenzel* § 12 Rn. 17.

"Tapetenwechsels" oder des Strandlebens willen an die See ziehen will, wohl aber dann, wenn es dort aus beruflichen oder familiären Gründen eine neue Bleibe sucht.[338] Ebenso ist derjenige kein taugliches Wucheropfer, der eine Wohnung deshalb zu wucherischen Preisen mietet, weil er ansonsten nicht in der von ihm bevorzugten Straße mit, sondern nur in einer Querstraße ohne Vorgärten wohnen könnte.

(b) Anhaltspunkte in den Vollstreckungsschutznormen

Gegen die Relevanz der sozialhilferechtlichen Vorschriften für die Bestimmung der Zwangslage in § 291 StGB liegt indes der Einwand nahe, daß diese Normen Ansprüche des bedürftigen Bürgers gegen den *Staat* regeln und deshalb nicht ohne weiteres zur Bestimmung des Pflichtenumfanges im Verhältnis der *Bürger untereinander* zu übertragen seien. Zur Entkräftung dieses Einwandes kommt den Vorschriften zum Schuldnerschutz in der Zwangsvollstreckung besonderes argumentatives Gewicht zu:[339] Diese bestimmen in §§ 811 ff., 850 ff. ZPO, daß auf bestimmte Vermögensgegenstände eines Schuldners auch dann nicht zwangsweise zugegriffen werden kann, wenn nur auf diese Weise ein fälliger zivilrechtlicher Anspruch zu befriedigen wäre. Zwischen dem Kreis der pfändungsfreien Gegenstände und den von der Sozialhilfe umfaßten Leistungen bestehen dabei weitgehende Entsprechungen: Nach § 811 ZPO Absatz 1 Nr. 1 sind dem Zugriff des Gläubigers Einrichtungsgegenstände, Kleidung und Haushaltsgeräte insoweit entzogen, als "der Schuldner ihrer zu einer seiner Berufstätigkeit und seiner Verschuldung angemessenen, bescheidenen Lebens- und Haushaltsführung bedarf"; Nrn. 5 und 6 erfassen die zur Fortsetzung einer Erwerbstätigkeit erforderlichen Gegenstände, Nr. 7 auch die für die Ausübung bestimmter Berufe erforderliche Kleidung, Nr. 10 für den Unterricht oder für die religiöse Andacht bestimmte Bücher.

Diese Zusammenstellung zeigt, daß auch das Vollstreckungsschutzrecht auf denselben Maßstab der "bürgerlichen Existenz" zurückgreift, der auch das Sozialhilferecht beherrscht; dem Bürger soll ein bestimmter "Korb" verschiedener Grundgüter jedenfalls zustehen. Beansprucht wird hier aber nicht der Staat, sondern der Gläubiger, dem die Durchsetzung seiner wohlerworbenen Ansprüche verweigert wird.[340] Damit richtet sich die Solidaritätspflicht des Gläubigers

---

[338] Vgl. NK-*Kindhäuser* § 291 Rn. 31.

[339] Für eine indizielle Bedeutung des § 811 ZPO bei der Bestimmung des Umfangs strafrechtlicher Solidaritätspflichten bereits *Pawlik* Notstand, S. 162.

[340] Diesen Zusammenhang verkennen diejenigen Autoren, die an dieser Stelle argumentieren, der Staat dürfe nicht mit der einen Hand wegnehmen, was er mit der anderen sogleich wieder zuteilen müßte [Musielak-*Becker* § 811 Rn. 1; *Schuschke/Walker* § 811 Rn. 1; StJ-*Münzberg* § 811 Rn. 3; *Brox/Walker* Rn. 277; *Lüke/Beck* JuS 1994, 22 (24)]. Die durch die Vollstrekkungsschutzvorschriften bewirkte Verkürzung der zivilrechtlich wohlbegründeten Ansprüche

prinzipiell nach denselben Kriterien wie die Fürsorgepflicht des Staates.[341] Diese Entsprechung von Vollstreckungsschutz und Sozialhilfe wird durch das Zusammenspiel der Pfändungsschutzvorschriften mit dem in § 2 BSHG normierten Prinzip der Subsidiarität der Sozialhilfe unterstrichen, dem zufolge dem Bürger solange kein Anspruch auf staatliche Hilfe zusteht, wie er selbst noch über ausreichende Mittel verfügt. Eben diese letzten eigenen Ressourcen werden durch den Vollstreckungsschutz dem Zugriff des Gläubigers entzogen.[342] Diese Parallelität zwischen den sozialhilferechtlichen Ansprüchen des einzelnen gegen den Staat und seinen Schonungsansprüchen gegenüber anderen Bürgern rechtfertigt es, auch bei der Bestimmung der Zwangslage auf diesen einheitlichen Solidaritätsmaßstab zurückzugreifen und das Tatbestandsmerkmal sowohl mit

---

des Gläubigers kann auch keineswegs durch den Hinweis relativiert werden, dieser habe eben das Risiko der Bonität seines Vertragspartners zu tragen (so aber StJ-*Münzberg* § 811 Rn. 4; Musielak-*Becker* § 811 Rn. 1), wird doch durch die Vorschriften der §§ 811 ff., 850 ff. ZPO *vorhandenes* Schuldnervermögen dem Zugriff des Gläubigers entzogen (kritisch zum "Risikoargument" auch *Brehm* JZ 1983, 867 f.). Das Argument, ohne Pfändungsschutz würde das Bonitätsrisiko vom Gläubiger auf die Allgemeinheit abgewälzt (Musielak-*Becker* § 811 Rn. 1; ähnlich *Bruns/Peters* Zwangsvollstreckungsrecht, S. 141, nach denen sich der Gläubiger in einem solchen Fall "auf Kosten der Allgemeinheit" befriedigte), stellt demnach die Verhältnisse geradezu auf den Kopf.

341 Darauf verweisen insbesondere StJ-*Münzberg* § 811 Rn.3; Musielak-*Becker* § 811 Rn. 1; Zöller-*Stöber* § 811 Rn.1. Dieses Zwischenergebnis wird auch nicht dadurch in Frage gestellt, daß die Entsprechung von sozialhilferechtlichen Ansprüchen einerseits und Pfändungsfreigrenzen andererseits nicht ohne Einschränkungen gilt. Besonders augenfällig wird dies bei der unterschiedlichen Behandlung der *Wohnung* in beiden Regelungszusammenhängen: Trotz ihrer Bedeutung im Sozialhilferecht – und auch in § 291 StGB – wird die Wohnung in der Zwangsvollstreckung nur sehr unvollkommen geschützt. Eine Vorschrift, welche die Wohnung prinzipiell von der Pfändung ausnähme, existiert hier nicht; allenfalls ist dem Schuldner nach § 721 oder § 794a ZPO eine Räumungsfrist oder in besonderen Fällen ein Aufschub der Vollstreckung nach der Härtefallklausel des § 765a ZPO zu gewähren (*Brox/Walker* Zwangsvollstreckungsrecht, Rn. 1061). Gleichwohl spricht dies trotz der ausdrücklichen Erwähnung des Mietwuchers in § 291 StGB nicht gegen die prinzipielle Eignung der Pfändungsschutzvorschriften zur Konkretisierung des Merkmals der Zwangslage; vielmehr wird auch hier auf die je nach Regelungszusammenhang unterschiedlichen "Kosten" der Solidaritätsrelevanz eines Gutes für den jeweils Solidaritätspflichtigen Rücksicht genommen: Der nur geringe Schutz der Wohnung im Zwangsvollstreckungsrecht ist dem Umstand geschuldet, daß den Gläubiger eine Einbeziehung der Wohnung in den Kreis der pfändungsfreien Gegenstände besonders hart träfe. Wäre das unbewegliche Vermögen des Schuldners dem Zugriff des Gläubigers immer dann entzogen, wenn es zugleich als Wohnung des Schuldners diente, würde jenem in vielen Fällen gerade der wertvollste Teil des Schuldnervermögens vorenthalten. Dieses Ergebnis erschiene um so fragwürdiger, je luxuriöser der Schuldner wohnt; tendenziell würde der wohlhabende Schuldner privilegiert (*Lippross* Grundlagen, S. 148).

342 StJ-*Münzberg* § 811 Rn. 3; Musielak-*Becker* § 811 Rn. 1; *Baur/Stürner* Zwangsvollstreckungsrecht, Rn. 339; *Schneider/Becher* DGVZ 1980, 177 (179); *Lüke/Beck* JuS 1994, 22 (24). Damit wird der Sozialhilfeträger auf Kosten des privaten Gläubigers entlastet.

Hilfe der Pfändungsschutz- als auch mit Hilfe der Vorschriften aus dem Sozialhilferecht zu konkretisieren.

Diese Schlußfolgerung wäre allerdings dann vorschnell, wenn die Entsprechungen zwischen beiden Rechtsmaterien rein zufälliger Art wären und der Gläubiger nicht aus Solidaritätsgründen, sondern auf Grund rein zivilrechtlicher Wertungen auf die Realisierung seines Anspruchs verzichten müßte. Diese Auffassung wird entgegen der herrschenden Meinung, nach der auch die Vollstreckungsschutzvorschriften ebenso wie die Sozialhilfe vor dem Hintergrund des Sozialstaatsprinzips und der Idee der Menschenwürde zu erklären sind,[343] von einem Teil der Literatur vertreten.[344] Allerdings vermag diese These nicht zu überzeugen. Das zu ihrer Unterstützung vorgetragene Argument, es dürfe keine sozialstaatliche Fürsorge auf Kosten der Gläubiger geben,[345] trifft nicht die Einordnung der Pfändungsschutzvorschriften in den Zusammenhang des Sozialstaatsgedankens, sondern leugnet vielmehr deren prinzipielle Berechtigung, da in der Tat durch die §§ 811 ff., 850 ff. der private Gläubiger zugunsten des Schuldners belastet wird. An diesem Befund ändert die Etikettierung dieser Vorschriften als "privatrechtlich" nichts.[346] Darüber hinaus vermag die hier kritisierte Ansicht auch nicht zu erklären, auf *welchen* zivilistischen Wertungen der Vollstreckungsschutz beruhen soll. Wenn *Jauernig* den Konflikt "im Rahmen der Privatrechtsordnung unter Berücksichtigung der Wertentscheidungen des GG" lösen möchte[347] und ebenso wie *Henckel* auf eine allgemeine Tendenz zur Humanisierung des Zwangsvollstreckungsrechts und auf den Menschenwürdegedanken verweist,[348] so setzt dies die Beeinflußbarkeit privatrechtlicher Wertungen durch öffentlich-rechtliche "Überlagerungen" gerade voraus.[349] Das Argument schließlich, daß sich der Vollstreckungsschutz ausschließlich mit der Abgrenzung privater Rechte und nicht mit dem Verhältnis Bürger – Staat beschäftige und deshalb insgesamt als "zivilrechtlich" einzuordnen sei,[350] steht nicht nur im Widerspruch zu der heute völlig herrschenden Einordnung des Zwangsvollstreckungsrechts als einem Teil des öffentlichen Rechts,[351] sondern

---

343 *Schuschke/Walker* § 811 Rn. 1; MünchKom(ZPO)-*Schilken* § 811 Rn. 2; StJ-*Münzberg* § 811 Rn. 2; Musielak-*Becker* § 811 Rn. 1; Baumbach-*Hartmann* § 811 Rn. 1; Zöller-*Stöber* § 811 Rn. 1; *Brox/Walker* Zwangsvollstreckungsrecht, Rn. 277; *Lüke/Beck* JuS 1994, 22 (24).

344 *Henckel* Prozeßrecht, S. 351 ff.; *Scherf* Vollstreckungsverträge, S. 73 ff.; *Jauernig* Zwangsvollstreckungsrecht, S. 138; *Häsemeyer* Henckel-FS, S. 353 (356).

345 *Häsemeyer* ebd.

346 So auch StJ-*Münzberg* § 811 Rn. 4 Fn. 22 a.E.

347 *Jauernig* Zwangsvollstreckungsrecht, S. 138.

348 *Jauernig* ebd.; *Henckel* Prozeßrecht, S. 357.

349 Vgl. *Brehm* JZ 1983, 867.

350 *Henckel* Prozeßrecht, S. 350 f.

351 *Rosenberg/Gaul/Schilken* Zwangsvollstreckungsrecht, S. 6 f.; *Schuschke/Walker* Vorbem. Rn. 3; MünchKom(ZPO)-*Schilken* § 811 Rn. 2; StJ-*Münzberg* vor § 704 Rn. 16; Zöller-

besagt auch nichts über die Ausstrahlungsmöglichkeiten öffentlich-rechtlicher Richtungsentscheidungen auf andere Rechtsgebiete. "Rein privatrechtliche" Wertungen liegen damit dem Vollstreckungsschutz jedenfalls nicht zugrunde,[352] vielmehr besteht zwischen ihnen und dem Solidaritätsgedanken ein enger systematischer Zusammenhang.

Auch aus den Vollstreckungsschutzvorschriften selber lassen sich zusätzliche Fallgruppen möglicher Zwangslagen herleiten. Insbesondere der in § 811 ZPO stark ausgeprägte Gedanke der Sicherung der Berufstätigkeit spielt hierbei eine Rolle. Überträgt man dieses Anliegen auf den Zwangslagenwucher, so ergibt sich daraus eine wichtige Ergänzung für den Umfang der wuchertauglichen Leistungen: Um eine Zwangslage handelt es sich nämlich auch dann, wenn der Bewucherte vom Täter eine Leistung erwerben will, mit der er den Erhalt seiner Arbeitsfähigkeit sichert, also wenn etwa ein Schriftsteller zu einem wucherischen Preis einen Schreibblock erwirbt. Das gleiche muß auch für denjenigen gelten, für den der Abschluß der Berufsausbildung auf dem Spiel steht. Als Zwangslagenwucher kommt wegen der Bedeutung der Berufsausübung auch die Konstellation des sogenannten "Lohnwuchers" in Betracht, bei der ein Arbeitnehmer zu einem "Hungerlohn" angestellt wird,[353] während der dem Täter versprochene bzw. zugewendete Vermögensvorteil in dem Wert der vom Opfer geleisteten Arbeit besteht.

(c) Weitere zwangslagentaugliche Leistungen

Zwangslagentauglich sind neben den genannten Posten selbstverständlich auch die Rechtsgüter, deren Gefährdung eine Hilfspflicht nach § 323c StGB oder eine Aufopferungspflicht nach Notstandsregeln auslösen kann. Eine Zwangslage kann demnach auch vorliegen, wenn es um die Abwendung von Lebensgefahren geht wie etwa beim Erwerb eines Medikaments. Keine Zwangslage besteht hingegen dann, wenn das Opfer ein Luxusprodukt wie etwa ein bestimmtes Kunstwerk oder ein besonders raffiniert ausgestattetes Auto erwerben will. Ein solches Bedürfnis kann, selbst wenn es psychisch noch so dominant wirkt, eine Zwangslage nicht begründen. In Betracht kommt allerdings gegebenenfalls eine

---

Vollkommer/Stöber vor § 704 Rn. 1; Musielak-*Lackmann* vor § 704 Rn. 7; *Brox/Walker* Zwangsvollstreckungsrecht, Rn. 1; *Lippross* Grundlagen, S. 125 f.

[352] So auch *Rosenberg/Gaul/Schilken* Zwangsvollstreckungsrecht, S. 805. Nach *Alisch* RPfleger 1979, 290 (291 f.) muß sich der Einfluß sozialstaatlicher Prinzipien auf das Vollstreckungsrecht unter Umständen auch zugunsten des Gläubigers bemerkbar machen, der nicht notwendigerweise die wirtschaftliche stärkere Partei sei.

[353] Vgl. dazu BGHZ 43, 53 (59 ff.).

Berücksichtigung unter dem Gesichtspunkt der erheblichen Willensschwäche, sofern der Kaufwunsch pathologische Züge trägt.[354]

Sowohl bei Krediten wie auch bei Vermittlungsleistungen ist zu differenzieren. In beiden Fällen handelt es sich um wirtschaftlich unselbständige Geschäfte, die zur Anbahnung bzw. zur Finanzierung eines anderweitigen Vertrages zu dienen bestimmt sind. Entscheidend muß in einem solchen Zusammenhang sein, ob dieses "Hintergrundgeschäft" nach den oben explizierten Kriterien seinerseits als zwangslagentauglich anzusehen ist. Demnach kann das Wucherverbot auch bei Produktivkrediten eingreifen, soweit die "bürgerliche Existenz" des Opfers an der Fortführung seines Unternehmens hängt. Auch bei Kauf- und anderen Verträgen kann neben dem Kaufgegenstand der spezifische Anlaß des Geschäfts zu berücksichtigen sein. So kann selbst der Kauf von Blumenschmuck möglicherweise dann wucherrelevant sein, wenn es gilt, damit bestimmte Mindestanforderungen an die gesellschaftliche Rolle zu erfüllen; aus der besonderen Berücksichtigung familiärer Ereignisse wie Geburtstagen, Beerdigungen etc. im Sozialhilferecht geht hervor, daß das Recht die soziale Bedeutung derartiger Ereignisse honoriert. Nicht von § 291 StGB erfaßt sind jedoch solche Geschäfte, die gegen § 283 StGB verstoßen, indem das Opfer unter den Voraussetzungen des Absatzes 6, also nach Eröffnung des Insolvenzverfahrens oder nach der Ablehnung von dessen Einleitung mangels Masse ein Verlustgeschäft im Sinne des Absatzes 1 Nr. 2 tätigt. Das Recht widerspräche sich hier mit der Anerkennung einer "Zwangslage" in eklatanter Weise selbst, da § 283 StGB eindeutig zum Ausdruck bringt, daß in diesen Fällen den Gläubigerinteressen Vorrang eingeräumt wird.

(4) Ergebnis

Damit ergibt sich auf der Grundlage des Sozialhilferechts und der sozialen Klauseln der ZPO ein Katalog von Leistungen und Gütern, mit dem sich der Kreis der prinzipiell "zwangslagentauglichen" Leistungen konkretisieren läßt. Durch die Berücksichtigung in den genannten Regelungszusammenhängen hebt das Recht gewisse Grundgüter in der Weise heraus, daß es ihre Verfügbarkeit für den einzelnen nicht als rechtlich irrelevant, sondern als eine Rechtsposition ansieht, die nicht abhängig von dem Gelingen der Selbstorganisation des einzelnen sein soll. Nur wo es um solche Güter oder Leistungen geht, kann eine Zwangslage bejaht werden. Darauf, daß das konkrete Wucheropfer tatsächlich Ansprüche nach dem Bundessozialhilfegesetz geltend machen könnte, kommt es hingegen nicht an, da diese Ansprüche nicht schon dann eingreifen, wenn das Opfer nur punktuell eine bestimmte Leistung für die Aufrechterhaltung seiner sozialen integrierten Existenz benötigt, was aber für die Bejahung einer

---

[354] Dazu unten 2. Abschnitt B II.

Zwangslage nach dem Vorstehenden ausreicht. Bewuchert werde kann danach kann grundsätzlich auch der "Reiche";[355] gegen die Annahme einer Zwangslage spricht deshalb auch nicht das Vorhandensein veräußerlichen Vermögens.[356] Auf diese Weise wird den Bestrebungen des Reformgesetzgebers, das als zu eng empfundene Tatbestandsmerkmal der Notlage[357] durch dasjenige der Zwangslage zu ersetzen,[358] Genüge getan und zugleich das allzu schwammige Kriterium der "schweren wirtschaftlichen Nachteile" konkretisiert,[359] ohne daß zu befürchten wäre, daß die "wirtschaftliche Not" im Sinne des § 291 Abs. 2 unter der Hand zur Voraussetzung für die Erfüllung des Grundtatbestandes würde. Dank einer beinahe lückenlosen Versorgungslage, welche den Markt für die Ausbeutung individueller Schwächen weitgehend unanfällig macht, verbleibt dem Zwangslagenwucher nach der hier vertretenen Auffassung letztlich nur ein ziemlich kleiner praktischer Anwendungsbereich, der sich weitgehend auf die vom Gesetz hervorgehobenen Fällen des Kredit- und des Wohnungsmietwuchers beschränken wird.[360]

bb) "Ausweglosigkeit"

Festzuhalten ist, daß es bei den bisherigen Überlegungen nur um die prinzipielle Zwangslagentauglichkeit einer bestimmten Leistung und damit um einen ersten Filter geht, mit dem das Merkmal der Zwangslage noch nicht erschöpfend zu bestimmen ist. Wenn auch § 291 StGB weder wie § 34 StGB eine "gegenwärtige" Gefahr noch wie die herrschende Meinung bei § 323c StGB einen "plötzlich" eintretenden Unglücksfall voraussetzt, so muß das "solidaritätsauslösende" Merkmal der Zwangslage dennoch auch ein Moment der "Ausweglosigkeit" enthalten: Für die Aktivierung einer Solidaritätspflicht fehlt jeder Anlaß, wenn es dem "Opfer" ohne weiteres möglich ist, das Gut anderweitig günstiger und damit "wucherfrei" zu erwerben.[361] Abzugrenzen ist somit zwischen der Ausbeutung einer Zwangslage einerseits und der strafrecht-

---

[355] Ebenso *Hohendorf* Individualwucher, S. 114.

[356] LK-*Schäfer/Wolff* § 302a Rn. 14; SK-*Samson* § 302a Rn. 33; NK-*Kindhäuser* § 291 Rn. 31; Sch-Sch-*Stree/Heine* § 291 Rn. 24; *Tröndle-Fischer* § 291 Rn. 10.

[357] Vgl. zu dessen restriktiver Interpretation durch die Rechtsprechung RGSt 28, 288 (290); 53, 285; 71, 325; 76, 193.

[358] Vgl. Prot. 7/2795.

[359] Eine ähnliche Einschränkung der Zwangslage wie hier vertritt auch *Mitsch* BT/2/2 5/57, der auf die "Bedingungen einer lebenswürdigen Existenz auf durchschnittlichem Niveau" bzw. auf "Grundbedürfnisse" abstellt.

[360] Eine wichtige Ursache hierfür ist, daß auf diesen Märkten die persönlichen Umstände des Leistungssuchenden von der Gegenseite regelmäßig in Erfahrung gebracht werden und daher leichter ausgenutzt werden können.

[361] So ausdrücklich BT-Drucks. 7/3441 S. 40; *Lackner-Kühl* § 291 Rn. 8; *Heinsius* Rechtsgut, S. 154 ff.; implizit auch SK-*Hoyer* § 291 Rn. 11 f.

lich unbedenklichen Zahlung einer "Celeritätsprämie" andererseits, durch die sich der Kunde die Suche nach günstigeren Angeboten ersparen will.

Auch im Kontext anderer Solidaritätsnormen spielt dieser Aspekt eine Rolle: So kommt eine Rechtfertigung gemäß § 34 StGB ausdrücklich nur dann in Betracht, wenn die dadurch zu bekämpfende Gefahr "gegenwärtig" ist; bei § 323c StGB beinhaltet das Merkmal des Unglücksfalls nach einhelliger Ansicht, daß die Gefahr für das bedrohte Rechtsgut "plötzlich" eintreten muß. Beide Merkmale bringen für den Anwendungsbereich der jeweiligen Norm vor allem zum Ausdruck, daß eine Beanspruchung des Pflichtigen nur in Betracht kommt, wenn eine andere Möglichkeit zur Rettung des gefährdeten Rechtsguts nicht besteht.[362] Im Bereich des Sozialhilferechts statuiert § 2 BSHG den Grundsatz der Subsidiarität der Sozialhilfe, nach dem die Gewährung von staatlicher Hilfe unter dem strikten Vorbehalt steht, daß der Betreffende sich nicht selbständig zu behelfen weiß;[363] im Rahmen des Prozeßkostenhilferechts kommt der gleiche Gedanke in §§ 115, 116 ZPO zum Ausdruck.

Ebenso wie bei den beiden genannten anderen strafrechtlichen Solidaritätsnormen ist auch bei der Zwangslage das Element der "Ausweglosigkeit" nach normativen Maßstäben zu bestimmen, die ihrerseits aus der Theorie vom Zwangslagenwucherverbot als Ausprägung einer Solidaritätspflicht zu entwickeln sind. Die Definitionsmacht kann hier ebensowenig wie bei der Frage der generellen "Zwangslagentauglichkeit" einer Leistung und ebensowenig wie bei der Plötzlichkeit des Unglücksfalls und der Gegenwärtigkeit der Gefahr dem subjektiven Urteil des Opfers überlassen werden; vielmehr ist ein Anspruch auf "Solidarität" nur unter einheitlichen Bedingungen zuzusprechen. Das entscheidende Kriterium läßt sich jedoch wegen der unübersehbaren Vielfältigkeit möglicher Fallgestaltungen nur generalklauselartig angeben: Der Täter muß die letzte erreichbare Bezugsquelle für die nachgesuchte Leistung, das Aufsuchen eines anderen Anbieters für das Opfer entweder faktisch ausgeschlossen oder

---

[362] Für § 34 StGB: LK-*Hirsch* § 34 Rn. 37; NK-*Neumann* § 34 Rn. 56; Sch-Sch-*Lenckner/Perron* § 34 Rn. 17; *Joecks* Studienkommentar § 34 Rn. 16; *Blei* AT, S. 150; *Ebert* AT, S. 81; *Freund* AT 3/52; *Jakobs* AT 13/15; *Jescheck/Weigend* AT, S. 361; *Kühl* AT 8/68; *Stratenwerth* AT 9/97; *Kindhäuser* AT, S. 288; *Krey* Rechtsprobleme, Rn. 571 ff.; *Reichert-Hammer* Fernziele, S. 184 f.; *Ludwig* "Gegenwärtiger Angriff", S. 123; *Pawlik* Notstand, S. 177 f.; *Lenckner* GS Noll 243 (251); *Wölfl* Jura 2000, 231 (233); *Haft/Eisele* Jura 2000, 313 (315). Für § 323c StGB: SK-*Rudolphi* § 323c Rn. 5; Sch-Sch-*Cramer/Sternberg-Lieben* § 323c Rn. 5; *Maurach/Schroeder/Maiwald* BT/2 55/15; *Küper* BT, S. 291 f.; *Vermander* Unfallsituation, S. 55; *Schöne* Unterlassene Erfolgsabwendungen, S. 78 ff.; *Geilen* Jura 1983, 78 (89 f.); abweichend *Pawlik* GA 1995, 360 (369 f.), der darauf abstellt, ob dem Träger des bedrohten Rechtsguts die Möglichkeit zu einer autonomen Entscheidung darüber verbleibt, ob er sich gegen den Schadenseintritt wehren will.

[363] Vgl. dazu Fichtner-Fichtner § 2 Rn. 1 ff.; *Schulte/Trenk-Hinterberger* Sozialhilfe, S. 109 ff.

aber unzumutbar sein. Für die Konkretisierung kann indiziell auf die Vorschriften des § 275 Abs. 2, 3 BGB abgestellt werden; hier wie dort geht es um die Voraussetzungen, unter denen eine Rechtsperson zu Lasten einer anderen davon dispensiert werden kann, für ihre eigenen Angelegenheiten einzustehen – seien diese erst durch Vertrag als solche begründet worden oder bestünden sie in der "ureigenen" Sorge um das eigene Wohl. Wo hingegen der Verzicht auf eine andere Beschaffungsmöglichkeit noch als eine freie Entscheidung des Opfers erscheint, ist für die Annahme einer Zwangslage kein Raum; die Zahlung des wucherischen Preises ist dann als rechtlich unbedenkliche "Celeritätsprämie" zu werten.

cc) Wucher auch bei nur vorgestellter Zwangslage?

Umstritten ist in der Literatur die Frage, ob § 291 StGB auch dann zu bejahen ist, wenn das Opfer sich irrtümlicherweise in einer Zwangslage wähnt, etwa weil es eine günstigere Beschaffungsmöglichkeit für die benötigte Leistung nicht kennt. In psychologischer Hinsicht stellt es aus der Opferperspektive keinen Unterschied dar, ob eine wirkliche oder nur eine eingebildete Zwangslage vorliegt; die Motivation zur Inanspruchnahme der Leistung ohne Rücksicht auf die Höhe der Gegenforderung ist in beiden Fällen gleich groß. Aus diesem Grunde wird von einem großen Teil der Literatur vertreten, daß § 291 StGB auch bei einer nur eingebildeten Zwangslage einschlägig sei.[364] Umgekehrt soll dann keine Ausbeutung einer Zwangslage vorliegen, wenn diese zwar objektiv gegeben sei, vom Opfer aber nicht wahrgenommen werde.[365] Diese konsequent psychologisierende Begründung steht zu der hier vertretenen Auffassung im Widerspruch. Wie bereits oben festgehalten wurde, kann das Verbot des Zwangslagenwuchers als eine auf den Solidaritätsgedanken gestützte Vorschrift nicht von psychologischen Befunden abhängig gemacht werden.[366] Nicht auf den psychischen Zwang als solchen nimmt das Wucherverbot Rücksicht – sonst wäre die Zwangslage subjektiv nach der individuellen Bedürfnisstruktur des jeweiligen Opfers und gerade nicht objektiv zu bestimmen – sondern darauf, daß die Entscheidung des Opfers für den wucherischen Vertrag in einer Zwangslage der Aufrechterhaltung einer rechtlich gesicherten Position dient. Daß die vom Wucherverbot berücksichtigten Fundamentalbedürfnisse auch psychologisch überaus wirksam sind, ist dabei als die empirisch-reale

[364] BGH NJW 1958, 2074 (2075); LK-*Schäfer/Wolff* § 302a Rn. 15, 17; SK-Samson § 392a Rn. 33; Sch/Sch-*Stree/Heine* § 291 Rn. 24; *Lackner-Kühl* § 291 Rn. 8; *Tröndle-Fischer* § 291 Rn. 10; *Hohendorf* Individualwucher, S. S. 94; *Heinsius* Rechtsgut, S. 156 ff.; *Schmidt-Futterer* NJW 1972, 135 f.; *ders.* JR 1972, 133 (134).

[365] *Heinsius* Rechtsgut, S. 158; Sch-Sch-*Stree/Heine* § 291 Rn. 24; SK-*Hoyer* § 291 Rn.11; *Tröndle-Fischer* § 291 Rn. 10.

[366] Vgl. oben 2. Abschnitt A II. 3) c) aa) aaa).

"Wirkweise" des wucherischen Verhaltens *normativ* allenfalls von sekundärer Bedeutung, so daß das Faktum einer bestimmten Motivationslage allein noch keinen Rückschluß darauf zuläßt, ob der Kontrahierende von der Verantwortung für den Vertragsschluß entlastet werden kann.

Aus Sicht der hier vertretenen Theorie ist zunächst festzuhalten, daß es bei den in Bezug genommenen Solidaritätsnormen des öffentlichen Rechts – also etwa im Rahmen des Vollstreckungsschutzes, bei der Sozial- und auch bei der Prozeßkostenhilfe – allein auf das objektive Vorliegen der Solidaritätsvoraussetzungen ankommt. Daß auch im Rahmen des Wuchers eine bloß eingebildete Zwangslage keine Solidaritätspflicht auslösen kann, ergibt sich bereits daraus, daß die zutreffende Beurteilung der Marktsituation grundsätzlich in den Verantwortungsbereich des einzelnen fällt, weswegen im Rahmen des Betruges eine Aufklärungspflicht über alternative Beschaffungsmöglichkeiten und günstigere Preise allgemein verneint wird.[367] Zu bejahen ist § 291 StGB bei einer eingebildeten Zwangslage deshalb nur dann, wenn die falsche Einschätzung der Lage seitens des Opfers ihrerseits auf einer der in § 291 StGB genannten kognitiven Schwächelagen, also auf Unerfahrenheit oder Mangel an Urteilsvermögen beruht. Resultiert die irrtümliche Annahme einer Zwangslage hingegen aus der Verletzung einer gegenüber dem Opfer bestehenden Aufklärungspflicht des Täters, kann § 263 StGB einschlägig sein.[368]

Eine Verurteilung nach § 291 StGB kommt auch dann nicht in Betracht, wenn nur der Täter irrtümlich von einer beim Opfer gegebenen Zwangslage ausgeht. Läßt sich das Opfer ohne Zwangslage auf einen Vertrag zu "wucherischen" Konditionen ein, gibt es keinen Grund, es von der Verantwortung für diesen Abschluß aus Solidaritätsgründen freizusprechen. Darin liegt kein Widerspruch zu der herrschenden Auffassung, nach der im Rahmen des rechtfertigenden Notstandes die Perspektive eines objektiven Beobachters *ex ante* maßgeblich sein soll;[369] die Argumentation, das zugunsten des Gefährdeten bestehende Ein-

---

[367] Vgl. unten 2. Abschnitt B I. 1) a).

[368] Ebenso SK-*Hoyer* § 291 Rn. 11; *Mitsch* BT/2/2 5/59. Zu den Voraussetzungen der Merkmale Unerfahrenheit und Mangel an Urteilsvermögen siehe unten 2. Abschnitt B I. 4) a) bzw. b); zum Verhältnis zwischen Wucher und Betrug und der Berücksichtigung besonderer Opferschwächen im Rahmen des § 263 StGB siehe unten 2. Abschnitt B I. 1) b).

[369] LK-*Hirsch* § 34 Rn. 27 ff.; *ders.* FS Arthur Kaufmann, 545 (552); *Lackner-Kühl* § 34 Rn. 2; *Joecks* Studienkommentar, § 34 Rn. 14; *Baumann/Weber/Mitsch* AT 17/48; *Blei* AT, S. 148; *Gropp* AT 6/117; *Jakobs* AT 11/12, 13/13; *Jescheck/Weigend* AT, S. 361; *Kühl* AT 8/45; *Maurach/Zipf* AT 27/15; *Roxin* AT 16/12 f.; *Wessels/Beulke* AT Rn. 704; *Dimitratos* Gefahr, S. 141; *Janker* Aids-Tests, S. 101; *Merkel* Früheuthanasie S. 535; *Pawlik* Notstand, S. 173; *Wolter* Zurechnung, S. 171; *Dornseifer* JuS 1982, 761 (763 f.); *Rudolphi* GS Armin Kaufmann, S. 371 (387 f.); ähnlich SK-*Günther* § 34 Rn. 21; Sch-Sch-*Lenckner/Perron* § 34 Rn. 13 f.; *Haft* AT, S. 96; *Demuth* Gefahrbegriff, S. 108 ff.; *Gallas* FS Heinitz, S. 171 (177 ff.), die jedoch verlangen, daß die der Prognose *ex ante* zugrundegelegten Umstände sich

griffsrecht des § 34 StGB dürfe nicht durch die Zuweisung des Einschätzungsrisikos konterkariert werden,[370] paßt auf den Wuchertatbestand deswegen nicht, weil hier bei fälschlicher Annahme einer "solidaritätsauslösenden" Situation durch den Täter keine Bestrafung wegen eines dann rechtswidrigen Eingriffs in fremde Rechtsgüter droht. Auch wenn im Rahmen des § 323c StGB geltend gemacht wird, nicht nur die Erforderlichkeit der Hilfeleistung, sondern auch das Vorliegen eines Unglücksfalls sei *ex ante* zu beurteilen, weil nur auf diese Weise effektiver Rechtsgüterschutz zu erzielen sei,[371] so läßt sich auch dies nicht auf den Wucher übertragen: Liegt nämlich objektiv keine Zwangslage vor, sind die Rechtsgüter des Opfers nicht schutzlos gestellt, sondern ist dieses selbst für die Organisation seiner eigenen Angelegenheiten zuständig. Somit kommt es allein auf das tatsächliche, *ex post* zu bestimmende Vorliegen einer Zwangslage an.

dd) Wucher auch auf illegalen Märkten?

Konsequenzen ergeben sich aus der Herleitung des Zwangslagenwuchers aus dem Solidaritätsgedanken auch für die Frage, ob § 291 StGB auch auf solche Geschäfte anzuwenden sei, die eine Austauschbeziehung auf einem rechtlich verbotenen oder sogar staatlicherseits bekämpften Markt betreffen. Das Problem illegaler Märkte wird zumeist ausschließlich im Zusammenhang mit dem für diese Leistungen zu veranschlagenden "angemessenen" Preis behandelt,[372] obwohl es bereits fraglich ist, ob in den genannten Fällen überhaupt von einer Zwangslage gesprochen werden kann. Nach den vorstehenden Ausführungen ist diese Frage klar zu verneinen: Muß sich die "Solidaritätstauglichkeit" einer Leistung positiv aus dem Recht ergeben, fallen damit alle illegalen Leistungen notwendig aus dem Anwendungsbereich jedenfalls des Zwangslagenwuchers heraus.[373] Was die mittlerweile wohl herrschende Ansicht in der Literatur im Rahmen des Betrugs unter dem Stichwort des "juristisch-ökonomischen" Ver-

---

ex post als wirklich darstellen müßten. Für eine generelle Bestimmung der Gefahr *ex post* SK-*Samson* § 34 Rn. 19; *Tröndle-Fischer* § 34 Rn. 3; *Stratenwerth* AT 9/97; grundsätzlich auch *Otto* AT 8/166, 209 f.

[370] So *Jakobs* AT 11/12; *Frisch* Vorsatz, S. 426; *Pawlik* Notstand, S. 171 f.; *Rudolphi* GS Armin Kaufmann, S. 371 (384).

[371] *Rudolphi* NStZ 1991, 237 (239); im Ergebnis ebenso Sch-Sch-*Cramer/Sternberg-Lieben* § 323c Rn. 2; *Tröndle-Fischer* § 323c Rn. 3; *Rengier* BT/2 42/2; *Hohmann/Sander* BT/2 39/10; ausdrücklich dagegen AG Tiergarten NStZ 1991, 236 (237); NK-*Seelmann* § 323c Rn. 19 f.; *ders.* JuS 1995, 281 (284); *Frellesen* StV 1987, 22 (23).

[372] Insbesondere *Bernsmann* GA 1981, 141 (157 ff.).

[373] Ebenso *Mitsch* BT/2/2 5/72. Ob das Verlangen nach Drogen oder nach einer sexuellen Dienstleistung unter dem Gesichtspunkt der *Willensschwäche* in strafrechtswidriger Weise ausgebeutet werden kann, wird unten 2. Abschnitt B II. behandelt.

mögensbegriffs vertritt,[374] ergibt sich für den Wucher nach der hier vertretenen Auffassung zwingend aus den zuvor erarbeiteten theoretischen Prämissen; die von *Bernsmann* erörterte Frage der Bewertung einer illegalen Leistung stellt sich somit gar nicht.

ee) Verschulden?

Nach ganz herrschender Meinung kann das Vorliegen einer Zwangslage nicht mit der Begründung verneint werden, daß ihr Eintritt für den Betreffenden vermeidbar gewesen wäre und er sie somit "verschuldet" hat.[375] Ist diese Auffassung auch auf dem Boden der Lehre vom Zwangslagenwucher als Ausprägung einer Solidaritätspflicht zu halten?

Im Rahmen des § 323c StGB wird die Frage, ob eine Hilfspflicht auch dann besteht, wenn der Betroffene den "Unglücksfall" hätte vermeiden können, nicht einheitlich beantwortet:[376] Während es nach der überwiegenden Auffassung auf ein Verschulden des Gefährdeten für die Entstehung der Notlage nicht ankom-

---

[374] Dies gilt unabhängig davon, daß im Bereich des *Betruges* selbst auf dem Boden des wirtschaftlich-juristischen Vermögensbegriffs vielfach vertreten wird, das "gute Geld" werde auch bei seinem Einsatz zu sittenwidigen oder verbotenen Geschäften geschützt [so unlängst noch BGH NJW 2002, 2117; BGH NStZ 2002, 481 (482); KG NJW 2001, 86 f. (bejaht das Vertrauen des vorauszahlenden Auftraggebers eines Mordes in die abredegemäße Ausführung als vom Betrugstatbestand geschützt!); in der Literatur *Bockelmann* JZ 1952, 461 (464); *Franzheim* GA 1960, 269 (277); *Dölling* JuS 1981, 570 (571); *Bruns* JR 1984, 133 (139); *Tenckhoff* JR 1988, 126 (127). Das gleiche Ergebnis ergibt sich auf der Grundlage eines rein wirtschaftlichen Vermögensbegriffs ohne jegliche normativen Einschränkungen; dafür plädieren *Haft* BT, S. 211; *Hohmann/Sander* BT/1 11/76; *Krey/Hellmann* BT/2 Rn. 433 ff.]. Diese Position ist zu Recht als nicht mit der Rechtsordnung vereinbar kritisiert worden [*Cramer* Vermögensbegriff, S. 97; *ders.* JuS 1966, 472 (477); *Bergmann/Freund* JR 1988, 189 (191 ff.); *Freund/Bergmann* JR 1991, 357 (358); *Maiwald* NJW 1981, 2777 (2781); *Renzikowski* GA 1992, 159 (175); *Hecker* JuS 2001, 228 (231 f.); *Mitsch* JuS 2003, 122 ff. mit dem zusätzlichen Hinweis auf den Verfall, dem nach § 73 Abs. 4 StGB auch dasjenige unterliegt, was von einem Dritten "für die Tat" gewährt wurde; daß das für einen Mord nutzlos aufgewendete Vermögen keinen strafrechtlichen Schutz verdiene, sei ohnehin "an sich ... evident" (S. 123)].

[375] RG JW 08, 587 (588); BGHSt 11, 182 (186); LK-*Schäfer/Wolff* § 302a Rn. 15; SK-*Hoyer* § 291 Rn. 13; Sch-Sch-*Stree/Heine* § 291 Rn. 24; *Lackner/Kühl* § 291 Rn. 8; *Tröndle-Fischer* § 291 Rn. 10; M/B-*Nack* 1716; *Gössel* BT/2 32/8.

[376] Die Problematik, ob bzw. unter welchen Umständen ein Suizidversuch eine Hilfspflicht auslöst, ist von der hier zu untersuchenden Frage streng zu trennen: Bei den Suizidfällen geht es allein um die Disponibilität des Rechtsguts Leben; für den Fall, daß der Selbstmörder seinen Sinn ändert und gerettet werden möchte, wird eine Hilfspflicht zumeist stillschweigend unterstellt [vgl. nur Sch-Sch-*Cramer/Sternberg-Lieben* § 323c Rn. 7; *Lackner-Kühl* § 323c Rn. 2; *Tröndle-Fischer* § 323c Rn. 3a; *Otto* BT 67/5; *Wessels/Hettinger* BT/1 Rn. 60 ff.].

men soll,[377] wird von anderen Autoren vertreten, daß bei einem auf freiverantwortlicher Selbstgefährdung beruhenden Unglücksfall das Entstehen einer Hilfspflicht ausgeschlossen sei.[378] Bezüglich des rechtfertigenden Notstandes entscheidet die überwiegende Ansicht jedoch umgekehrt: Habe der Gefährdete seine Lage selbst verschuldet, seien die zu seinen Gunsten sonst bestehenden Eingriffsrechte reduziert.[379]

Diese unterschiedliche Behandlung derselben Frage im Rahmen verschiedener Solidaritätsdelikte kann schwerlich überzeugen. Der entscheidende Gesichtspunkt ist auf der Grundlage der in dieser Arbeit vertretenen Theorie, daß sich die Solidaritätsidee grundsätzlich dadurch auszeichnet, daß sie dem einzelnen die Ausstattung mit bestimmten Grundgütern gerade *unabhängig* vom Gelingen oder Mißlingen seiner Selbstorganisation zusagt. Aus diesem Grunde wäre es falsch, das Merkmal der Zwangslage von einer Vermeidbarkeitsprüfung abhängig zu machen und denjenigen vom Schutz des Wucherverbots auszunehmen, der die Entstehung seiner Lage durch ein wirtschaftlich klügeres oder disziplinierteres Verhalten hätte vermeiden können.[380] Wenn eine zuvor einwandfreie Lebensorganisation demnach nicht als Voraussetzung für die Bejahung einer Zwangslage anzusehen ist, so gilt dies grundsätzlich unabhängig von Art und Schwere der jeweiligen Obliegenheitsverletzung. Das auf den rechtfertigenden Notstand gemünzte Argument, der Solidaritätspflichtige dürfe nicht mit den Kosten der "Extravaganz" des durch mangelnde Vorsorge in Not geratenen belastet werden,[381] trifft auf den Wucher nicht zu: Obwohl der Täter auch hier in einem formellen Sinne dadurch belastet ist, daß er auf die Situation seines Vertragspartners Bedacht nehmen muß, so kann er sich doch eine möglichst sorglose Lebensführung der anderen insofern nur wünschen, als ein solches Verhalten seine Chance zum Abschluß lukrativer Geschäfte tendenziell steigert. Zu einer Restriktion des Solidaritätsgedankens auf Grund früher ansetzender "abstrakter" Zurechnungserwägungen besteht somit zumindest beim Wucher kein Anlaß.

---

377 BGHSt 23, 227 (228); BGH StV 1986, 261mit zustimmender Anmerkung von *Ulsenheimer*; S. 201; NK-*Seelmann* § 323c Rn. 28; *Rengier* BT/2 42/3; *Hohmann/Sander* BT/2 39/3; *Geilen* Jura 1983, 78 (88 f.).

378 LK-*Spendel* § 323c Rn. 56; SK-*Rudolphi* § 323c Rn. 9; *Arzt/Weber* BT 3/33 f.; *Pawlik* GA 1995, 360 (369). *Rudolphi* hält diese Position jedoch nicht konsequent durch: Auch er bejaht eine Pflicht zur Rettung des Selbstmörders, sobald dieser seinen Entschluß widerruft (SK § 323c Rn. 8).

379 LK-*Hirsch* § 34 Rn. 70; SK-*Günther* § 34 Rn. 46; NK-*Neumann* § 34 Rn. 95 f.; *Lackner/Kühl* § 34 Rn. 2; *Tröndle/Fischer* § 34 Rn. 15; *Baumann/Weber/Mitsch* AT 17/75, 79; *Freund* AT 3/65; *Gropp* AT 6/134; *Jakobs* AT 13/27; *Jescheck/Weigend* AT, S. 363; *Kindhäuser* AT, S. 292 f.; *Köhler* AT, S. 288, 292; *Otto* AT 8/174; *Roxin* AT 16/51 ff.; *Wessels/Beulke* AT, Rn. 312; *Kiefner* Provokation, S. 86 ff.; *Küper* Notstand, S. 25 ff., 161 ff.

380 Nach *Pawlik* Notstand, S. 293 hätte eine solche Konsequenz – dort: Beschneidung der Notstandsrechte bei Vorverschulden – "etwas gleichsam Überdimensioniertes".

381 *Pawlik* Notstand, S. 290.

d) Zusammenfassung

Die Einordnung des Zwangslagenwuchers als ein mit §§ 323c, 34 StGB verwandtes Delikt erlaubt es, das bislang nur unpräzise ausgelegte Tatbestandsmerkmal der Zwangslage nunmehr genauer zu bestimmen. Dadurch ergibt sich eine im Vergleich mit der herrschenden Auffassung engere Definition, die sich weitgehend mit derjenigen von *Mitsch* deckt,[382] diese aber noch konkretisiert: Nicht jedes subjektiv empfundene "dringende Sach- oder Geldbedürfnis" kann eine Neubewertung dieser "Erpressungssituation" unter Solidaritätsgesichtspunkten rechtfertigen, sondern nur die drohende Beeinträchtigung eines Status, den das Recht unabhängig vom Prinzip der Selbstverantwortung garantiert. Damit ist die Anwendbarkeit des Zwangslagenwuchers zwar wegen der nicht nur auf bloße Subsistenzsicherung angelegten Solidaritätsvorschriften nicht auf die in § 4 WiStG erwähnten "Gegenstände oder Leistungen des lebenswichtigen Bedarfs" beschränkt, jedoch ergibt sich gegenüber der herrschenden Meinung mit der gewonnenen Präzisisierung zugleich eine deutliche Verengung des Tatbestandsmerkmals der "Zwangslage".

Bezüglich der Abgrenzung des § 291 StGB zu den die Ausbeutung einer allgemeinen Notlage ahndenden §§ 4, 5 WiStG ergeben sich hingegen keine von der herrschenden Meinung abweichenden Konsequenzen.[383] Dies betrifft grundsätzlich auch die Aussage, daß Individual- und Sozialwucher keinen Gegensatz bildeten,[384] sondern die Grenze zwischen beiden als "fließend" anzusehen sei, da sich das Wucheropfer des § 291 StGB durchaus in einer Zwangslage befinden könne, die außer ihm auch noch einen größeren Personenkreis betrifft.[385] In der Tat wird gerade im Rahmen des Mietwuchers eine Zwangslage im Sinne der soeben dargelegten Kriterien wegen des Erfordernisses der "Ausweglosigkeit" meist nur zu bejahen sein, wenn Wohnungen allgemein knapp sind. In systematischer Hinsicht sind beide Vorschriften jedoch scharf voneinander zu unterscheiden: Geht es nach den Vorschriften des WiStG ohne Blick auf das konkrete Opfer darum, eine angesichts der Verknappung des jeweiligen Gutes eigentlich "natürliche", jedoch sozialpolitisch unerwünschte sprunghafte Preis-

---

[382] *Mitsch* BT 2/2 5/57.

[383] Dazu LK-*Schäfer/Wolff* § 302a Rn. 1; SK-*Hoyer* § 291 Rn. 68; NK-*Kindhäuser* § 291 Rn. 14; *Lackner-Kühl* § 291 Rn. 1; *Tröndle-Fischer* § 291 Rn. 3; *Otto* BT 61/124; *Arzt/Weber* BT 24/1.

[384] RGSt 60, 216 (225); NK-*Kindhäuser* § 291 Rn. 15; nach *Bernsmann* GA 1981, 141 (143) ist es sogar "höchst zweifelhaft ... ob sich überhaupt eine trennscharfe Grenze zwischen den genannten Formen des Wuchers ziehen läßt"; ähnlich *Tröndle-Fischer* § 291 Rn. 3; *Scheffler* GA 1995, 1 (12).

[385] SK-*Hoyer* § 291 Rn. 68; NK-*Kindhäuser* § 291 Rn. 15; Sch-Sch-*Stree/Heine* § 291 Rn. 2; *Arzt/Weber* BT 24/37.

steigerung "künstlich" zumindest zu verlangsamen, verfolgt § 291 StGB kein wirtschaftspolitisches Programm,[386] sondern übersetzt den "materialisierten" Freiheitsgedanken des Sozialstaats in ein strafrechtliches Zurechnungskonzept. Die unterschiedliche Einordnung als Straftat bzw. Ordnungswidrigkeit rechtfertigt sich aus diesem Kontrast: Wer das Opfer ungeachtet seiner auch unter normativen Gesichtspunkten erheblichen Schwäche ausschließlich an seinem Personenstatus und seiner Selbstverantwortung festhält und auf diese Weise die Bedeutung wirklicher Freiheit negiert, widerspricht der Rechtsordnung sehr viel grundsätzlicher als derjenige, der lediglich einen wirtschaftspolitisch unerwünschten Trend befördert.

[386] Richtig bemerkt *v. Lackum* DWW 1978, 272 (277), das strafrechtliche Wucherverbot verfolge keine "wohnungspolitische Zielsetzung".

B. Die anderen Schwächelagen

Nachdem der Zwangslagenwucher als ein Delikt identifiziert worden ist, welches im systematischen Zusammenhang mit den strafrechtlichen Solidaritätspflichten gesehen werden muß, gilt es nunmehr zu überprüfen, ob sich derselbe Grundgedanke auch für die Auslegung der übrigen Wuchervarianten fruchtbar machen läßt. Zu diesem Zweck müßte wiederum gezeigt werden, daß auch die verschiedenen Formen des Schwächewuchers mit den herkömmlichen Zurechnungsgrundsätzen der Selbstverantwortung und der Abstraktion von den je persönlichen tatsächlichen Fähigkeiten und der jeweils einzusetzenden wirtschaftlichen Macht nicht erklärt werden können, sondern ebenfalls das Charakteristikum einer Verantwortungsumverteilung vom Opfer zum Täter aufweisen, die jeweils auf einer Berücksichtigung „mitgebrachter" Schwäche beruhen müßte.

Die Wuchervarianten der Ausbeutung des mangelnden Urteilsvermögens, der Unerfahrenheit und der erheblichen Willensschwäche des Opfers gleichen einander darin, daß sich der Abschluß des wucherischen Geschäfts anders als beim Zwangslagenwucher nicht als eine ökonomisch rationale Reaktion auf eine bestimmte Situation, sondern als Resultat einer spezifischen Konstitution des Opfers darstellt, die bestimmte Mindeststandards unterbietet und deshalb die Orientierung an Maßstäben wirtschaftlicher Rationalität erschwert oder partiell unmöglich macht. Insofern besteht zwischen dem Zwangslagenwucher auf der einen und den übrigen Wucherarten auf der anderen Seite also ein deutlicher Unterschied. Auch die üblicherweise unter dem Topos „Schwächewucher" zusammengefaßten Tatbestandsvarianten können jedoch ihrerseits nicht ohne weiteres als homogene Gruppe behandelt werden, da zwischen ihnen Differenzen bestehen, deren Bedeutsamkeit für die dogmatische Konstruktion an dieser Stelle noch nicht beurteilt werden kann. Während nämlich Unerfahrenheit und mangelndes Urteilsvermögen *kognitive* Defizite darstellen, die dem Opfer den wucherischen Charakter des Vertrages verschleiern, ist dies bei der Willensschwäche nicht der Fall; vielmehr läßt sich ein Opfer, welches ausschließlich unter diesem Defekt leidet, durchaus „sehenden Auges" auf den Vertrag ein. Aus diesem Grunde sollen zuerst die beiden Wuchervarianten behandelt werden, die sich beide durch einen Bezug zur intellektuellen Kompetenz des Opfers und auf dessen mangelhafte Beurteilung des Geschäfts auszeichnen und die hier zusammenfassend als „Informationswucher" bezeichnet werden sollen. Erst anschließend geht es um die Ausbeutung einer Willensschwäche.

I. Die Fälle des „Informationswuchers"

1) Informationswucher als Betrug ?

Während sich beim Zwangslagenwucher Abgrenzungsprobleme in bezug auf die Nötigung bzw. Erpressung ergeben, weist die Ausbeutung von Unerfahrenheit und „Mangel an Urteilsvermögen" eine Nähe zum *Betrug* auf. Parallel zu den bezüglich des Zwangslagenwuchers angestellten Überlegungen stellt sich nunmehr die Frage, ob der Wucher als Ausbeutung eines erheblichen kognitiven Defizits als ein Unterfall des Betruges zu begreifen ist. Ebenso wie bei § 263 StGB hat der Täter nämlich auch hier die „Wissensherrschaft" über das tatbestandliche Geschehen inne und beruht die Vermögensdisposition des Betrugsopfers auf einer unzureichenden kognitiven Bewertungsgrundlage; das Opfer trifft die Entscheidung für den Vertrag „blind". Das „auffällige Mißverhältnis" zwischen Leistung und Gegenleistung stellt zudem in der Regel einen Vermögensschaden nach den in § 263 StGB zugrundegelegten Kriterien dar.[387] Betrügt also der Wucherer sein Opfer?

a) Täuschung über den üblichen Preis?

Voraussetzung dafür wäre, daß bereits die Forderung eines wucherischen Preises als eine konkludente Täuschung im Sinne des Betrugstatbestandes verstanden werden könnte. Als Täuschungsgegenstand kommt die „Angemessenheit" bzw. die Üblichkeit des verlangten Preises in Betracht.[388] Nach der herrschenden Meinung ist eine konkludente Täuschung prinzipiell dann zu bejahen, wenn dem Verhalten des Täters nach der Verkehrsanschauung ein entsprechender Erklärungswert zukommt,[389] so daß es darauf ankäme, daß das Fordern bzw. Vorschlagen eines bestimmten Preises als Erklärung zu verstehen wäre, dieser Preis sei üblich oder angemessen. Nach anderer Auffassung kommt es hingegen für

---

[387] Dies ist jedoch zumindest nach der herrschenden Ansicht nicht zwingend der Fall; vgl. besonders *Kindhäuser* NStZ 1994, 105 (106); *Heinsius* Rechtsgut, S. 35 f. Sollte sich die „Betrugslösung" als zutreffend herausstellen, wäre dieses Auslegungsergebnis zu revidieren.

[388] Von „Angemessenheit" des Preises zu sprechen, ist angesichts eines fehlenden Konzepts eines „gerechten Preises" [dazu unten 2. Abschnitt C I. 3)] problematisch, worauf *Jecht* GA 1963, 41 hingewiesen hat.

[389] BGHSt 3, 69 (71); 16, 120 (121); 29, 165 (167); OLG Hamm NJW 1982, 1405 (1406); OLG Köln wistra 1991, 115 (116); SK-*Samson/Günther* § 263 Rn. 27 ff; Sch-Sch-*Cramer* § 263 Rn. 14; *Tröndle-Fischer* § 263 Rn. 12; *Maurach/Schroeder/Maiwald* BT/1 41/39; *Rengier* BT/1 13/5; *Wessels/Hillenkamp* BT/2 Rn. 498; *Arzt/Weber* BT 20/38; *Otto* BT 51/15; *Hohmann/Sander* BT/1 11/21; *Krey/Hellmann* BT/2 Rn. 340; *Triffterer* JuS 1971, 181 (182); *Ranft* JA 1984, 723 (724); *ders.* Jura 1992, 66.

die Betrugsrelevanz eines konkludenten Verhaltens nicht auf – irgendeinen – durch Auslegung des Täterverhaltens zu ermittelnden irreführenden Erklärungswert, sondern allein darauf an, ob eine *Pflicht* zu wahrheitsgemäßer Auskunft bestehe.[390] Daß einem bestimmten Verhalten ein Erklärungsgehalt zugesprochen wird, sei demnach für sich allein noch nicht erheblich. Dieser Ansicht zufolge sind betrugsrelevante von prinzipiell betrugsirrelevanten Täuschungen nach einem *normativen* Maßstab zu unterscheiden und können letztere eine Strafbarkeit nach § 263 StGB nicht begründen.[391] Beide Ansichten gelangen einhellig zu dem Ergebnis, daß eine Täuschung nicht bereits im Verlangen eines bestimmten Preises bei Vertragsschluß liege.[392] Zur Begründung wird vor allem auf das Prinzip der Vertragsfreiheit verwiesen, welches es jedem Anbieter prinzipiell gestatte, Preise in beliebiger Höhe zu verlangen.[393] Eine Ausnahme von diesem Grundsatz wird lediglich in eng umgrenzten Ausnahmefällen akzeptiert. So soll eine betrugsrelevante Täuschung dann angenommen werden können, wenn für die in Anspruch genommene Leistung feste Listen- oder Taxpreise existieren[394] oder wenn der Partner in besonderer Weise auf Vertrauen angewiesen ist, weil er die Angemessenheit nicht selbständig überprüfen kann oder dies mit einem unverhältnismäßigen Aufwand verbunden wäre.[395]

Diesem allgemein für richtig gehaltenen Ergebnis ist zuzustimmen. Das Prinzip der Vertrags- und Preisgestaltungsfreiheit wäre aufgehoben, wollte man auf indirektem Wege über den Betrugstatbestand eine allgemeine strafrechtliche

---

[390] LK-*Lackner* § 263 Rn. 28 f; *Pawlik* Betrug, S. 65 ff.; *Kindhäuser* ZStW 103 (1991), 398 (402 f.); *Seelmann* NJW 1980, 2545 (2546 f.); *Volk* JuS 1981, 880 (882). Freilich fließen über den Begriff der Verkehrsanschauung auch nach der herrschenden Meinung normative Wertungen in den Begriff der konkludenten Täuschung ein; LK-*Lackner* § 263 Rn. 28 Fn. 46 sieht deshalb keinen erheblichen Unterschied zwischen seiner Auffassung und der h.M. Hingegen fordern *Pawlik*, *Volk* und *Seelmann* (an den angegebenen Stellen) spezifischer das Vorliegen einer echten *Garantenstellung*.

[391] *Pawlik* Betrug, S. 83 ff.; *Kindhäuser* ZStW 103 (1991), 398 (402 f.).

[392] BGH JZ 1989, 759 f.; OLG Stuttgart NStZ 1985, 503 m. Anm. *Lackner/Werle*; BayObLG NJW 1994 1078 (1079); *Lackner-Kühl* § 263 Rn. 11; SK-*Cramer/Günther* § 263 Rn. 29; NK-*Kindhäuser* § 263 Rn. 163; *Rengier* BT/1 13/6; *Hohmann/Sander* BT/1 11/25; *Kühne* Geschäftstüchtigkeit, S. 64 ff.; *Schauer* Grenzen, S. 108 ff; *Maaß* Betrug, S. 128 ff.; *Pawlik* Betrug, S. 155; *Jecht* GA 1963, 41 (42); *Seelmann* NJW 1980, 2545 (2548); *Worms* wistra 1984, 123 (128). Dieser Grundsatz soll auch dann gelten, wenn eine zulässige Preisbindung nach § 16 GWB vorliegt (Sch-Sch-*Cramer* § 263 Rn. 16d).

[393] Sch-Sch-*Cramer* § 263 Rn. 17c; *Kühne* Geschäftstüchtigkeit, S. 66.

[394] RGSt 42, 147 (150); OLG Stuttgart NJW 1966, 990; NStZ 1985, 503; SK-*Samson/Günther* § 263 Rn. 28; *Lackner-Kühl* § 263 Rn. 10; Sch-Sch-*Cramer* Rn. 16d; *Hohmann/Sander* BT/1 11/25. Allerdings erscheint diese Fallgruppe deshalb fragwürdig, weil die §§ 612, 632 BGB für die Unterstellung des Taxpreises voraussetzen, daß eine ausdrückliche Vereinbarung *nicht* getroffen wurde; beide Normen enthalten jedoch keine Auslegungsregeln für ein konkretes Preisangebot.

[395] *Lackner-Kühl* § 263 Rn. 10.

Pflicht konstruieren, bei der Preisgestaltung im Rahmen des Üblichen zu bleiben oder ansonsten auf eine etwaige Unüblichkeit ausdrücklich hinzuweisen. Die Annahme einer solchen Pflicht liefe der in § 291 StGB positivierten ausdrücklichen gesetzlichen Entscheidung zuwider, nur bei ganz bestimmten Opferklassen jedenfalls keine „auffälligen" Preise zu verlangen.[396]

Als unselbständiger Unterfall des Betrugs könnte der Wucher also nur um den Preis einer durch seinen Wortlaut in keiner Weise nahegelegten erheblichen Einschränkung seines Anwendungsbereichs interpretiert werden. Er wäre dann auf diejenigen Fallgruppen zu beschränken, in denen ausnahmsweise auch einer bloßen Preisforderung Täuschungscharakter zugeschrieben wird.[397] Mit einer solch weitgehenden Reduktion würde der Vorschrift des § 291 StGB jedoch in nicht mehr vertretbarer Weise Gewalt angetan. Eine derartige Lösung, nach der die Einschlägigkeit einer Norm von tatbestandsfernen Kriterien wie dem Vorliegen von Listenpreisen abhängig gemacht würde, verbietet sich jedenfalls dann, wenn mit dem Solidaritätsgedanken eine andere Deutungsmöglichkeit naheliegt, bei der ein systematischer Zusammenhang zwischen den verschiedenen Tatbestandsvarianten sichtbar würde.

b) Anpassung der betrugsrelevanten Pflichten bei inkompetenten Opfern?

Dem Wucher verbliebe jedoch auch im Rahmen der „Betrugslösung" dann ein größerer Anwendungsbereich, wenn eine außergewöhnliche, für den Täter erkennbare kognitive Schwäche des Opfers auch schon im Rahmen des Betrugstatbestandes die Zurechnungskriterien in der Weise verschieben könnte, daß der Täter das intellektuelle Defizit des Opfers auszugleichen verpflichtet ist.[398] Eine solche These wird in der Betrugsliteratur unter dem Stichwort „Modifikation der Zuständigkeitsverteilung bei kognitiver Inkompetenz des Opfers"[399] diskutiert, ohne daß damit jedoch dogmatische Konsequenzen für die Konstruktion der hier diskutierten Wucherlagen beabsichtigt würden. Es geht dabei insbesondere um diejenigen Fälle, in denen das Opfer sich zwar durch einen

---

[396] *Lackner/Werle* NStZ 1995, 503 (504). Die gleiche Wertung liegt zugrunde, wenn der Wert einer Sache ausdrücklich nicht als „verkehrswesentliche Eigenschaft" im Sinne des § 119 Abs. 2 BGB anerkannt und somit das Risiko der Preiskalkulation bei jedem einzelnen Akteur belassen wird.

[397] Innerhalb seines Regelungsbereichs könnte er dann auf Grund seines geringeren Strafrahmens nur, ähnlich wie oben der Zwangslagenwucher gegenüber der Erpressung, als ein Privilegierungstatbestand zu § 263 StGB aufgefaßt werden, der eine Täuschung über die Üblichkeit des Preises, ihre Betrugsrelevanz bereits vorausgesetzt, aus dem Bereich der Strafbarkeit herausnähme, solange der Täter damit nicht einen in „auffälligem Mißverhältnis" zu seiner eigenen Leistung stehenden Vermögensvorteil erlangt.

[398] *Pawlik* Betrug, S. 179 ff.

[399] *Pawlik* Betrug, S. 179.

„*generellen* Mangel an kognitiver Kompetenz“[400] auszeichnet, jedoch die Grenze zur Geschäftsunfähigkeit noch nicht erreicht. Angestrebt werden somit Differenzierungen innerhalb der Gruppe der eigentlich als in einem umfassenden Sinne als „gleich“ konzipierten Rechtspersonen. Der Umfang der vom Täter zu beobachtenden Wahrheitspflichten soll somit durch Umstände erweitert werden, die dieser nicht „in der Hand hat“ und für die ihn darum keine rechtliche Verantwortung trifft. Diese Auffassung stellt somit die Parallele zu der soeben diskutierten Ansicht dar, welche auch das Drohen mit dem Unterlassen rechtlich nicht gebotener Hilfe gegen ein bereits in Aussicht stehendes Übel als erpressungstauglich ansieht und insofern ebenfalls die von Anfang an benachteiligte Ausgangsposition des Opfers berücksichtigen will.[401] In bezug auf die Erpressung ist dieser Gedanke oben zurückgewiesen worden. Kann er im Rahmen des Betruges überzeugen?

Zunächst ist festzustellen, daß auch nach dieser Variante einer „Betrugslösung“ das Wucherverbot letztlich auf den Solidaritätsgedanken zurückgeführt würde. Zur Begründung einer Berücksichtigungsfähigkeit besonderer „Härtefälle“ schon unter Betrugsgesichtspunkten wird nämlich explizit auf § 323c StGB und damit auf den Solidaritätsgedanken Bezug genommen: Wolle das Recht dem einzelnen wirkliche Freiheit garantieren, dürfe es an den bestehenden Kompetenzunterschieden zwischen den verschiedenen Rechtspersonen nicht radikal vorbeisehen.[402] Damit ist genau das Anliegen formuliert, welches oben als die Quintessenz des Solidaritätsprinzips formuliert wurde, nämlich unter partieller Rücknahme der abstrakten Sichtweise des Rechts auf eine Schwäche eines Akteurs dadurch Rücksicht zu nehmen, daß das Synallagma zwischen Freiheit und Folgenverantwortung – unter gleichzeitiger „stoffgleicher“ Belastung eines anderen – gelockert wird. Damit aber wären alle Merkmale einer Solidaritätspflicht nach den oben formulierten Kriterien erfüllt. Das angestrebte Beweisziel, den Wucher als ein ohne Einbeziehung des Solidaritätsgedankens nicht zu erklärendes Delikt auszuweisen, wäre also auch bei dieser Lösung erreicht.

Gegen eine Implementierung des Solidaritätsgedankens im Betrugstatbestand sprechen jedoch gewichtige Bedenken. Durch eine Ausweitung der betrugsrelevanten Informationspflichten würde zwar nicht notwendigerweise die ausdrückliche Beschränkung der Strafbarkeit durch § 291 StGB auf „schwache“ Opfer, wohl aber die Beschränkung auf „auffällige“ Mißverhältnisse umgangen und das Wucherrecht somit an der eigentlich einschlägigen Norm vorbei reformiert:[403] Auch ein noch nicht wucherisches „Mißverhältnis“ könnte dann als

400 *Pawlik* Betrug S. 180 (Hervorhebung im Original).
401 Siehe dazu oben 2. Abschnitt A I. 1) a).
402 *Pawlik* Betrug, S. 181 f.
403 Daß seine Konzeption eine „Ersatzlösung“ für den hinsichtlich des „auffälligen Mißverhältnisses“ als zu eng angesehenen Wuchertatbestandes darstellt, macht auch *Pawlik* Betrug,

Betrug strafrechtsrelevant werden; die besonderen Voraussetzungen des Wuchertatbestandes würden auf diese Weise ausgehebelt. Diese Konsequenz ist vor allem deswegen untragbar, weil die Annahme einer Solidaritätspflicht mit Bezug zum Betrug für den Pflichtigen eine erheblich stärkere Belastung darstellte als das Wucherverbot. Während letzteres nämlich die Pflicht etabliert, das Opfer von den Konsequenzen seiner besonderen Konstitution freizustellen, liefe die Berücksichtigung von Solidaritätsgesichtspunkten *sub specie* Betrug auf eine Erweiterung der Aufklärungspflichten des Täters hinaus. Weil aber Lernen zeitaufwendig und bei manchen Personen sogar aussichtslos ist,[404] überspannte eine Inpflichtnahme des Täters für die Aufklärung des Opfers die von §§ 323c und 34 StGB vorgezeichneten Grenzen des über den Solidaritätsgedanken zu begründenden Engagements für den „Nächsten" bei weitem, da der Solidaritätspflichtige nach den genannten Normen immer nur punktuell zu einer Leistung für den anderen herangezogen werden kann.[405] Soll der Täter das Opfer hingegen nicht aufklären, sondern nur von den Folgen seiner Inkompetenz freistellen, läßt sich dies nicht mehr als „Wahrheitspflicht" und ein entsprechender Verstoß erst recht nicht mehr als Betrug fassen.

Dem Bedenken einer Überspannung der Solidaritätspflichten durch die Annahme einer Zuständigkeitsverschiebung bereits im Betrugstatbestand soll indes eine weitere Einschränkung der Voraussetzungen einer Ausdehnung der Aufklärungspflicht Rechnung tragen: Die Absenkung der Verpflichtungsschwelle im Vergleich zu § 323c StGB sei dadurch zu kompensieren, daß neben dem Solidaritätsaspekt auch noch ein „abstraktrechtlicher" Gesichtpunkt hinzutreten müsse. Die Etablierung einer besonderen Aufklärungspflicht verlange demnach eine „*institutionelle Sonderzuständigkeit des Täters für das Opfer*"[406]; es müsse gelingen, „eine Zuständigkeit des Täters für die Belange des Opfers zu begründen, die, wenngleich sie den abstraktrechtlichen Maßstäben noch nicht genügt, die im Bereich der Organisationszuständigkeit gelten, doch den in Anspruch Genommenen aus der Menge der potentiell Hilfspflichtigen in normativ relevanter Weise heraushebt."[407] Eine derartige *Sonderzuständigkeit* im Rahmen des Betrugs lasse sich nicht bereits an die Tatsache anknüpfen, daß der Täter von der Disposition des Opfers profitiert, denn insofern handle es sich um einen „ubiquitären, normativ neutralen Vorgang".[408] Es sei daher mehr zu verlangen;

S. 181 Fn. 161 selber mit seiner Bemerkung deutlich, die von ihm dem Betrug zugeschlagenen Fälle seien *de lege ferenda* als Wucher zu erfassen. Vgl. auch das bei *Pawlik* Betrug, S. 182 gebildete Beispiel, in dem der Täter seine Ware zu „überhöhten (wenn auch nicht wucherischen) Preisen" verkauft.

[404] So zu Recht *Pawlik* Betrug, S. 181.

[405] Insofern ist *Naucke* FS Peters, S. 115 zuzustimmen.

[406] *Pawlik* Betrug, S. 182 (Hervorhebung im Original).

[407] *Pawlik* Betrug, S. 182.

[408] *Pawlik* Betrug, S. 182.

der Täter müsse „infolge der Vor-Inszenierung des geschäftlichen Kontakts (beispielsweise in Form gezielter, ‚zielgruppenorientierter' Werbe- bzw. Verkaufsmaßnahmen) für eine Situation zuständig geworden sein, die es nach dem Urteil eines objektiven Beobachters als wahrscheinlich erwarten läßt, daß der dergestalt Umworbene infolge seines Sozialisationsdefizits der Verlockung des ihm angesonnenen Geschäfts nicht wird widerstehen können."[409]

Auch solche Restriktionsversuche vermögen jedoch den Vorwurf einer Ausdehnung des Wuchertatbestandes *contra legem* nicht auszuräumen. Will der Anbieter nicht seine eigenen gezielten Werbemaßnahmen durch nachträgliche korrigierende Aufklärung konterkarieren, läuft das mit Solidarität angereicherte „Betrugsverbot" für ihn der Sache nach auf die Pflicht hinaus, nur „übliche" Preise zu verlangen. Entgehen könnte er dem nur, wenn er auf bestimmte Werbemaßnahmen verzichtete. Damit aber würden die Konturen des Betruges in unzulässiger Weise vermischt; § 263 StGB geriete zu einem Straftatbestand gegen den unlauteren Wettbewerb. Eine Berücksichtigung außergewöhnlicher kognitiver Schwächen schon unter Betrugsgesichtspunkten kann demnach nicht überzeugen. Damit aber kommt eine Interpretation der wucherischen Ausbeutung von Unerfahrenheit und Urteilsschwäche als *Betrugs*unrecht nicht in Betracht.

c) Zwischenergebnis

Ebenso wie zwischen Erpressung und Zwangslagenwucher ist also auch von einem entscheidenden Unterschied zwischen dem Betrug auf der einen und der Ausbeutung von Unerfahrenheit oder von einem Mangel an Urteilsvermögen auf der anderen Seite auszugehen. Während der Betrüger auf Grund der Täuschung des Opfers für dessen „Blindheit" verantwortlich ist, ist dies beim Wucherer gerade nicht der Fall. Dieser findet die konstitutionellen Schwächen des Opfers ebenso wie die Zwangslage bereits vor; weder hat er das Opfer in die Irre geführt noch besteht eine Garantenpflicht zur Beseitigung des kognitiven Defizits des anderen. Vorgeworfen wird ihm deshalb unter Wuchergesichtspunkten nicht die Verletzung einer Pflicht zur Unterlassung von – bestimmten – Täuschungen und zur Behebung – bestimmter – Fehlvorstellungen, sondern allein das Ausnutzen des Informationsmangels zum Abschluß eines ungleichgewichtigen Vertrags. Umgekehrt formuliert bedeutet dies, daß § 291 StGB anders als der Betrugstatbestand keine Pflicht zur Beseitigung des Informationsrückstandes voraussetzt.

---

409 *Pawlik* Betrug, S. 182. Dies soll etwa dann der Fall sein, wenn ein ehemaliger Aussiedler „frisch eingetroffene Landsleute" in ihrer Unterkunft mit überteuerten Kleidungsstücken versorge.

Die Parallele der Schwächewucherarten zu dem jeweils „wahlverwandten" „abstraktrechtlichen" Delikt – bei dem der Solidaritätsgedanke jeweils keine Rolle spielt und die Handelnden „abstrakt", als „Schemen" wahrgenommen werden – findet damit ebenso wie diejenige zwischen Zwangslagenwucher und Erpressung bzw. Nötigung ihre Grenze in der beim Wucher fehlenden Voraussetzung abstraktrechtlicher Zuständigkeit. Auch beim Schwächelagenwucher wird somit das Opfer dem Täter nicht als in vollem Umfang für das eigene Verhalten verantwortliche *Person* gegenübergestellt, sondern als ein mit einer beachtlichen Schwäche behaftetes *Subjekt* in den Blick genommen.[410] Auch in diesen Konstellationen ist somit für den Wucher konstitutiv, daß das Strafrecht hier von einer abstrakten Sichtweise Abstand nimmt und statt dessen an das bloße Vorliegen einer bestimmten Konstitution anknüpft.

2) Informationswucher als Verbot der Ausbeutung Geschäftsunfähiger?

Ähnlich wie zunächst versucht wurde, den Zwangslagenwucher als Annexvorschrift zu § 323c StGB zu interpretieren und auf diese Weise vollständig auf eine bereits bekannte Solidaritätsnorm zurückzuführen, könnte beim „Informationswucher" daran zu denken sein, die Merkmale der „Unerfahrenheit" und des „Mangels an Urteilsvermögen" an vorgegebene rechtliche Differenzierungskriterien anzuknüpfen und im Sinne der bürgerlichrechtlichen *Geschäftsunfähigkeit* zu interpretieren. Wiederum wäre der „Informationswucher" auch bei dieser Lösung bereits als ein Solidaritätsdelikt anzusehen, da auch die Verantwortungsfreistellung von Kindern als Erscheinungsform des Solidaritätsgedankens identifiziert wurde.

Eine solche Deutung des Wucherverbots legen hingegen weder der Wortlaut noch die Systematik des § 291 StGB nahe. Im Unterschied zu der noch im Reichsstrafgesetzbuch dem Wucherparagraphen benachbarten Vorschrift gegen das „Creditgeben an Minderjährige" (§§ 301, 302 RStGB, an die die Wuchernormen als §§ 302a ff. dann „angeschlossen" wurden)[411] verzichtet der Wuchertatbestand auf das Merkmal zivilrechtlicher Unzurechnungsfähigkeit des Opfers. Auch der systematische Zusammenhang des mit § 291 StGB wortidentischen § 138 Abs. 2 BGB spricht gegen die Einordnung des Wuchers als einer heimlichen Geschäftsunfähigkeitsregelung, da das gleiche Opfer Geschäfte unterhalb der Wuchergrenze wirksam abschließen kann. Ebenso trifft auch die Strafbarkeit nach § 291 StGB nicht jeden, der aus der Unerfahrenheit des anderen einen Vorteil zieht, sondern nur denjenigen, der damit ein „auffälliges Mißverhältnis" erzielt. In § 301 RStGB kam es dagegen auf ein bestimmtes Wert-

[410] Zu dieser Terminologie *Pawlik* GA 2003, 12 (14 f.).
[411] Vgl. dazu etwa *Hälschner* Deutsches Strafrecht II/1, S. 427 ff.

verhältnis gerade nicht an.[412] Somit ist nicht davon auszugehen, daß § 291 StGB bei den Formen des Schwächelagenwuchers das Erreichen der Geschäftsunfähigkeitsgrenze beim Opfer verlangt.

3) Informationswucherverbot als Ausprägung einer Solidaritätspflicht

Nach den bisherigen Darlegungen ist offenkundig, daß der „Informations-" ebenso wie der Zwangslagenwucher als ein Solidaritätsdelikt im Sinne der hier verwendeten Terminologie anzusehen ist, das sowohl – wie bei den Minderjährigen – Fälle eines gelockerten Synallagmas zwischen *Personalität* und Folgenverantwortung, aber auch – wie bei geschäftsfähigen Opfern – Fälle eines gelockerten Synallagmas zwischen rechtsgeschäftlicher *Handlungsfreiheit* und Folgenverantwortung erfaßt. Die Rücknahme der Abstraktionsleistung des Rechts hat auch beim „Informationswucher" für den Täter zur Folge, daß der Umfang seiner strafrechtlichen Haftung auch durch solche Faktoren determiniert wird, die von ihm nicht beherrschbar sind.

Aus diesem Grunde läßt sich trotz des Unterschiedes zwischen der situationsbezogenen Zwangslage einerseits und den konstitutionsbezogenen Schwächelagen der Unerfahrenheit und des Mangels an Urteilsvermögen andererseits eine *gemeinsame* Theorie des Wuchers entwickeln, die zugleich eine saubere Abgrenzung zu den Tatbeständen des Betruges und der Erpressung ermöglicht, in denen der Solidaritätsgedanke gerade keine Berücksichtigung findet. Art und Umfang strafrechtlich eingeforderter Solidarität bestimmt sich danach ausschließlich nach § 291 StGB, der die unter dem Gesichtspunkt *wirklicher* Freiheit unerträglichen Konsequenzen der strikt abstrakten Normen der §§ 253, 263 in kontrollierter Weise dadurch korrigiert, daß er die „Gleichheitsprätention" des Rechts gleichsam umkehrt: Anstatt die tatsächliche Ungleichheit im Normprogramm gar nicht zu berücksichtigen und nur solche Regeln zu formulieren, die für alle Rechtspersonen gleichermaßen gelten, damit aber *faktische* Diskriminierung gerade zu dulden und zu ermöglichen, knüpft die Rechtsordnung an das exzeptionelle Defizit des Wucheropfers die Pflicht, dessen Auswirkungen zu relativieren und so *im Ergebnis* für Gleichbehandlung zu sorgen.

4) Die einzelnen Schwächelagen des „Informationswuchers"

Nach den vorstehenden systematischen Ausführungen gilt es nunmehr – ebenso wie zuvor beim Zwangslagenwucher – danach zu fragen, wie sich die Einordnung auch der Erscheinungsformen des „Informationswuchers" auf die Auslegung der Merkmale „Unerfahrenheit" und „Mangel an Urteilsvermögen" auswirkt. In Literatur und Rechtsprechung werden die einzelnen Schwächewu-

---

[412] *Hälschner* ebd. S. 428.

cherlagen trotz der unterschiedlichen Ansätze zur Bestimmung des „geschützten Rechtsguts" weitgehend einheitlich definiert. Die nachfolgenden Ausführungen werden zeigen, daß auch auf dem Boden des hier zugrundegelegten theoretischen Grundgerüsts – anders als bei der Zwangslage – keine von der herrschenden Auffassung grundsätzlich abweichende Interpretation geboten ist. Gleichzeitig sollen sie jedoch die Leistungsfähigkeit des hier vertretenen Ansatzes dadurch unter Beweis stellen, daß sie die geläufigen Kriterien jedenfalls partiell präzisieren und auch in der Lage sind, die noch streitigen Fragen einer systematisch stimmigen Beantwortung zuzuführen.

a) Unerfahrenheit

aa) Meinungsstand

Das Tatbestandsmerkmal der Unerfahrenheit bestimmen Rechtsprechung und Literatur als „eine den Ausgebeuteten vom Durchschnittsmenschen unterscheidende Eigenschaft, die auf einem Mangel an Geschäftskenntnis und Lebenserfahrung im allgemeinen oder auf einzelnen Gebieten beruht und eine Einschränkung der Fähigkeit zur Wahrnehmung oder richtigen Beurteilung von Zuständen oder Geschehnissen zur Folge hat".[413] Bloße Unkenntnis über die Bedeutung des Geschäftes soll nicht ausreichen,[414] ebensowenig mangelnder Einblick in die Marktverhältnisse an einem bestimmten Ort.[415]

Einer der wenigen in der Literatur umstrittenen Punkte betrifft die Frage, wie das Merkmal der Unerfahrenheit im Hinblick auf solche Märkte auszulegen ist, auf denen vor allem Spezialisten agieren und folglich auch die sonst den Standard bestimmenden „Durchschnittsmenschen" als inkompetent erscheinen müssen. Zum Teil wird vertreten, auf diesen Spezialmärkten seien alle, die nicht mit den Gepflogenheiten vertraut seien, „unerfahren" und somit taugliche Wucheropfer;[416] es reiche aus, wenn es der betreffenden Person, „nicht möglich ist,

[413] RGSt 37, 205 (206 f); 53, 50; 60, 216 (222); BGHSt 11, 182 (186); 13, 233 f.; 30, 280 (281); 43, 53 (61); BGH GA 1971, 209; LK-*Schäfer/Wolff* § 302a Rn. 18; SK-*Samson* § 302a Rn. 34; SK-*Hoyer* § 291 Rn. 14; NK-*Kindhäuser* § 291 Rn. 32; *Lackner-Kühl* § 291 Rn. 8; *Tröndle-Fischer* § 291 Rn. 11; vgl. auch Sch-Sch-*Stree/Heine* § 291 Rn. 25; M/B-*Nack* 61/17; *Maurach/Schroeder/Maiwald* BT/1 43/21; *Mitsch* BT/2/2 5/60; *Arzt/Weber* BT 24/13; *Otto* BT 61/135.

[414] BGHSt 13, 233 f.; BGH NJW 1983, 2780 (2781); LK-*Schäfer/Wolff* § 302a Rn. 18; SK-*Samson* § 302a Rn. 34; *Tröndle-Fischer* § 291 Rn. 11; *Otto* BT 61/135.

[415] Für den Mietmarkt BGH ZMR 1957, 333 (334); LG München ZMR 1963, 177 (beide zu § 138 Abs. 2 BGB); LG Frankfurt wistra 1984, 236 (238); LK-*Schäfer/Wolff* § 302a Rn. 18; *Tröndle-Fischer* § 291 Rn. 11.

[416] SK-*Hoyer* § 291 Rn. 15; *Maurach/Schroeder/Maiwald* BT/1 43/21; M/B-*Nack* 61/17; *Heinsius* Rechtsgut, S. 165; offenbar differenzierend *Tröndle-Fischer* § 291 Rn. 11, die zwar

trotz Nutzung der ihr gegebenen Fähigkeiten, sich einen Überblick über den Marktpreis zu verschaffen."[417] Nach diesen Maßstäben seien bei Ratenkreditgeschäften beinahe alle Konsumenten als unerfahren im Sinne des Wucherparagraphen anzusehen,[418] sofern der Kreditnehmer von seinem Vertragspartner nicht über die Bedeutung des effektiven Jahreszinses aufgeklärt worden ist.[419] Argumentiert wird, es sei „nicht einzusehen, daß jeder Eindringling in einen eng begrenzten Teilmarkt ... auf dem bislang ein Spezialistenmonopol bestand, dort straflos ausgebeutet werden darf."[420] Zudem wird auf § 89 BörsG verwiesen, der ausdrücklich das „Verleiten" *Börsen*unkundiger zu bestimmten spekulativen Geschäften verbietet und damit anscheinend gerade auch den „Durchschnittsmenschen" schützt.[421] Die vor allem in der Rechtsprechung vertretene Gegenansicht verlangt hingegen auch auf Spezialmärkten ein im Hinblick auf den „Durchschnittsmenschen" ungewöhnliches Maß an Unerfahrenheit und lehnt eine Ausdehnung des Schutzes der Wuchervorschrift auf eben diese Standardperson ab.[422] Zur Begründung wird darauf verwiesen, daß die im Reformgesetzgebungsverfahren geführte Debatte darüber, ob der „typische Informationsmangel des unterlegenen Vertragspartners"[423] „in irgendeiner Form erweiternd mit dem Merkmal der ‚Unerfahrenheit' zu verbinden" sein solle, letztlich ergebnislos geblieben sei.[424] Nach dieser Auffassung besteht somit jedenfalls kein unmittelbarer Zusammenhang zwischen dem Anliegen des Verbraucherschutzes auf der einen und dem strafrechtlichen Wucherverbot auf der anderen Seite.

---

das Fehlen von (wohl: anderen als kaufmännischen) Spezialkenntnissen nicht ausreichen lassen wollen, jedoch bei „kaufmännisch schwierigen Geschäften" auf den „typischen Informationsmangel auf Opferseite" abstellen wollen.

[417] *Otto* BT 61/136. Soweit sich *Otto* für seine Ansicht auf BGHSt 43, 53 (61) beruft, vermag dies nicht zu überzeugen, da nach dieser Entscheidung die „Orientierungslosigkeit" des Opfers allein gerade nicht zur Feststellung seiner Unerfahrenheit genügt, vielmehr wird daran festgehalten, daß sich seine Kenntnisse von denen des „Durchschnittsmenschen" unterscheiden müssen. Außerdem argumentiert *Otto* aber auch mit der Vorschrift des § 89 BörsG; zu diesem Argument s. sogleich 2. Abschnitt B I 4) a) bb).

[418] *Otto* NJW 1982, 2745 (2750).

[419] *Nack* MDR 1981, 621 (622); dagegen zutreffend BGH NJW 1983, 2780 (2781) mit dem Argument, auf diese Weise werde die Grenze zum Betrugstatbestand verwischt.

[420] SK-*Hoyer* § 291 Rn. 15.

[421] *Otto* BT 61/136.

[422] BGHSt 13, 233; 43, 53 (61); BGH NJW 1983, 2780 (2781); LK-*Schäfer/Wolff* § 302a Rn. 18; NK-*Kindhäuser* § 291 Rn. 32.

[423] Prot. 7/2796.

[424] LK-*Schäfer/Wolff* § 302a Rn. 19.

bb) Eigener Lösungsansatz

Auf der Grundlage der in dieser Arbeit entwickelten Theorie ist für die Definition der „Unerfahrenheit" entscheidend, daß dieses Merkmal ebenso wie dasjenige der Zwangslage angibt, unter welchen Voraussetzungen der Solidaritätsgedanke im Rahmen des Strafrechts „aktiviert" wird. Dieser Zusammenhang muß die Auslegung des Unerfahrenheitsbegriffs leiten. Es wurde bereits erwähnt, daß das Prinzip formeller Gleichheit auf zivilrechtlicher Ebene durch die Normen des Verbraucherschutzrechts relativiert wird.[425] Es könnte daher naheliegend erscheinen, die „Unerfahrenheit" im Anschluß an das zivilrechtliche Verbraucherleitbild zu bestimmen und im Hinblick darauf gerade auch den „Durchschnittsmenschen" in den Schutz der Vorschrift einzubeziehen.

Gegen einen solchen Ansatz spricht jedoch entscheidend, daß die „Solidaritätspflichten" des Zivilrechts im Vergleich zu denen des Strafrechts auf einen erheblich weiteren Kreis Schutzbedürftiger zugeschnitten sind. Während die zivilrechtlichen Gesetze zum Schutz des Verbrauchers jedenfalls auch die „typischen Informationsmängel" neutralisieren sollen, die gerade beim Durchschnittsbürger in bestimmten Geschäftsbereichen gegenüber dem Anbieter vorliegen,[426] erscheint eine derart weitgehende Umschichtung von Verantwortung im Strafrecht problematisch. Gerade weil die Position des Verbrauchers bereits durch ein komplexes zivilrechtliches Instrumentarium gestärkt wird, wäre seine strafrechtliche Entlastung von der Verantwortung für das von ihm abgeschlossene Geschäft systematisch verfehlt. Wenn ein Verbraucher trotz der zu seinem Schutz bestehenden Informationspflichten einen zu seinem Nachteil grob ungleichgewichtigen Vertrag abschließt und es trotz vorhandener Möglichkeiten zu einer nachträglichen Korrektur dabei beläßt, muß dies solange als seine privatautonome Entscheidung respektiert werden, wie er zur Wahrnehmung seiner Rechte in der Lage gewesen wäre. Das Wucherverbot kann sich folglich als Unerfahrenheitswucher gerade *nicht* auf solche Personen beziehen, die durch die Verbraucherschutzvorschriften prinzipiell erreicht werden können. Als „unerfahren" im Sinne des § 291 StGB ist vielmehr nur derjenige anzusehen, den auch die Verbrauchergesetze nicht effektiv schützen können, etwa weil er nicht über die notwendigen Vorkenntnisse zum Verständnis der ihm zu erteilenden Belehrungen verfügt oder weil er nicht weiß, auf welche Weise er sich von dem

---

[425] Vgl. oben 2. Abschnitt A II. 2) c) aa).

[426] Die Verbraucherdefinition des § 13 BGB erfaßt *jede* natürliche Person, die das Geschäft nicht zu einem Zweck abschließt, der ihrer gewerblichen oder selbständigen beruflichen Tätigkeit zugerechnet werden könnte; auch die AGB-Vorschriften wollen die typische Unterlegenheit des Verwendungsgegeners kompensieren (Ulmer/Brandner/Hensen-*Ulmer* Einleitung Rn. 29; Soergel-*Stein* Einleitung AGBG Rn. 8; MünchKom(BGB)-*Basedow* Einleitung AGBG Rn. 4 f.; Erman-*Hefermehl/Werner* vor § 1 AGBG Rn. 7); vgl. auch *Hommelhoff* Verbraucherschutz, S. 4; *Dick* Verbraucherleitbild, S. 33 f.; *Drexl* Wirtschaftliche Selbstbestimmung, S. 290).

von ihm geschlossenen Vertrag gemäß §§ 355 f. BGB wieder lösen kann. Maßgeblich ist hier also ein „negatives Verbraucherleitbild", das durch das Fehlen aller derjenigen Informationen gekennzeichnet ist, die auch die Verbrauchervorschriften voraussetzen, um ihre Schutzwirkung entfalten zu können.[427]

Ein solches Maß an „Unerfahrenheit" wird in der Mehrzahl der Fälle nicht auf einen bestimmten Geschäftszweig beschränkt sein, sondern sich zumindest auf größere Lebensbereiche erstrecken; zumeist werden Sprachunkenntnis oder Analphabetismus Ursache dafür sein, daß das Opfer am Schutz durch die Verbrauchervorschriften nicht teilhat. Hingegen erscheint eine Unerfahrenheit, die sich etwa ausschließlich auf den Mietmarkt oder den Markt für Automobile bezieht, kaum vorstellbar: Auch wer sich nie für Autos interessiert hat, ist doch in der Lage, Preisvergleiche anzustellen und zu entscheiden, welche Luxus-„Features" ihm zusätzliches Geld wert sind; ebenso ist demjenigen eine hinreichende Orientierung auf dem Wohnungsmarkt zuzutrauen, der zur selbständigen Abwicklung seiner Bankgeschäfte in der Lage ist.[428]

Für die Spezialmärkte, deren Anforderungen auch den durchschnittlichen Marktteilnehmer überfordern, läßt sich nun ebenfalls ein Ergebnis ableiten. Sofern dort „Verbraucherschutzvorschriften" existieren, ist taugliches Wucheropfer wiederum derjenige, der weniger Erfahrung mitbringt, als die auf den Verbraucher zugeschnittenen Schutznormen voraussetzen. Dies gilt indes nicht für denjenigen, der nicht als Verbraucher, sondern als *Konkurrent* auftreten will. Hier ist für einen Unerfahrenheitswucher prinzipiell kein Platz. Dies gilt ohne weiteres dort, wo das Auftreten von Laien auf einem bestimmten Markt durch Zulassungsbestimmungen gezielt unterbunden wird, wie dies etwa beim Börsenhandel der Fall ist (§ 7 BörsG). Aber auch auf einem nicht zulassungsbeschränkten Markt darf ein „Neuling" von seinen Mitbewerbern keine besondere Schonung verlangen; das Wettbewerbsrecht gebietet an keiner Stelle, Erfahrungsvorsprünge als Wettbewerbsvorteile zu nivellieren. Die These, jeder Markt müsse für „Neulinge" zugänglich bleiben,[429] ist daher ihrerseits systematisch nicht zu begründen. Auch aus § 89 BörsG läßt sich für die Gegenansicht kein

[427] Stellt man hierauf ab, bereitet der Streit um das Verbraucherleitbild (vgl. dazu zusammenfassend MünchKom(BGB)-*Micklitz* vor § 13 Rn. 6 ff.) für die hier gesuchte Lösung kaum Schwierigkeiten, da nur solche gravierenden „Informations"mängel vom Merkmal der Unerfahrenheit erfaßt sein sollen, die einen wirksamen Schutz durch zusätzliche Informations- oder Widerrufsrechte *prinzipiell* ausschließen.

[428] Gegenbeispiele sind eher der Phantasie als der Empirie zu entnehmen: Zu denken wäre an einen von den Zinsen seines ererbten Vermögens lebenden Müßiggänger, der sich in allen Geldangelegenheiten mittleren und größeren Zuschnitts stets auf seinen Verwalter und in den Besorgungen des täglichen Lebens auf seinen Butler verlassen und dadurch eine grandiose „Weltfremdheit" kultiviert hat, die ihn auf weiten Gebieten zu einem tauglichen Wucheropfer macht, während er sich bei Weinen und Pferden als ein gewitzter Kenner des Marktes erweist.

[429] SK-*Hoyer* § 291 Rn. 15.

stichhaltiges Argument gewinnen. Zwar interpretiert die Rechtsprechung diese Vorschrift durchaus in der Weise generalisierend, daß ihr Schutz praktisch allen Börsenneulingen zugute kommen müsse.[430] Dieser Auslegung wird jedoch zu Recht entgegengehalten, daß im Hinblick auf die börsenrechtlichen Informationspflichten des § 53 Abs. 2 BörsG gerade *keine* allgemeine Unerfahrenheit unterstellt werden dürfe.[431] Wer aufgeklärt ist, handelt auf eigene Verantwortung; eine Einstandspflicht für die geschäftlichen Entscheidungen anderer kann nur dort angenommen werden, wo die Aufklärungspflichten ins Leere laufen.

Der bei weitem größte praktische Anwendungsbereich dürfte dem Unerfahrenheitswucher nach dem Vorstehenden bei der Ausbeutung sprachunkundiger Ausländer zukommen.[432] Sowohl spezielle Belehrungspflichten als auch Widerrufsrechte nützen in der Regel demjenigen wenig, der die deutsche Sprache nicht hinreichend beherrscht. Auch ist derjenige, der mit dem Preisniveau in Deutschland nicht im geringsten vertraut ist, sehr geneigt, jeden von ihm verlangten Preis zu bezahlen in der Annahme, es handle sich um die übliche Vergütung. Im übrigen aber bleibt zwischen dem durch die massiv ausgebauten Verbraucherschutzinstrumente vorgezeichneten – und durch sie deutlich abgesenkten – „Normalniveau“ und der Geschäftsunfähigkeit nur geringer Raum, so daß auch insoweit die geringe praktische Bedeutungslosigkeit des Wuchers nicht verwundern kann.[433]

b) Mangel an Urteilsvermögen

aa) Meinungsstand

Noch knapper als die Definition der Unerfahrenheit fällt in den meisten Kommentierungen sowie monographischen Bearbeitungen des Wuchers die Stellungnahme zur Tatbestandsalternative des „Mangels an Urteilsvermögen" aus. So meint etwa *Samson*, ein Mangel an Urteilsvermögen liege vor, wenn „die durchschnittliche Fähigkeit, sich vernünftig zu entscheiden, aufgrund nicht behebbarer geistiger Mängel reduziert ist. Geistesschwäche oder Geisteskrankheit sind nicht erforderlich."[434] Bei *Lackner-Kühl*[435] heißt es, „Mangel an Urteils-

---

[430] BGH ZIP 1988, 1098 (1099); OLG Düsseldorf WM 1989, 175 (180).
[431] *Schwark* § 89 Rn. 8.
[432] Vgl. dazu LG Köln ZMR 1975, 367 (369); LK-*Schäfer/Wolff* § 302a Rn. 18; *Tröndle-Fischer* § 291 Rn. 11; *Nack* MDR 1981, 621 (624).
[433] Wenn *Nack* MDR 1981, 621 (624) der Rechtsprechung vorwirft, ihre Interpretation des Unerfahrenheitsmerkmals erfasse beinahe nur die Geschäftsunfähigen, so trifft diese Beobachtung durchaus zu, gereicht der Rechtsprechung jedoch nicht zur Kritik.
[434] SK-*Samson* § 302a Rn. 35.
[435] *Lackner-Kühl* § 291 Rn. 8.

vermögen" sei „mehr als bloße Unerfahrenheit" und „namentlich anzunehmen, wenn dem Bewucherten – idR infolge von Verstandesschwäche – die Fähigkeit abgeht, die beiderseitigen Leistungen und die wirtschaftlichen Folgen des Geschäftsabschlusses vernünftig zu bewerten." Nach *Kindhäuser* kommt es darauf an, daß der Bewucherte „infolge seiner erheblich reduzierten Urteilsfähigkeit das Risiko des Rechtsgeschäfts nicht einzuschätzen vermag."[436] Der Mangel an Urteilsvermögen müsse sich nicht notwendigerweise mit den Voraussetzungen des § 20 StGB decken, wenngleich eine solche Kongruenz durchaus bestehen könne.[437] Übereinstimmung besteht also darin, daß mit „Mangel an Urteilsvermögen" ein intellektuelles Defizit gemeint ist, dessen *differentia specifica* zur Unerfahrenheit darin besteht, daß es nicht an hinreichendem Erfahrungs-„input", sondern an den entsprechenden kognitiven „Verarbeitungskapazitäten" fehlt, so daß auch die Bereitstellung aller einschlägigen Informationen den Betroffenen nicht in die Lage versetzen würde, „vernünftig" zu entscheiden.[438]

bb) Eigener Lösungsansatz

Der herrschenden Meinung ist zunächst darin zuzustimmen, daß es sich beim Mangel an Urteilsvermögen nicht um einen Mangel an Information, sondern an Möglichkeiten zur Informationsverarbeitung, also um einen kognitiven Defekt handeln muß. Die entscheidende Frage nach dem Niveau, dessen Unterbietung eine wucherrelevante Schwäche konstituiert und somit das prinzipiell bestehende Recht des klügeren Vertragspartners begrenzt, seine Stärke auszunutzen,[439] muß nach dem in dieser Arbeit vertretenen Ansatz wiederum vor dem Hinter-

---

[436] NK-*Kindhäuser* § 291 Rn. 33. Inhaltlich übereinstimmend auch die Definitionen bei LK-*Schäfer/Wolff* § 302a Rn. 20; SK-*Hoyer* § 291 Rn. 16; Sch-Sch-*Stree/Heine* § 291 Rn. 26; *Tröndle/Fischer* § 291 Rn. 12; M/B-*Nack* 61/19; *Otto* BT, 61/137; *Arzt/Weber* BT 24/14; *Maurach/Schroeder/Maiwald* BT/1 43/21; *Mitsch* BT/2/2 5/ 61; *Hohendorf* Individualwucher, S. 98; *Sickenberger* Wucher, S. 66; *Rühle* Wucherverbot, S. 53 f.; *Heinsius* Rechtsgut, S. 166 f.; *Blei* JA 1976, 807 (813); *Göhler/Wilts* DB 1976, 1657 (1662); *Sturm* JZ 1977, 84 (86); *Nack* MDR 1981, 621 (624 f.); *Otto* NJW 1982, 2745 (2749). Die große Einmütigkeit in der Literatur ist in erster Linie darauf zurückzuführen, daß die Gesetzgebungsmaterialien zu diesem erst 1976 in den Tatbestand eingefügten Merkmal dessen vom Gesetzgeber intendierten Umfang präzise beschreiben und für die Entfaltung dogmatischer Zwistigkeiten somit kaum Platz gelassen haben; vgl. BT-Drucks. 7/3441 S. 41.

[437] Sch-Sch-*Stree/Heine* § 291 Rn. 26; *Tröndle-Fischer* § 291 Rn. 12.

[438] Prot. 7/2799; LK-*Schäfer/Wolff* § 302a Rn. 20; Sch-Sch-*Stree/Heine* § 291 Rn. 26; *Lackner-Kühl* § 291 Rn. 8; *Tröndle-Fischer* §291 Rn. 12; *Heinsius* Rechtsgut, S. 166 f.; *Blei* JA 1976, 807 (813). In diesem Sinne spricht auch NK-*Kindhäuser* § 291 Rn. 33 von Erfordernis „dauernder" geistiger Defizite; dies mißdeutet anscheinend *Heinsius* Rechtsgut, S. 166 Fn. 671. Undeutlich auch SK-*Samson* § 302a Rn. 35, der von einem „nicht behebbaren" geistigen Mangel spricht.

[439] Vgl. *Bockelmann* Eb. Schmidt-FS, 437 (445); *ders.* ZStW 79 (1967), 28 (33); *Kühne* Geschäftstüchtigkeit, S. 9.

grund des Solidaritätsgedankens beantwortet werden. Dabei läßt sich erneut der zuvor entwickelte Ansatz fruchtbar machen, sich gleichsam negativ an dem Standard zu orientieren, der von den Verbraucherschutzvorschriften vorausgesetzt wird. Diese verlangen selbstverständlich nicht nur ein gewisses Erfahrungswissen, sondern auch ein Mindestmaß an intellektuellen „Verarbeitungskapazitäten". Nur wer dieses Niveau unterschreitet und kognitiv nicht in der Lage ist, Belehrungen zu verstehen oder sein Widerrufsrecht wahrzunehmen, ist urteilsschwach im Sinne des § 291 StGB. In der Praxis wird daher in der Tat häufig Geschäftsunfähigkeit bzw. Schuldunfähigkeit im Sinne des § 20 StGB anzunehmen sein.[440]

Für das im vorliegenden Zusammenhang kaum diskutierte Problem der Spezialmärkte ergibt sich nach dem hier vertretenen Ansatz dasselbe Ergebnis, zu dem hier konsequenterweise auch die herrschende Meinung gelangen müßte. Insofern diese nämlich den Mangel an Urteilsvermögen in die Nähe der Verstandesschwäche rückt, dürfte sie denjenigen nicht als taugliches Wucheropfer anerkennen, der mit der Bewältigung von Alltagssituation keine Probleme hat. Dies muß auch dann gelten, wenn er sich auf einem komplizierten und schnelle Entscheidungen erfordernden Spezialmarkt betätigt, dessen Herausforderungen er intellektuell nicht gewachsen ist. Nach hiesiger Auffassung ergibt sich das gleiche Ergebnis bereits auf der Grundlage der Ausführungen zum Unerfahrenheitswucher; eine Wiederholung der dort vorgetragenen Argumente erübrigt sich insoweit. Wucher ist auf „Spezialmärkten" demnach nur dann denkbar, wenn dem Opfer auf Grund seiner „Geistesschwäche" bereits sein Auftreten auf einem solchen Markt nicht mehr zugerechnet werden kann.

cc) Erhebliche Willensschwäche

Die bisher erarbeiteten Ergebnisse lassen bereits vermuten, daß auch die Ausbeutung einer „erheblichen Willensschwäche" als die letzte nunmehr noch zu untersuchende Wuchervariante wiederum unter Rückgriff auf den Solidaritätsgedanken zu interpretieren ist. Mit den anderen Formen des Schwächewuchers ist ihr gemeinsam, daß der Defekt des Opfers konstitutioneller Art und nicht wie die Zwangslage situationsbezogen ist; mit dem Zwangslagenwucher hingegen verbindet sie, daß das Opfer seine Entscheidung durchaus in Würdigung der

---

[440] Daß diese Fallgruppe in der Rechtsprechung im Vergleich zum Unerfahrenheits- und zum Zwangslagenwucher eine außerordentlich geringe Rolle spielt, könnte gerade damit zu tun haben, daß dem Bewucherten hier die Tatsache, daß er übervorteilt wurde, *auf Dauer* nicht zu Bewußtsein gelangen kann.

hohen Kosten trifft, wobei es die Entscheidungssituation auf Grund seiner konstitutionsbedingt abweichenden Präferenzen subjektiv als Zwangslage erlebt.[441]

Nach Literatur und Rechtsprechung ist eine erhebliche Willensschwäche dann zu bejahen, wenn die „psychische Widerstandskraft“ des Wucheropfers im Vergleich zu derjenigen eines „Durchschnittsmenschen" erheblich herabgesetzt ist,[442] was insbesondere bei Drogensüchtigen und Alkoholikern angenommen werden könne, ohne daß jedoch zwingend eine solche Krankheit Ursache der Willensschwäche sein müsse.[443] Betont wird, daß die Willensschwäche sich als ähnlich gravierend darstellen müsse wie die anderen Schwächelagen des Wuchertatbestandes.[444] Eine solche – vom gesetzlichen Tatbestand ausdrücklich geforderte – „Erheblichkeit" könne nur bejaht werden, wenn die Beeinflußbarkeit des Opfers über die bei jedermann gegebene Anfälligkeit für Manipulationen – etwa durch Werbung – deutlich hinausgehe.[445] Auch der Appell an Begierden sexueller Art soll nicht ausreichen; so sei derjenige nicht als willensschwach im Sinne des § 291 StGB anzusehen, der „der Atmosphäre eines Lokals und der starken Anziehungskraft der darin beschäftigten Damen nicht widerstehen“ könne.[446]

Auf der Grundlage der in dieser Arbeit zur Deutung der Erpressung vertretenen Auffassung kann auch der Willensschwächewucher nicht als Unterfall der Erpressung aufgefaßt werden, da den Täter auch hier keine Pflicht zur Bereitstellung der vom Opfer gewünschten Leistung trifft. Auf der anderen Seite sprechen die oben unter 2. Abschnitt B I. 2) referierten Argumente auch hier dagegen, die Bejahung erheblicher Willensschwäche davon abhängig zu machen, daß diese zur Begründung zivilrechtlicher Geschäftsunfähigkeit ausreicht. Wie bei den anderen Wuchervarianten ist deshalb auch der Willensschwächewucher

---

[441] Auf die Verwandtschaft zwischen Zwangslagen- und Willensschwächewucher weisen auch hin *Tiedemann* Prot. 7, S. 2473; *Lackner/Werle* NStZ 1985, 504 und *Scheffler* GA 1992, 1 (7).

[442] BayObLG 1985, 873; LK-Schäfer/Wolff § 302a Rn. 21; *Lackner-Kühl* § 291 Rn. 8; SK-*Samson* § 302a Rn. 36; SK-*Hoyer* § 291 Rn. 17; Sch-Sch-*Stree/Heine* § 291 Rn. 27; *Tröndle-Fischer* § 291 Rn. 13; M/B-*Nack* 61/20; *Arzt/Weber* BT, 24/9; *Otto* BT 61/138; *ders.* JR 1985, 169 (170); *Mitsch* BT/2/2 5/62; *Maurach/Schroeder/Maiwald* BT/1 43/21; *Hohendorf* Individualwucher, S. 99; *Heinsius* Rechtsgut, S. 168 f.; *Göhler/Wilts* DB 1976, 1657 (1662); *Sturm* JZ 1977, 84 (86).

[443] LK-*Schäfer/Wolff* § 291 Rn. 21; SK-*Hoyer* § 291 Rn. 17; SK-*Samson* § 302a Rn. 36; NK-*Kindhäuser* § 291 Rn. 34; *Lackner-Kühl* § 291 Rn. 8; *Tröndle-Fischer* § 291 Rn. 13; *Maurach/Schroeder/Maiwald* BT/1 43/21; *Arzt/Weber* BT, 24/9; *Mitsch* BT/2/2 5/62; *Hohendorf* Individualwucher, S. 99; *Sickenberger* Wucher, S. 67; *Heinsius* Rechtsgut, S. 168; *Sturm* JZ 1977, 84 (86).

[444] Prot. 7/2802; *Tröndle-Fischer* § 291 Rn. 13; *Otto* BT 61/138.

[445] Vgl. LK-*Schäfer/Wolff* § 302a Rn. 21; SK-*Hoyer* § 291 Rn. 17; SK-*Samson* § 302a Rn. 36; NK-*Kindhäuser* § 291 Rn. 34; *Lackner-Kühl* § 291 Rn. 8; *Arzt/Weber* BT 24/9.

[446] *Otto* JR 1985, 169 (170); sinngemäß ebenso das von *Otto* besprochene Urteil BayObLG NJW 1985, 873.

als eine Relativierung des Synallagmas von Freiheit und Folgenverantwortung zu interpretieren, mit der das Recht „solidarisch" auf ein punktuelles Zurückbleiben hinter einem vorausgesetzten Standard Rücksicht nimmt.

Soll die durch die Berufung auf den Solidaritätsgedanken erzwungene objektivierende Auslegung der *Zwangslage* nicht dadurch konterkariert werden, daß ein nur subjektiv empfundener Zwang unter dem Merkmal der „erheblichen Willensschwäche" Wucherrelevanz erlangt, bedarf diese Tatbestandsvariante einer restriktiven Interpretation.[447] Das Maß der Sorgfaltswidrigkeit des Opfers im Umgang mit dem eigenen Vermögen muß noch jenseits des Bereichs grober Fahrlässigkeit liegen, da bis zu dieser Grenze nach § 277 BGB *diligentia quam in suis* unter Umständen sogar in Bezug auf die Rechtsgüter anderer geltend gemacht werden darf.[448] Sich selbst gegenüber aber ist der Rechtsinhaber jedoch nicht zur Sorgfalt verpflichtet; seine Entscheidung für einen „verantwortungslosen" Umgang mit seinem Vermögen ist grundsätzlich zu respektieren. Aus diesem Grunde besteht für ein Eingreifen des Solidaritätsgedankens nur dann Anlaß, wenn diese Entscheidung selbst dem Betreffenden mit Rücksicht auf dessen Konstitution nicht mehr zugerechnet werden kann, weil der Bewucherte von seinem Bedürfnis derartig beherrscht ist, daß er Kostenerwägungen überhaupt nicht mehr anzustellen vermag. In den Bereich der Willensschwäche fallen demnach vor allem krankhafte Kaufzwänge sowie Fälle von körperlicher Abhängigkeit. Diese darf sich jedoch nicht auf unerlaubte Substanzen beziehen, da illegale Märkte durch das Wucherverbot gerade nicht geschützt werden sollen.[449]

II. Ergebnis

Die Theorie vom Wucherverbot als Ausprägung einer Solidaritätspflicht ist auf alle Varianten des § 291 StGB anwendbar. Für die verschiedenen Schwächelagen ergeben sich auf ihrem Hintergrund mit der herrschenden Meinung weitgehend konforme Ergebnisse. Solidaritätsberechtigt sind nur solche Opfer, die das

---

[447] Nach *C. Schmitt* Römischer Katholizismus, S. 24 f. entspricht ohnehin „in der modernen Wirtschaft ... einer aufs äußerste rationalisierten Produktion ein völlig irrationaler Konsum". Auch ohne polemische Zuspitzung ist zu konstatieren, daß „der Markt" zwar ein Höchstmaß an instrumenteller Vernünftigkeit aufwendet, diese jedoch in den Dienst beliebiger Konsuminteressen stellen kann, die ihrerseits nicht der Forderung nach ökonomischer Rationalität unterworfen sind. Der *„homo oeconomicus"* entscheidet über die *Richtung* seiner Aktivität nach anderen Kriterien als über die Methode zu deren Verwirklichung; vgl. auch *Pawlik* Betrug, S. 270.

[448] Dies gilt (nach neuem Schuldrecht) etwa für den kraft Gesetzes zum Rücktritt Berechtigten (§ 346 Abs. 3 Nr. 3 BGB), den zum Widerruf berechtigten Verbraucher (§ 357 Abs. 1 BGB) und den unentgeltlichen Verwahrer (§ 690 BGB).

[449] Dazu unten 2. Abschnitt C II. 3) b).

für einen „Verbraucher" vorausgesetzte Niveau an Erfahrung und intellektueller Kompetenz nicht erreichen. Angesichts der weitgehenden Standardisierung und Anonymisierung der meisten Geschäfte wird die größte praktische Relevanz unter allen Fallgruppen dem Unerfahrenheitswucher, und zwar vermutlich vor allem in der Erscheinungsform der Ausbeutung marktunerfahrener Ausländer zukommen.

C. Das „auffällige Mißverhältnis"

Nach der Behandlung der verschiedenen Ausbeutungsvarianten des § 291 StGB mündet die Untersuchung nunmehr in die Erörterung des „auffälligen Mißverhältnisses" ein. Das „auffällige Mißverhältnis" zwischen der Leistung des Wucherers einerseits und dem vom Opfer versprochenen oder bereits gewährten Vermögensvorteil andererseits ist das einzige sämtlichen Erscheinungsformen des Wuchers gemeinsame Tatbestandsmerkmal; indem es die Schwelle zwischen erlaubter Gewinnerzielung und strafbarem Unrecht markiert, kommt ihm im Tatbestand des § 291 StGB eine herausragende Bedeutung zu.[450]

Während die vor Geltung des Reichsstrafgesetzbuches bestehenden Vorschriften gegen Zinswucher eine konkrete Strafbarkeitsgrenze festlegten,[451] umschreibt das seit 1893 prinzipiell für alle Vertragsgegenstände offene „moderne" Wucherstrafrecht die Grenze, bis zu welcher der Wucherer seine wirtschaftliche Macht ausspielen darf, mit dem Hinweis auf das „auffällige Mißverhältnis" überaus ungenau. Anders als noch der alte, ausschließlich gegen den Zinswucher gerichtete und bis 1976 gültige § 302a StGB, der auf den „üblichen Zinsfuß" als Maßstab abstellte, legt der heutige § 291 StGB auch keinen Bezugspunkt für den anzustellenden Vergleich mehr fest. Mit dieser Änderung wurde eine stärkere Berücksichtigung der „Umstände des Einzelfalls" angestrebt;[452] eine präzise Festlegung der Wuchergrenzen für *alle* denkbaren Fälle war angesichts des nicht mehr beschränkten Anwendungsbereichs des Wuchers ohnehin kaum mehr möglich.[453]

Diese Flexibilisierung hat indes zur Folge, daß der Wortlaut des § 291 StGB nunmehr keinerlei Anhaltspunkt dafür gibt, in welcher Größenordnung Abweichungen von welchem „Richtwert" erlaubt sein sollen. Ob der Bereich des Strafbaren bei einer fünfzig-, bei einer hundert- oder erst bei einer zweihundertprozentigen Überschreitung des Vergleichswertes beginnt, läßt sich der Vorschrift nun nicht mehr entnehmen.[454] Die Konkretisierung des „auffälligen Mißverhältnisses" stellt deshalb eine zentrale Aufgabe der Wucherdogmatik dar. Zwar wird eine seriöse Interpretation dort keine klaren Prozentgrenzen herleiten können, wo das Gesetz sie bewußt vermeidet; jedoch gilt es Kriterien zu finden, die es ermöglichen, den Bereich des strafrechtlich Relevanten so genau zu bestimmen, daß eine willkürliche Handhabung des Wucherparagraphen ausge-

---

[450] *Lenckner* JR 1980, 161.

[451] S. dazu oben 1. Abschnitt A I.

[452] *Göhler/Wilts* DB 1976, 1657 (1661 f.).

[453] Vgl. *Bender* NJW 1980, 1129, (1132).

[454] Kritisch hierzu auch *Bachmann* NJW 1979, 2082; nach *Arzt/Weber* BT 24/17 ist das „auffällige Mißverhältnis" „wegen seiner *Unbestimmtheit* die crux des § 291" (Hervorhebung im Original).

schlossen ist. Wenn in der Literatur gegen eine ziffernmäßige Konkretisierung des auffälligen Mißverhältnisses vorgetragen wird, der Gesetzgeber habe sich bewußt gegen die Festschreibung von Prozentgrenzen entschieden,[455] so stellt dies kein taugliches Argument gegen das Bemühen um eine Auslegung dar, die das strafrechtlich Verbotene in Orientierung ermöglichender Weise umreißt.[456]

Trotz der wenig präzisen Formulierung im Gesetz besteht über die Auslegung des „auffälligen Mißverhältnisses“ sowohl im Grundsatz wie auch hinsichtlich dessen Konkretisierung für die hauptsächlichen Fallgruppen Einhelligkeit. In Rechtsprechung und Lehre herrscht beinahe unangefochten die Auffassung, ein „auffälliges Mißverhältnis“ liege dann vor, wenn „einem Kundigen das Mißverhältnis, und sei es auch erst nach eingehender Prüfung, ins Auge springt.“[457] Diese Definition ist indes mehr als unbefriedigend; sie ist *zugleich* tautologisch (ein Mißverhältnis liege dann vor, wenn man es merkt) und widersprüchlich (nach eingehender Prüfung – ins Auge springt) und stellt offenkundig den Versuch dar, das prekäre Abgrenzungsproblem durch die Suggestion zu umgehen, es seien ohnehin ausschließlich eindeutige Fälle erfaßt. Wie erheblich eine Überschreitung des Vergleichswertes aber ausfallen muß, um „eindeutig“ bzw. „auffällig“ zu sein, ist indes gerade fraglich.

Trotz dieser Unbestimmtheit des Ausgangspunktes konzentriert sich die Diskussion bezüglich der vom Gesetz besonders hervorgehobenen und auch praktisch hauptsächlich relevanten Tatbestandsvarianten des Miet- und des Kreditwuchers mittlerweile auf konkrete Grenzwerte, die ein auffälliges Mißverhältnis indizieren sollen. So soll Mietwucher nach fast allgemeiner Meinung eine Über-

---

[455] So *Kessler* BB 1979, 1423 (1424).

[456] Gleichwohl ist die Berufung des OLG Stuttgart NJW 1979, 2409 (2410) auf das in Österreich noch geltende Institut der *laesio enormis* im Zusammenhang mit § 138 Abs. 2 BGB angesichts der bewußten Abkehr des deutschen Wucherstrafrechts von dieser Rechtsfigur methodisch nicht zu billigen [so zu Recht *Kessler* BB 1979, 1423 (1424)], zumal die Rechtsfolge nach österreichischem Zivilrecht nur in der Anfechtbarkeit, nicht aber in der Nichtigkeit des fraglichen Geschäfts besteht [*Ott* BB 1981, 937 (940)]; ebensowenig ist aber – zumal beim strafbaren Wucher – der Umkehrschluß berechtigt, die Rechtsprechung dürfe zu keiner „prozentualen“ Kontinuität und Berechenbarkeit finden oder diese jedenfalls nicht bei 100% festlegen [zutreffend *Bender* NJW 1980, 1129 (1133)].

[457] BGHSt 43, 53 (59); OLG Stuttgart wistra 1982, 36 f.; BayObLG NJW 1985, 873; LK-*Schäfer/Wolff* § 302a Rn. 27; SK-*Hoyer* § 291 Rn. 50; NK-*Kindhäuser* § 291 Rn. 42; *Lackner-Kühl* § 291 Rn. 3; Sch-Sch-*Stree/Heine* § 291 Rn. 12; *Tröndle-Fischer* § 291 Rn. 16; M/B-*Nack* 61/23; *Otto* BT 61/128; *ders.* JR 1985, 169; *ders.* NJW 1982, 2745 (2746); *Niethammer* Lehrbuch, S. 365; *Hohendorf* Individualwucher, S. 107 f.; *Sturm* JZ 1977, 84 (86); *Haberstroh* NStZ 1982, 265 (266). Damit ist gegenüber der früheren Auffassung, das Vorliegen eines Mißverhältnisses sei „im wesentlichen Tatfrage“ (so *Wachenfeld* Lehrbuch, S. 417), allenfalls ein geringfügiger Fortschritt zu verzeichnen. Kritik findet die Formel der herrschenden Meinung bei *Heinsius* Rechtsgut, S. 137 f. sowie bei *Lenckner* JR 1980, 161: daß ihr kaum Aussagegehalt zukomme, liege „auf der Hand“.

schreitung des Vergleichswertes um fünfzig Prozent voraussetzen;[458] beim Kreditwucher wird hingegen vielfach eine Abweichung um hundert Prozent als Richtwert angenommen.[459] In beiden Fällen ist die Ableitung des jeweiligen Ergebnisses aus der zuvor referierten Faustformel ebenso unklar wie diese Formel selbst. Es kann deshalb nicht erstaunen, wenn bei seltener vorkommenden Fallgruppen wie etwa dem Lohnwucher eine große Unsicherheit über die relevante Grenze besteht.[460]

Der vorliegende Untersuchungsabschnitt wird versuchen, auch das Merkmal des auffälligen Mißverhältnisses zu den bisher erarbeiteten Vorgaben in Bezug zu setzen. Dabei soll unter 1) die Frage nach dem relevanten Wertberechnungsmaßstab gestellt werden: Während die Leistung des Opfers zumeist in einer Geldzahlung besteht, muß die Täterleistung durch den Rechtsanwender zunächst bewertet werden, bevor ein Vergleich zwischen beiden Größen angestellt werden kann. Auch bei der Opferleistung kann eine solche Valutierung notwendig sein; nicht evident ist etwa, mit welchem Wert die Gegenleistungen für einen Kredit zu veranschlagen sind. Die Untersuchung wird dabei zu dem Ergebnis gelangen, daß jede Leistung allein nach ihrem faktischen Marktpreis zu bewerten ist. Dieser Grundsatz bedarf vor allem für den Kreditmarkt einer Konkretisierung; es stellt sich die Frage, wie der relevante Markt jeweils abzugrenzen ist und wie bei Leistungen zu verfahren ist, für die ein Markt nicht ohne weiteres erkennbar ist. Erst nach der Erörterung dieser Probleme kann es um eine Konkretisierung des Mißverhältnisses selbst gehen.

---

458 BGHSt 30, 280 (281) mit insofern zustimmender Anmerkung *Scheu* JR 1982, 474; OLG Köln NJW 1976, 119 (120); LG Köln WM 1976, 34; LG Darmstadt NJW 1972, 1244; LG Köln ZMR 1975, 367; MDR 1977, 159; LG Wiesbaden ZMR 1980, 235; LG Frankfurt wistra 1984, 236 (238); SK-*Samson* § 302a Rn. 25; SK-*Hoyer* § 291 Rn. 51; LK-*Schäfer/Wolff* § 291 Rn. 29; NK-*Kindhäuser* § 291 Rn. 48; Sch-Sch-*Stree/Heine* § 291 Rn. 15; *Tröndle-Fischer* § 291 Rn. 17; *Lackner-Kühl* § 291 Rn. 4; *Arzt/Weber* BT 24/19; *Maurach/Schroeder/Maiwald* BT/1 43/17; *Gössel* BT 32 /22; *Rühle* Wucherverbot, S. 46; *Hohendorf* Individualwucher, S. 114; *Heinsius* Rechtsgut, S. 139; *Schmidt-Futterer* JR 1972, 133 (134); *Vollmer* NJW 1983, 555 (556).

459 OLG Stuttgart NJW 1979, 2410; LK-*Schäfer/Wolff* § 302a Rn. 32; SK-*Samson* § 302a Rn. 25; SK-*Hoyer* § 291 Rn. 52; NK-*Kindhäuser* § 291 Rn. 50; *Lackner-Kühl* § 291 Rn. 5; *Gössel* BT 32/24; *Otto* BT 61/131; *ders.* NJW 1982, 2745 (2749); *Nack* MDR 1981, 621 (623 f.). Nach BGH NJW 1988, 818 (zu § 138 Abs. 2 BGB) darf jedoch die Entscheidung des Gesetzgebers gegen eine feste Grenze nicht durch die Rechtsprechung unterlaufen werden, indem sie ab einem bestimmten Wertgefälle Wucher „blind“ bejaht.

460 Dazu der relativ neue Fall BGHSt 43, 53 ff. (= JZ 1998, 627 ff. = JR 1999, 164 ff.) mit Besprechungen *Bernsmann* JZ 1998, 166 ff. und *Renzikowski* JR 1999, 629 ff.).

I. Der Bezugspunkt: Marktpreis oder pretium iustum?

In Rechtsprechung und Literatur hat sich mittlerweile sehr eindeutig die Auffassung durchgesetzt, daß Leistung und Gegenleistung bei der Bestimmung des auffälligen Mißverhältnisses grundsätzlich jeweils mit ihrem *Marktwert* zu veranschlagen seien.[461] Wucher liegt demnach dann vor, wenn der Marktpreis des vom Täter empfangenen oder ihm vom Opfer versprochenen Vermögensvorteils den Marktpreis der Täterleistung in „auffälliger" Weise überschreitet. Da die Leistung des Opfers in den meisten Fällen in Geld besteht, läuft der anzustellende Vergleich regelmäßig auf eine Gegenüberstellung des Marktpreises der Täterleistung mit dem vom Opfer zu leistenden Geldwert hinaus.[462] Indem sie den wucherischen Preis als Abweichung vom Marktpreis konzipiert, stellt die herrschende Meinung auf eine Diskriminierung des Opfers gegenüber der Mehrheit der Marktteilnehmer ab, die dieselbe Leistung für einen geringeren Gegenwert erhalten können. Konsequenz dieser Auffassung ist, daß das strafrechtliche Wucherverbot gegen einen *allgemeinen* Anstieg des Preisniveaus keine Handhabe bietet und somit nicht „gerechte Preise", sondern dem einzelnen „Schwachen" einen halbwegs üblichen Preis garantiert.

Als das klassische Gegenmodell zur heutigen Orientierung am Marktwert wird verbreitet die Lehre vom „gerechten Preis" (*pretium iustum*) dargestellt,[463] die auf die Wertlehre des *Aristoteles* zurückgeht und dann vor allem in der Scholastik weiterentwickelt wurde.[464] Nach einer aus dieser Zeit stammenden gebräuchlichen Formel berechnet sich der gerechte Preis aus den Selbstkosten des Leistenden (*labor* und *expensae*, also Arbeits- und Gestehungskosten) unter Zubilligung eines „angemessenen" Gewinns und gegebenenfalls einer Risikoprämie.[465] Diese Lehre scheint gegenüber der Orientierung am faktischen Marktpreis auf den ersten Blick den Vorteil größerer Objektivität zu bieten, da sie sich anscheinend vom Bezug auf den vorhandenen Markt lösen und den angemessenen Preis autonom bestimmen kann.

Der Unterschied dieser klassischen Lehre zu marktorientierten Ansätzen ist jedoch nicht so bedeutend, wie es auf den ersten Blick erscheinen mag. Bei nähe-

---

[461] BGHSt 43, 53 (59); BayObLG 1985, 873; LK-*Schäfer/Wolff* § 302a Rn. 34; SK-*Samson* § 302a Rn. 22; SK-*Hoyer* § 291 Rn. 48 (nur für den Schwächewucher); NK-*Kindhäuser* § 291 Rn. 45; Sch-Sch-*Stree/Heine* § 291 Rn. 18; *Lackner-Kühl* Rn. 3; *Tröndle-Fischer* § 291 Rn. 19; *Gössel* BT/2 32/21; *Heinsius* Rechtsgut, S. 117 f.; *Nack* MDR 1981, 621 (622); *Ott* BB 1981, 937 (940); *Haberstroh* NStZ 1982, 265 (266); *Otto* NJW 1982, 2745 (2746); *Nägele* BB 1997, 2162; *Bernsmann* JZ 1998, 629 (632); *Renzikowski* JR 1999, 166 (169).

[462] SK-*Hoyer* § 291 Rn. 40.

[463] In diesem Sinne etwa LK-*Schäfer/Wolff* § 302a Rn. 34; *Heinsius* Rechtsgut, S. 115 f.; *Kindhäuser* NStZ 1994, 105 (109 f.); *Renzikowski* JR 1999, 166 (169).

[464] *Isopescul-Grecul* Wucherstrafrecht, S. 69.

[465] *Goez* Ringen, S. 25.

rem Hinsehen zeigt sich nämlich, daß auch die Theorie des *iustum pretium* ohne einen Bezug auf das tatsächliche Marktgeschehen nicht auskommt. Um einen infiniten Regreß zu vermeiden,[466] müssen auch nach der Lehre vom gerechten Preis faktische Marktgegebenheiten zumindest im Rahmen der *expensae* ebenso in die Wertbestimmung einfließen wie nach dem heute favorisierten Ansatz. Auch die Kosten der vom Leistenden aufgewendeten Arbeit *(labor)* sowie die „Angemessenheit" des Gewinns sind nicht im „luftleeren Raum", sondern nur vor dem Hintergrund schon vorhandener „marktmäßiger" Preisbildungen bestimmbar.[467] Somit kann auch die Lehre vom *iustum pretium* den gegebenen Marktpreis keineswegs vollständig ausblenden, sondern muß ihn in ihren eigenen Berechnungsmodus einbeziehen.[468] Auch das Konzept des gerechten Preises hilft dem Strafrecht somit nicht aus der Verlegenheit, „ein nicht weiter auf seine eigene (Un-) Gerechtigkeit befragtes Faktum"[469] zum Maßstab für die Strafbarkeit des Täters zu wählen.

Auf der anderen Seite muß auch eine marktorientierte Theorie des auffälligen Mißverhältnisses berücksichtigen, daß – wie gerade das Wucherverbot zeigt – die vom Markt faktisch produzierten Ergebnisse von der Rechtsordnung nicht „um jeden Preis" hingenommen, sondern normativen Anforderungen unterworfen werden. Über die Frage, ob und gegebenenfalls in welchem Umfang der empirische Marktpreis an welchem Maßstab zu messen sein soll, bestehen in Rechtsprechung und Literatur trotz des vordergründig einmütigen Bekenntnisses zum Marktpreis als der relevanten Vergleichsgröße verschiedene Auffassungen.

1) Faktischer Marktpreis

Die heute herrschende Lehre versteht – ausdrücklich oder implizit – unter dem Begriff des Marktpreises grundsätzlich eine rein empirische Größe, nämlich den zu einem bestimmten Zeitpunkt auf dem Markt für eine Leistung aufzuwenden-

---

466 Vgl. *Kindhäuser* NStZ 1994, 105 (109).

467 Diesen Zusammenhang haben *Albertus Magnus* und *Thomas* bereits im Hochmittelalter erkannt und versucht, einen Zusammenhang zwischen den gerechterweise zu veranschlagenden Gestehungskosten und der Bewertung des Gutes durch den Markt herzustellen, was bereits auf eine marktpreisorientierte Ausfüllung der *iustum pretium*-Theorie hinauslief, die allerdings unter dem Vorbehalt stand, daß der Marktpreis monopolfrei zustandegekommen war [*Goez* Ringen, S. 25; vgl. auch *Bartolomeyczik* AcP 166 (1966), 30 (42)].

468 Nach *Becker* Laesio enormis, S. 27 bezeichnete man mit dem Begriff des *pretium iustum* stets „mehr oder minder bewußt und mehr oder minder deutlich einen Marktwert, den gemeinen Wert, das *pretium commune*, welches *in foro* für vergleichbare Leistungen gefordert wurde" (Hervorhebungen im Original).

469 *Bernsmann* GA 1981, 141 (148).

den Vermögenswert.[470] Auch die Rechtsprechung folgt heute dieser Auffassung.[471] Besonders entschieden argumentieren *Kindhäuser* und *Heinsius* zugunsten eines konsequent „faktizistisch“ orientierten Marktbegriffs. Nach *Kindhäuser* bestimmt sich der Marktpreis „in einer freien Marktwirtschaft nach Angebot und Nachfrage“.[472] Zwar bestehe durchaus die Möglichkeit einer monopolistischen oder oligopolistischen Verzerrung des gesamten Marktes und damit gerade keine Angemessenheitsgewähr des zum Maßstab gewählten Preises. Ausdrücklich betont *Kindhäuser* aber, Wucher sei auch dann zu bejahen, wenn der vom Täter geforderte Preis zwar an den Gestehungskosten gemessen „an und für sich“ wertäquivalent sei, aber dennoch hinreichend weit über dem aus irgendeinem Grund niedrigeren Marktwert liege.[473] *Heinsius* sucht das gleiche Ergebnis aus seiner Rechtsgutbestimmung abzuleiten, welche die Vertragsfreiheit als das Schutzgut des § 291 StGB ansieht. Dies impliziere, daß der einzelne Marktteilnehmer sich auf dem wenn auch unvollkommenen Markt „selbstbestimmt“ entscheiden können soll,[474] weshalb die in § 291 StGB aufgeführten Schwächetatbestände als „preisbildende Faktoren“ ausgeschaltet würden. Das Wucheropfer könne indes nicht verlangen, *besser* als die übrigen Marktteilnehmer gestellt zu werden, die für die Leistung das aufbringen müssen, was der Markt verlangt. Auch *Heinsius* gesteht zu, daß der Marktpreis nicht unbedingt „gerecht“ sei. Davon könne nur unter den Bedingungen eines vollkommenen Marktes ausgegangen werden, die jedoch häufig nicht vorlägen.[475] Dennoch stehe eine Alternative zum faktischen Marktpreis nicht zur Verfügung, da eine Reduzierung des Anwendungsbereichs von § 291 StGB auf anerkannt funktionierende Märkte den Tatbestand weitgehend leer laufen ließe, während nachträgliche Korrekturen am bestehenden Marktpreis zu einer vor dem Hintergrund des strafrechtlichen Bestimmtheitsgebots nicht zu vertretenden Ungenauigkeit führten.[476] Das Wucherverbot dient nach *Heinsius* also gerade nicht der Garantie funktionsfähiger Märkte, die zu gewährleisten Aufgabe des Wettbewerbsrechts sei. In der Sache ähnlich argumentiert *Renzikowski*, der sich angesichts

---

[470] Ausdrücklich: LK-*Schäfer/Wolff* § 302a Rn. 34; SK-*Hoyer* § 291 Rn. 48; NK-*Kindhäuser* Rn. 45; *Tröndle-Fischer* § 291 Rn. 19; *Gössel* BT/2, 32/21; *Heinsius* Rechtsgut, S. 117 f.; *Renzikowski* JR 1999, 166 (169); implizit: *Lackner-Kühl* § 291 Rn. 3; *Ott* BB 1981, 937 (940); *Otto* NJW 1985, 2745 (2746).

[471] Deutlich BayObLG NJW 1985, 873; der Sache nach ebenfalls eindeutig BGHSt 43, 53 (60).

[472] NK-*Kindhäuser* Rn. 45.

[473] NK-*Kindhäuser* ebd.

[474] *Heinsius* Rechtsgut, S. 51.

[475] *Heinsius* Rechtsgut, S. 113f.

[476] *Heinsius* Rechtsgut, S. 113.

der „Aussichtslosigkeit", den „gerechten Preis" zu bestimmen, für die Zugrundelegung des Marktpreises ausspricht.[477]

2) Normativierter Marktpreis

Im Gegensatz dazu stellen die Rechtsprechung sowie auch einige literarische Stellungnahmen auf einen Marktbegriff mit einem stärkeren normativen Einschlag ab. So weist *Bernsmann* ausdrücklich auf den Unterschied zwischen dem faktischen Marktgeschehen und dem Konstrukt „Markt" hin, das nach volkswirtschaftlichen Erkenntnissen allein gerechte Ergebnisse produzieren können soll. Die „idealen" Marktbedingungen seien so gut wie nie vorhanden, die tatsächlich erzielten Preise trügen deshalb keinerlei Richtigkeitsgewähr in sich.[478] Dies habe zur Konsequenz, daß der tatsächliche Marktpreis grundsätzlich nicht ohne weiteres zum Bezugspunkt gewählt werden könne, sondern zuvor daraufhin zu untersuchen sei, ob er ohne den Einfluß solcher Umstände zustande gekommen sei, die mit dem normativen Konstrukt „Markt" unvereinbar seien.[479]

Ähnliche Vorbehalte gegen eine kritiklose Unterstellung des üblichen Preises als Bewertungsmaßstab für die in Rede stehenden Leistungen werden auch von der Rechtsprechung formuliert. So lehnt es das LG Köln in einem Urteil aus dem Jahre 1975 ausdrücklich ab, das für die Überlassung von möbliertem Wohnraum geforderte Entgelt an dem in Köln in solchen Fällen „üblichen" Preis zu messen, da nicht gesichert sei, ob dieser „auf Grund marktkonformer, objektiver Kriterien" zustandegekommen sei.[480] Als Vergleichsmaßstab komme vielmehr nur ein „angemessener Marktwert" in Betracht, der im Zweifelsfall „nach Gesichtspunkten kaufmännischer Kalkulation" zu bestimmen sei.[481] Auch der BGH hat in einer früheren Entscheidung zum Mietwucher die Orientierung an auf dem Markt de facto gezahlten Preisen verworfen und geurteilt, das Merkmal des auffälligen Mißverhältnisses hätte *statt dessen* „nach den Grund-

---

[477] *Renzikowski* JR 1999, 166 (169).

[478] *Bernsmann* GA 1981, 141 (148 f.); ebenso *Otto* JR 1984, 252.

[479] *Bernsmann* GA 1981, 141 (150). Damit sieht *Bernsmann* die Anwendbarkeit des Wucherstrafrechts praktisch auf solche Leistungen beschränkt, für die ein *funktionierender* Markt existiert; der Bestimmung eines gerechten Preises im Sinne der klassischen *iustum pretium* - Theorie stünden unüberwindliche praktische Hindernisse gegenüber, die bereits bei der Kostenanalyse begännen – sehr häufig ließen sich, gerade bei solchen Unternehmern, die mit einer gemischten Angebotspalette kalkulierten, keine linearen Beziehungen zwischen Kostenfaktoren und einem bestimmten Endprodukt angeben – und spätestens bei der Prüfung der Angemessenheit des zuzugestehenden Gewinns endeten [GA 1981, 141 (152 ff.)]. Für *Bernsmann* ist aus diesen Gründen „die Ineffektivität der Norm ... tatbestandlich vorprogrammiert" [GA 1981, 141 (153)].

[480] WuM 1976, 34 ff.

[481] LG Köln WuM 1976, 34 (35).

sätzen der Preisbildung in der *freien Marktwirtschaft* geprüft werden müssen." Dabei seien „vor allem die Gestehungskosten und der objektive Nutzungswert der überlassenen Räume sowie ein angemessener Vermietergewinn" zu berücksichtigen.[482]

Eine ähnliche Position mit gleichfalls deutlichen Anklängen an die klassische Theorie des „gerechten Preises" vertritt für den Bereich des Zwangslagenwuchers auch *Hoyer*. Ihm zufolge ist eine Leistung hier prinzipiell nicht mit ihrem Marktpreis, sondern mit dem Wert zu veranschlagen, ab dem diese für den Täter finanziell attraktiv sei, also „wenn er dadurch mehr an Vermögensvorteilen erzielen kann als auf jede andere Weise (z.B. durch Leistungserbringung an Dritte, durch anderweitige Verwendung seiner Arbeitskraft)".[483] Danach wäre eine Leistungserbringung etwa durch einen Urlauber als weitaus geringwertiger zu veranschlagen als diejenige durch einen Popstar, der die Möglichkeit hätte, statt mit dem Opfer zu kontrahieren ein Konzert zu geben und eine enorme Gage zu kassieren.

3) Stellungnahme

Die Auffassung *Bernsmanns* und die Argumente des BGH sowie des LG Köln können nicht überzeugen. Die „freihändige" Bestimmung eines *iustum pretium* bei nicht „funktionierenden" Märkten wäre zum einen – wie *Bernsmann* selber ausführlich darlegt[484] – praktisch undurchführbar, zumal in jedem einzelnen Fall zunächst zu überprüfen wäre, ob für die Leistung ein „funktionierender" oder nur ein bereits „gestörter" Markt vorhanden ist. Zum anderen aber erscheint eine Kontrolle des Marktpreises selber auch unter normativen Gesichtspunkten in mehrfacher Hinsicht unangemessen. In einem System prinzipieller Vertrags- und Preisgestaltungsfreiheit ist es den Akteuren überlassen, den Inhalt von Austauschverträgen frei zu verhandeln; die Höhe des jeweiligen Entgelts richtet sich somit ausschließlich nach dem Wert der verhandelten Leistung für die Parteien.[485] Der Bewertungsvorgang ist somit radikal dezentralisiert und subjektiviert mit der Folge, daß ein gemeinsamer, rechtlich verbindlich zu machender Anhaltspunkt nicht zur Verfügung steht und ein „objektiver" Wert der Leistung nicht auszumachen ist.[486] Aus diesem Grunde sind alle vertraglich vereinbarten Preise für eine Leistung in normativer Hinsicht prinzipiell gleichwertig. Auch ein „wucherischer" Preis ist deshalb rechtlich nicht zu beanstanden, wenn

---

[482] BGHSt 11, 182 (183 f.), Hervorhebung im Original.
[483] SK-*Hoyer* § 291 Rn. 45.
[484] *Bernsmann* GA 1981, 141 (152 ff.).
[485] Grundlegend *Flume* Rechtsgeschäft, S. 6 f.
[486] In diesem Sinne auch *Kindhäuser* NStZ 1994, 105 (109 f.) und *Heinsius* Rechtsgut, S. 116; ferner *Kochendörfer* NJW 1980, 215.

er von einer Person gezahlt oder vereinbart wird, die nicht in eine der verschiedenen Opferkategorien des § 291 StGB fällt; die „abstrakte“ rechtliche Wahrnehmung der beteiligten Akteure korrespondiert mit einer ebenso „abstrakten“ Wahrnehmung des ausgehandelten Vertrages. Wenn nun der Solidaritätsgedanke die Abstraktion in beiden Hinsichten zurücknimmt und so den ausgehandelten Preis einer Bewertung überhaupt erst zugänglich macht, steht ein anderes Vergleichskriterium als der Preis, der von anderen Individuen für die gleiche Leistung aufgewendet werden muß, noch immer nicht zur Verfügung. Wollte man hier wie *Hoyer* ausnahmsweise darauf abstellen, daß sich das Geschäft für den Täter in jedem Fall wirtschaftlich lohnen müsse, so würde dies auf eine Solidaritätsgewährung zugunsten des *Täters* hinauslaufen, dem eine solche Garantie sonst nicht zur Seite stünde: Derjenige Anbieter, der seine Leistung unter den Bedingungen des Marktes nicht gewinnbringend absetzen könnte, dürfte gegenüber dem Zwangslagenopfer darauf bestehen, zumindest seine Kosten zu amortisieren. Damit aber würde das Verbot des Wuchers *ad absurdum* geführt.[487]

Auch für eine Korrektur des Marktpreises nach unten besteht keine normativ zu legitimierende Handhabe. Die Gewährleistung von Solidarität kann im Kontext des Wuchers deshalb nicht zu der Verpflichtung führen, einem „schwachen“ Nachfrager auf einem insgesamt für „überteuert“ gehaltenen Markt einen Preisabschlag zu gewähren. Die Schwäche des Opfers soll – wie das Verbot eben nur des *auffälligen* Mißverhältnisses zeigt – keineswegs vollständig neutralisiert werden; ein Bonus gegenüber anderen Marktteilnehmern kommt dann erst recht nicht in Betracht. Derjenige, der einen üblichen, aber für überteuert gehaltenen Preis auch von einem im Sinne des § 291 StGB „schwachen“ Nachfrager verlangt, ist somit nicht nach § 291 StGB zu bestrafen.

Die Orientierung am wirklichen, seinerseits nicht überprüften Marktpreis entspricht auch den Wertungen des BGB. So rekurrieren §§ 612 Abs. 2 und 632 Abs. 2 BGB zur Bestimmung der geschuldeten Gegenleistung auf den „taxmäßigen“ und subsidiär auf den „üblichen“ Preis und nehmen damit gleichfalls auf marktmäßige Entwicklungen Bezug. Auch im Steuer- sowie im Schadensersatzrecht wird der faktische Marktpreis als maßgeblich angesehen: Sowohl für die Frage, mit welchem Wert eine bestimmte Transaktion steuerlich anzusetzen ist,[488] als auch für die Wertbestimmung eines nach § 251 Abs. 1 BGB zu ersetzenden Gegenstandes gibt der jeweilige Verkehrswert den Ausschlag.[489] Ebenfalls am empirischen Markt ausgerichtet ist schließlich die Prüfung der Ange-

---

[487] Abzulehnen ist deshalb der Vorbehalt, die „ortsübliche Vergleichsmiete“ dürfe als Vergleichswert nur dann herangezogen werden, wenn sie selbst nicht überzogen sei [so aber *Schmidt-Futterer* NJW 1972, 86 (87); dagegen *Sasserath* NJW 1972, 711 f.].

[488] Vgl. dazu *Höppner* FS Gerhard Wacke, 125 (128 ff.).

[489] BGHZ 92, 85; 117, 29; BGH NJW-RR 1996, 56 Palandt-*Heinrichs* § 251 Rn. 10.

messenheit des Mietzinses nach § 5 Absatz 2 WiStG, nach welcher Vorschrift ordnungswidriger Mietwucher dann vorliegt, wenn der Mietzins den *üblichen* Preis für eine bestimmte Mietleistung überschreitet und dadurch eine allgemeine Mangellage ausnutzt. Auch diese Vorschrift erlaubt es also nicht, einen ganzen Marktsektor als insgesamt „wucherisch“ zu qualifizieren.

Wenn als Vergleichsmaßstab für die Feststellung des auffälligen Mißverhältnisses nur der faktische Marktpreis in Betracht kommt, so folgt daraus, daß das Recht gegen einmal abgeschlossene Gesamtentwicklungen eines Marktes keine Handhabe kennt. Seine einzigen Steuerungsmöglichkeiten sind vielmehr präventiver Art und bestehen vor allem in der Sicherung eines effizienten Wettbewerbs.[490] Auch an dieser Stelle zeigt sich, daß § 291 StGB keine wirtschaftspolitische Funktion zukommt, sondern die Vorschrift ausschließlich das individuell schwache und *relativ* benachteiligte Opfer im Blick hat.

II. Die Bestimmung des Marktpreises

1) Allgemeines

Bei der Durchführung des Ansatzes, der im Rahmen des „auffälligen Mißverhältnisses“ auf den faktischen Marktpreis abstellt, stellt sich die Frage, bis zu welcher Höhe auf dem Markt existierende Preise noch zu berücksichtigen sind. An dieser Stelle läuft die Orientierung am Marktpreis anscheinend unvermeidlich auf einen Zirkel hinaus, da sich die Frage der zulässigen Abweichung schon bei der Maßstabsbildung stellt. Dieses Problem ist nur dadurch in Griff zu bekommen, daß *alle* für dasselbe Gut bzw. dieselbe Leistung auf dem Markt gezahlten Preise *exklusive* des untersuchten Preises, aber *inklusive* eventuell vorhandener noch höherer Preise in die Berechnung des Marktpreises einfließen müssen.[491] Die oben entwickelte Theorie des Individualwuchers impliziert, daß der Markt insgesamt den unverrückbaren und durch „Gerechtigkeitserwägungen“ irgendwelcher Art nicht mehr zu korrigierenden Maßstab darstellt, von dem aus das Maß der Abweichung zu bestimmen ist. Somit verbietet sich eine „Vorausscheidung“, für die ein Kriterium nicht zur Verfügung stünde.

---

490 Ebenso *Heinsius* Rechtsgut, S. 117. Ob die entsprechenden Mechanismen tatsächlich wirkungsvoll waren, läßt sich im nachhinein ebenfalls nicht mehr beurteilen; eine umfassende Überprüfung des Preises im Hinblick auf die „Marktgemäßheit“ seiner Entstehungsbedingungen ist praktisch ebenso unmöglich wie eine hypothetische Berechnung des „wahren“ Marktpreises.

491 Würde man die höheren Preise automatisch aus der Berechnung ausnehmen, wäre leicht auch ein mittlerer Preis als „wucherisch“ zu identifizieren.

Weiterhin fragt sich, ob der Marktpreis als ein „punktgenauer" Durchschnittswert oder aber eher als Skala darzustellen ist. Die Preisgestaltungsfreiheit bringt es mit sich, daß ein einheitlicher Marktpreis selten vorliegt; vielmehr akzeptiert der Markt zunächst eine mehr oder weniger große Streubreite von Preisen.[492] Die herrschende Meinung wählt sowohl beim Miet- als auch beim Kreditwucher den zuerst genannten Weg, indem sie auf die ortsübliche Vergleichsmiete bzw. den Schwerpunktzins der Bundesbank abstellt.[493] Auch die eben erwähnten BGB-Vorschriften der §§ 612 Abs. 2 und 632 Abs. 2 BGB benennen als Referenzwert „den" üblichen bzw. taxmäßigen Preis. Einen praktischen Vorteil bietet eine Darstellung des Marktpreises als „Punktwert" dann, wenn einige der am Markt verlangten Preise den aktuell zu untersuchenden Preis noch übersteigen. Ein solcher Befund spricht zwar indiziell bereits gegen das Vorliegen eines „auffälligen Mißverhältnisses" im Vergleich zum Marktpreis, stellt jedoch kein absolutes Ausschlußkriterium dar, da § 291 StGB sich nicht auf die Bestrafung des „erfolgreichsten" aller miteinander konkurrierenden Wucherer beschränkt. Bei Zugrundelegung eines Durchschnittswertes wird dies zwanglos berücksichtigt; auch wenn am Markt noch höhere Preise als der zu untersuchende verlangt werden, kann der Durchschnitt dennoch deutlich niedriger liegen. Beim Vergleich mit einer Preisskala hingegen scheint das Vorliegen eines noch höheren Preises „Wucherlichkeit" bereits auszuschließen.[494] In diesen Fällen besteht zu einer Durchschnittsberechnung praktisch keine Alternative. Diese bietet auch im übrigen den Vorteil, daß „Ausreißer" nach oben in ihrem Gewicht relativiert werden. Zu beachten ist, daß das Maß der zulässigen Abweichung bei solchen Märkten, die eine größere Preisspanne tolerieren, großzügiger zu bestimmen ist als dort, wo nur ein kleiner Spielraum für Preisunterschiede besteht.[495]

2) Das Problem der Abgrenzung des relevanten Marktes

a) Der Grundsatz: Maßgeblichkeit des tatsächlichen Marktgeschehens

Wenn bei der Bestimmung des „auffälligen Mißverhältnisses" auf den faktischen und nicht auf einen „bereinigten" Marktwert abzustellen ist, stellt sich das Folgeproblem, wie der zum Vergleich heranzuziehende Markt zu bestimmen ist. Zweifellos kann für einen Kredit über fünf Euro nicht derselbe Zins wie für ei-

---

[492] *Höppner* FS Gerhard Wacke, 125 (130); *Hohendorf* Individualwucher, S. 127; vgl. auch *ders.* BB 1982, 1205 (1207); *Knöpfle* BB 1974, 862 (863); *Otto* NJW 1982, 2745 (2749).

[493] Dazu siehe unten 2. Abschnitt C II. 3) a).

[494] Das Problem eventuell auf dem Markt vorhandener noch höherer Preise übersieht anscheinend *Hohendorf* BB 1982, 1205 (1208), wenn er vorschlägt, stets den obersten Preis der vorgefundenen Streubreite als Vergleich heranzuziehen.

[495] Vgl. *Bender* NJW 1980, 1129 (1132).

nen solchen über mehrere Milliarden und für die Vermietung eines Apartments nicht dieselbe Miethöhe wie bei der Vermietung eines Schlosses als Richtwert gelten. Aus dem zuvor zum „faktizistischen" Marktpreisbegriff Ausgeführten ergibt sich, daß auch die Abgrenzung des relevanten Marktes prinzipiell auf Beobachtungen des tatsächlichen Marktgeschehens zu stützen ist. Belegen etwa die *de facto* erzielten Preise, daß „der Markt" der Größe einer Wohnung sowie ihrer Lage und Ausstattung dadurch Bedeutung zuerkennt, daß die Mieten eine entsprechende Differenzierung aufweisen, so muß dies bei der Bildung der Vergleichsgruppen Berücksichtigung finden. Das Zivilrecht trifft ähnliche Rücksichten, wenn es im Rahmen des Anfechtungsrechts zwischen verkehrswesentlichen und nicht verkehrwesentlichen Eigenschaften einer Sache unterscheidet und sich dabei ebenfalls auf die Verkehrsanschauung verläßt.[496] Auch im Kartellrecht gilt es, verschiedene Märkte voneinander abzugrenzen, und auch hier wird im Grundsatz auf die Entscheidung des Marktes selbst abgestellt.[497]

Somit ist eine bestehende Preisdifferenzierung auf Grund von Umständen, die allgemein als „verkehrwesentlich" angesehen werden, grundsätzlich hinzunehmen. Insofern kann es tatsächlich eine Rolle spielen, ob das Opfer einer Personengruppe angehört, bei der etwa mit besonders häufigem Mieterwechsel oder überdurchschnittlich starker Abnutzung zu rechnen ist.[498] Wichtig ist jedoch festzuhalten, daß die genannten Kriterien nicht in der Weise „freihändig" herangezogen werden dürfen, daß mit ihrer Hilfe die „Berechtigung" des in Frage stehenden Preises überprüft wird. Solche Überlegungen könnten nur auf der Grundlage der Lehre vom „gerechten Preis" anzustellen sein, für die jedoch nach der geltenden Rechtsordnung kein Raum ist. Ausschlaggebend ist vielmehr allein, auf welche Kriterien der Markt tatsächlich nachweisbar abstellt.[499]

---

[496] Vgl. dazu BGHZ 34, 32 (41); 88, 240 (245); Soergel-*Hefermehl* § 119 Rn. 38; Palandt-*Heinrichs* § 119 Rn. 24; Jauernig-*Jauernig* § 119 Rn. 5; *Larenz/Wolf* AT, 36/56.

[497] *Bechtold* § 19 Rn. 6; *Bunte* Kartellrecht, S. 188 f.; *Emmerich* Kartellrecht, S. 179 ff.; *Rittner* Wettbewerbs- und Kartellrecht, 6/51.

[498] BGHSt 11, 182 (184); NK-*Kindhäuser* Rn. 48; LK-*Schäfer/Wolff* Rn. 29; Sch-Sch-*Stree/Heine* § 291 Rn. 13; *Lackner-Kühl* § 291 Rn. 4.

[499] Zutreffend *Heinsius* Rechtsgut, S. 122. Dem werden die Ausführungen in BGHZ 11, 182 (183 f.) nicht gerecht; vielmehr lehnt das Gericht hier einen konkreten Marktvergleich sogar ausdrücklich ab und erörtert die Berechtigung der möglicherweise preisbildenden Faktoren ohne jede Bezugnahme auf den empirischen Markt; die „Grundsätze der Preisbildung in der freien Marktwirtschaft" werden so unter der Hand zu einem Substitut für Gerechtigkeitserwägungen. Auch die Literatur fällt hier zumindest terminologisch in die Lehre vom „gerechten Preis" zurück, was bei SK-*Samson* § 302a Rn. 24 und *Heinsius* Rechtsgut, S. 122 (zum Mietwucher) zu Recht auf Widerspruch stößt.

b) Grenzen der Orientierung am Markt

Die Orientierung an der faktischen Übung im Rahmen des § 291 StGB stößt jedoch auf Grenzen. Das Wucherverbot zeigt gerade, daß das faktische Marktgeschehen keine letzte Instanz darstellt. Es soll der Bildung von Sondermärkten für „Schwache" gerade entgegenwirken und kann deshalb die Entstehung eines Spezialmarktes etwa für Unerfahrene oder Willensschwache nicht hinnehmen.[500] Das Gleiche gilt für den Zwangslagenwucher: Sollte sich zeigen, daß der Markt etwa bei Vermietungsleistungen die Hautfarbe des Mieters als ein für die Preisgestaltung maßgebliches Kriterium bewertet, so wäre zu fragen, ob die Herausbildung eines derartigen Sondermarktes im Rahmen des § 291 StGB hinzunehmen ist oder aber von dieser Vorschrift gerade bekämpft wird.

Auch eine strikt am faktischen Markt orientierte Betrachtungsweise kommt deshalb um eine Differenzierung zwischen „verwerflicher" Diskriminierung einerseits und „legitimen" Preisbildungskriterien andererseits nicht herum. Diese Unterscheidung kann allein nach normativen Kriterien zu treffen sein: Nur wenn sich aus der Rechtsordnung ein ausdrückliches Differenzierungsverbot ergibt, besteht Anlaß, eine entgegenstehende tatsächliche Übung *nicht* als Maßstab anzuerkennen. Dies gilt neben den von § 291 StGB selbst verbotenen Sondermärkten für Unerfahrene, Willensschwache usw. bei Diskriminierungen, die mit den Wertungen des Art. 3 Abs. 3 Satz 1 GG nicht zu vereinbaren sind: Die Bildung eines Sondermarktes für bestimmte Ausländer etwa auf dem Wohnungssektor wäre demnach unzulässig; die Tatsache allein, daß es sich bei einem Mietbewerber um einen Ausländer handelt, kann zwar nach den Anschauungen des Marktes möglicherweise für die Höhe des Mietzinses relevant sein, doch stehen der Übernahme dieses Kriteriums in die Auslegung des § 291 StGB rechtliche Vorgaben zwingend entgegen. Somit besteht zwar kein striktes Gleichbehandlungsgebot gegenüber Ausländern; das Wucherverbot setzt den Diskriminierungsmöglichkeiten jedoch die Grenze des „auffälligen Mißverhältnisses".

Ist die Legitimität eines besonderen Marktes zu bejahen, unterliegt der Grad der Abweichung vom Niveau des Marktes im übrigen keiner Kontrolle daraufhin, ob ein „wirtschaftlich vernünftiges" Verhältnis gewahrt ist; über die generelle Option, bestimmte Umstände als marktrelevant auszuschließen, hinaus besteht nach der hier vertretenen Auffassung keine Handhabe, die faktische Entwicklung des Marktes im nachhinein zu kontrollieren.

---

[500] Vgl. *Haberstroh* NStZ 1982, 265 (267).

3) *Konkretisierung: Kreditwucher*

a) Geeignetheit des Schwerpunktzinses der Bundesbank als Vergleichsmaßstab?

Während beim Mietwucher mittlerweile weitgehend unbestritten im Grundsatz die ortsübliche Miete als Marktwert und damit als relevanter Vergleichsmaßstab angesehen wird,[501] kann sich in anderen Konstellationen die Schwierigkeit ergeben, daß sich ein „Marktpreis" für einen konkreten, möglicherweise sehr eng umgrenzten Teilmarkt nicht oder nur mit großem Aufwand ermitteln läßt. Dies gilt etwa für das Kreditgeschäft, das jenseits standardisierter Verträge über geringere Summen in hohem Maße individualisiert ist.[502] Die damit verbundenen Probleme könnten jedoch nur dann zur Unanwendbarkeit des Wucherverbots in solchen Fällen führen, wenn ihnen nicht nur praktische, sondern normative Relevanz zukäme. Dafür ist jedoch kein Grund ersichtlich; vielmehr erschiene es willkürlich, bei gleichartigen Geschäften die Anwendbarkeit der Vorschrift davon abhängig zu machen, ob ein direkter oder nur ein indirekter Vergleich mit anderen am Markt gehandelten Leistungen zu ziehen ist.[503] Um derartige normativ zufällige Gegebenheiten nicht über die Anwendbarkeit des Wuchers entscheiden zu lassen, muß es prinzipiell statthaft sein, sämtliche Preise für einen Geschäftstypus trotz der legitimen Binnendifferenzierungen durch den Markt an einem einheitlichen Vergleichsmaßstab zu messen und der Heterogenität der durch diesen Durchschnittswert repräsentierten Leistungen durch entsprechende Großzügigkeit beim „auffälligen Mißverhältnis" Rechnung zu tragen.[504] Aus diesem Grunde erscheint es prinzipiell nicht illegitim, sämtliche Kreditverträge am Schwerpunktzins der Bundesbank zu messen,[505] einem Mittelwert der von

---

[501] BGHSt 30, 280 (281 f.); LG Darmstadt NJW 1972, 1244 f.; 1975, 549 f.; LG Frankfurt wistra 1984, 236 (237 f.) (zu § 5 WiStG); LK-*Schäfer/Wolff* § 302a Rn. 29; NK-*Kindhäuser* § 291 Rn. 48; Sch-Sch-*Stree/Heine* § 291 Rn. 13; *Lackner-Kühl* § 291 Rn. 4; *Tröndle-Fischer* § 291 Rn. 17; *Arzt/Weber* 24/19; *Otto* BT 61/129; *Gössel* BT 32/22; *Hohendorf* Individualwucher, S. 112 f.; *Heinsius* Rechtsgut, S. 122; *Schmidt-Futterer* JR 1974, 274 (277); *Vollmer* NJW 1983, 555 (556). Noch bis in die sechziger Jahre hingegen berechnete die Rechtsprechung den Wert der Vermieterleistung nach den Gestehungskosten, dem „objektiven Nutzungswert" der vermieteten Räume sowie einem „angemessenen Vermietergewinn" [RGSt 61, 130 (136 ff., 140 f.); 62, 228 f.; 63, 166 f.; BGHSt 11, 182 (183 f.); OLG Stuttgart GA 1957, 189; OLG Köln ZMR 1967, 281]; zum Meinungswandel in der höchstrichterlichen Rechtsprechung *Göthling* NJW 1975, 550.

[502] Vgl. *Heinsius* Rechtsgut, S. 129.

[503] So aber *Heinsius* Rechtsgut, S. 129.

[504] Vgl. *Nack* MDR 1981, 621 (624).

[505] LK-*Schäfer/Wolff* § 302a Rn. 32; SK-*Samson* § 302a Rn. 25; NK-*Kindhäuser* § 291 Rn. 50; *Otto* BT 61/130; *ders.* NJW 1982, 2745 (2749); *Nack* MDR 1981, 621 (622 f.); in bezug auf Standardkredite ebenso *Heinsius* Rechtsgut, S. 131; a.A. *Ott* BB 1981, 937 (941).

verschiedenen Kreditinstituten gewährten Kredite.[506] Zuzugeben ist jedoch, daß die Bildung engerer Vergleichsgruppen, soweit das statistische Material sie erlaubt, als vorzugswürdig anzusehen ist. Dies gilt insbesondere auch für die Gegenüberstellung vermittelter und unvermittelter Kredite. Hier erkennt der Markt eine Differenzierung grundsätzlich an: Vermittelte Kredite sind beim gleichen Anbieter zumeist teurer als unvermittelte,[507] so daß eine separate Betrachtung angemessener wäre.[508]

b) Berücksichtigung von Restschuldversicherungprämien und Vermittlungsprovisionen?

Um den Wert von Täter- und Opferleistung miteinander vergleichen zu können, müssen beide auf den „gemeinsamen Nenner" des effektiven Jahreszinses gebracht werden.[509] Streitig ist allerdings, ob in diese Größe auf seiten des Opfers neben den Bearbeitungs- und Inkassogebühren[510] auch die Prämien für eine Restschuldversicherung einzubeziehen sind, die nicht an den Darlehensgeber selbst, sondern an einen „externen" Versicherer gezahlt werden. Die wohl herrschende Meinung bejaht dies, da die vom Kreditnehmer aufzubringende Restschuldversicherung jedenfalls auch als zusätzliche Absicherung des Kreditgebers diene und dessen Risiko mindere.[511] Eine andere Auffassung will die Versicherungskosten immer dann einbeziehen, wenn die Kreditgewährung seitens des Kreditgebers einseitig vom Abschluß einer Restschuldversicherung abhängig gemacht wird.[512] Gegen eine Berücksichtigung dieser vom Opfer aufgewendeten, jedoch nicht an den Täter gezahlten Kosten wird vorgetragen, daß die Versicherungsprämie gerade kein Entgelt für die Kreditgewährung, sondern für eine eigenständige Leistung darstelle.[513] Zudem wäre die sogenannte Additionsklausel in § 291 Abs. 1 Satz 2 StGB, die gerade im Hinblick auf das Zusammenwirken mehrerer Leistender gegenüber einem Kreditnehmer eingeführt worden sei, nach der Konzeption der herrschenden Meinung als überflüssig zu

---

506 NK-*Kindhäuser* § 291 Rn. 50; *Lackner-Kühl* § 291 Rn. 5.
507 Vgl. *Scholz* WM 1979, 1247 (1248); *Otto* NJW 1982, 2745 (2749 Fn. 47).
508 So auch *Hohendorf* BB 1982, 1205 (1208 f.).
509 Sch-Sch-*Stree/Heine* § 291 Rn. 16.
510 OLG Stuttgart wistra 1982, 36 (37); LK-*Schäfer/Wolff* § 302a Rn. 32; NK-*Kindhäuser* Rn. 50; Sch-Sch-*Stree/Heine* § 291 Rn. 16; *Lackner-Kühl* § 291 Rn. 5; *Tröndle-Fischer* § 291 Rn. 18; *Kühne* MSchrKrim 1977, 107, (112 f.); *Nack/Wiese* wistra 1982, 135 ff.
511 BGH NJW 1979, 808 f.; 2089 (2090); 2092 (2093); OLG Hamm NJW 1979, 2110 (2111); LK-*Schäfer/Wolff* § 302a Rn. 32; NK-*Kindhäuser* § 291 Rn. 50; Sch-Sch-*Stree/Heine* § 291 Rn. 16; *H. Freund* NJW 1977, 636; *Reich* NJW 1977, 636 f.; *Lenckner* JR 1980, 161 (164). Je zur Hälfte für den Kreditgeber bzw. -nehmer berücksichtigen will die Kosten der Restschuldversicherung OLG Stuttgart NJW 1977, 2409 (2412).
512 KG WM 1979, 589 (590).
513 OLG München NJW 1977, 156; *Heinsius* Rechtsgut, S. 108; *Schulz* BB 1978, 16.

qualifizieren,[514] weshalb die Restschuldversicherungskosten nicht einbezogen werden dürften.

Der letztgenannten Auffassung ist zuzustimmen. Die zugunsten der herrschenden Meinung aufgeführten Gerichtsentscheidungen beziehen sich sämtlich auf § 138 BGB, der eine Additionsklausel nicht kennt, und legen diesen „im Lichte" der Wertung des § 291 Abs. 1 Satz 2 StGB aus.[515] Dies aber bedeutet, daß die Additionsklausel im Rahmen des strafrechtlichen Wucherverbots abschließend regelt, inwieweit auch Leistungen des Opfers an Dritte eine Haftung des Täters begründen.

Ebenfalls umstritten ist die Frage der Einbeziehung von Vermittlungsprovisionen in den Wert der Opferleistung.[516] Hier ist zu differenzieren: Zahlt das Opfer die Provision direkt an den Vermittler selbst, ist dies wiederum ausschließlich unter dem Gesichtspunkt der Additionsklausel zu beurteilen. Tritt jedoch der Vermittler gegenüber dem Kunden wie ein „Außendienstmitarbeiter der Bank" auf,[517] und zeigt sich dies insbesondere darin, daß er nicht selbständig Vermittlungsgebühren erhebt, so tritt der Kreditgeber als Erbringer auch der Vermittlungsleistung auf, deren Wert deshalb zu seinen Gunsten zu berücksichtigen ist, wofür er sich dann aber auch die gesamte Gegenleistung des Opfers anrechnen lassen muß.

c) Sondermarkt für Kredite von Teilzahlungsbanken?

Ein zeitweise heftig diskutiertes Problem stellt bei der Prüfung des Kreditwuchers auch die Frage dar, ob von Teilzahlungsbanken gewährte Kredite gegenüber solchen, die – zu wesentlich günstigeren Konditionen – von Universalbanken zu erhalten sind, einen eigenständigen Markt darstellen. Für die Eigenständigkeit dieses Sektors werden ein höheres Ausfallrisiko[518] und die fehlende Möglichkeit der Teilzahlungsbanken angeführt, günstige Kreditangebote durch anderweitige Bankgeschäfte zu finanzieren.[519] Auf der anderen Seite wird gel-

---

[514] *Heinsius* Rechtsgut, S. 109.

[515] In diesem Sinne auch *Canaris* NJW 1978, 1891 (1895).

[516] Für eine Einbeziehung: BGH NJW 1979, 808; 1979, 2098; 1980, 2077; LK-*Schäfer/Wolff* § 302a Rn. 32; NK-*Kindhäuser* § 291 Rn. 50; *Otto* BT 61/131; ablehnend: OLG München NJW 1977, 152; *Heinsius* Rechtsgut, S. 104 ff.; *Weber* NJW 1980, 2062; *Ott* BB 1981, 937 (942 f.).

[517] Vgl. BGH NJW 1981, 1206 (1209).

[518] *Kessler* BB 1979, 1423 (1425); *Weber* NJW 1980, 2062 f. Daß das Ausfallrisiko überhaupt signifikant höher sei als bei den Universalbanken bestreitet *Nack* NStZ 1984, 23 (24); nach OLG Stuttgart NJW 1979, 2409 (2411) beruht das höhere Risiko auf „systemimmanenten Fehlerquellen" bei den Teilzahlungsbanken, deren Kreditvermittler die Bonität der Kunden weniger genau prüften als die Mitarbeiter der Universalbanken.

[519] *Scholz* WM 1979, 1247 (1248); *Canaris* ZIP 1980, 709 (715).

tend gemacht, das möglicherweise erhöhte Risiko stehe in keiner angemessenen Relation zu den wesentlich höheren Zinsforderungen der Teilbanken.[520] Derartige Argumente können indes es nur vor dem Hintergrund der Lehre vom *iustum pretium*, nicht aber nach der hier vertretenen Ansicht eine Rolle spielen.[521] Daß die Teilzahlungsbanken keinen eigenständigen Markt bedienen, ergibt sich vielmehr bereits daraus, daß die Universalbanken mit ihnen um die gleichen Kunden konkurrieren.[522] Wenn die Teilzahlungsbanken dabei unter Wettbewerbsnachteilen zu leiden haben, kann dies nach dem hier vertretenen Ansatz gerade keine Rolle spielen, da der schwächere Wettbewerber seine Unterlegenheit gerade nicht auf die Wucheropfer abwälzen dürfen soll.[523] Bei der Zugrundelegung des Schwerpunktzinses ist jedoch darauf zu achten, daß auch die Zinssätze der Teilzahlungsbanken bei der Berechnung dieser Vergleichsgröße angemessen berücksichtigt werden,[524] da nach den vorstehenden Ausführungen alle am Markt vorhandenen Preise in die Berechnung des Vergleichswertes einfließen müssen.[525] Der Einwand schließlich, daß Teilzahlungsbankkredite in der Regel vermittelt würden und auch deswegen teurer als die Direktkredite der Universalbanken seien,[526] kann allenfalls dazu führen, jene Kredite nur mit den *vermittelten* Universalbankkrediten zu vergleichen, sofern entsprechende Vergleichswerte zur Verfügung stehen.[527]

4) Problemfälle

Die Orientierung am faktischen Marktpreis setzt dessen Existenz und Bestimmbarkeit voraus. Zu Problemen kommt es daher immer dann, wenn für die Leistung des Täters ein Markt gar nicht besteht oder der zu untersuchende Fall so speziell gelagert ist, daß sich Erkenntnisse über die „Üblichkeit" einer bestimmten Preisforderung nicht ohne weiteres übertragen lassen. Wie hoch ist beispielsweise der Wert einer spontanen Lebensrettung aus kaltem Wasser zu veranschlagen? Spielt es eine Rolle, ob der Retter dafür selbst ins Wasser sprin-

---

[520] *Nack* MDR 1981, 621 (622).
[521] Ebenso *Heinsius* Rechtsgut, S. 132.
[522] BGH BB 1981, 927 (929); BGH WM 1980, 860 (861); 892 (894); *Heinsius* Rechtsgut, S. 132; *Ihmels* BB 1975, 1510 (1511); vgl. auch *Haberstroh* NStZ 1982, 265 (267). Unerheblich ist, daß diese direkte Konkurrenz bei „Erfindung" des Teilzahlungsbanken noch nicht gegeben war [dem messen aber anscheinend KG WM 1980, 72 (74) und *Zwanzig* BB 1980, 1282 (1283) Bedeutung zu].
[523] Vgl. *Nack* MDR 1981, 621 (622).
[524] In früheren Jahren wurde zum Teil eine deutlich Unterrepräsentierung dieser Zinssätze moniert, vgl. *Kessler* BB 1979, 1423 (1425), *Kochendörfer* NJW 1980, 215 f. und *Löwe* NJW 1980, 2078 (2079 f.); dagegen *Derleder* NJW 1982, 2401 (2406 f.).
[525] S. oben 2. Abschnitt C II. 1).
[526] Vgl. *Scholz* WM 1979, 1247 (1248); *Otto* NJW 1982, 2745 (2749 Fn. 47).
[527] Vgl. dazu soeben 2. Abschnitt C II. 3) a).

gen muß oder aber nur einen Rettungsring zu werfen hat? Weiterhin ist zweifelhaft, wie der Preis einer Leistung auf einem zwar vorhandenen, aber verbotenen und staatlich bekämpften Markt zu bestimmen sein soll. An dieser Stelle versagt der Hinweis auf bloße Faktizität; es bedarf vielmehr einer normativen Festlegung. Diese ist jedoch dogmatisch zu begründen und zu begrenzen, wenn kein Einfallstor für Erwägungen entstehen soll, die mit der prinzipiellen Orientierung am faktischen Marktpreis nicht zu vereinbaren sind.

a) Das Fehlen eines Vergleichsmarktes

aa) Meinungsstand

Das Fehlen eines Vergleichsmarktes wird insbesondere bei den Lebensrettungsfällen,[528] bei Unikaten wie etwa originalen Kunstwerken und Liebhaberobjekten[529] sowie bei verbotenen bzw. sittenwidrigen Leistungen diskutiert.[530] In der letzteren Fallgruppe ist die Problematik indes besonders gelagert, da ein faktischer Vergleichsmarkt durchaus vorhanden, jedoch fraglich ist, ob die Wuchervorschrift bei solchen Geschäften überhaupt eingreift, weswegen auf diese Fragestellung im nächsten Unterabschnitt gesondert eingegangen wird.

In Rechtsprechung und Lehre werden für das Problem eines fehlenden Vergleichsmarktes unterschiedliche Lösungen angeboten. Einige Autoren plädieren dafür, in Ermangelung eines Marktpreises auf Kriterien eines *iustum pretium* zurückzugreifen[531] oder aber – was auf das Gleiche hinausläuft – den zu verlangenden Preis nach den „individuellen Gegebenheiten" zu bestimmen, wobei insbesondere ein hohes Affektionsinteresse einerseits und besonders hohe Risiken andererseits zu berücksichtigen seien.[532] Beides kann schon deshalb nicht überzeugen, weil die Ermittlung eines gerechten Preises in solchen Fällen den gleichen praktischen Schwierigkeiten und normativen Bedenken ausgesetzt ist wie sonst auch. Es erscheint daher kaum überzeugend, erst wegen der „Unmög-

---

[528] LK-*Schäfer/Wolff* § 302a Rn. 34; NK-*Kindhäuser* § 291 Rn. 46; *Arzt/Weber* BT 24/16; *Sickenberger* Wucher, S. 100; *Schauer* Grenzen, S. 47 ff.

[529] LK-*Schäfer/Wolff* § 302a Rn. 34; SK-*Hoyer* § 291 Rn. 48; Sch-Sch-*Stree/Heine* § 291 Rn. 18; *Lackner-Kühl* § 291 Rn. 7; *Tröndle-Fischer* § 291 Rn. 19. Das LG Köln hat einen fehlenden Vergleichsmarkt sogar für möblierten Wohnraum angenommen, weil die unterschiedliche Ausstattung des Wohnraums die Feststellung einer „ortsüblichen Miete" nicht zulasse [LG Köln WuM 1976, 34 (35)].

[530] Insbesondere *Bernsmann* GA 1981, 141 (155 ff.)

[531] BayObLG NJW 1985, 873 (stellt u.a. auf die Personalkosten und den „angemessenen Gewinn" eines Nachtbarbesitzers ab); LK-*Schäfer/Wolff* Rn. 34 („ex aequo et bono"); *Lackner-Kühl* § 291 Rn. 3; *Otto* JR 1985, 169 (170).

[532] BGH NJW 1980, 1576; Sch-Sch-*Stree/Heine* § 291 Rn. 18; *Sturm* JZ 1977, 84 (85).

lichkeit" der Bestimmung des „gerechten Preises" den Marktpreis als Kriterium zu wählen, um bei dann auftretenden praktischen Schwierigkeiten wieder auf das *iustum pretium* zurückzuverweisen.

Eine ganz andere Lösung vertritt *Kindhäuser*: Alle Leistungen, für die es „dem Typ nach" keinen Markt gebe, würden von § 291 StGB grundsätzlich nicht erfaßt.[533] Dies hat zur Konsequenz, daß nach *Kindhäuser* für eine Lebensrettung, zu welcher der Täter mangels Zumutbarkeit nicht nach § 323c StGB verpflichtet ist, jeder Preis angemessen, § 291 StGB also gar nicht anwendbar ist.[534] Diese Lösung erscheint jedoch zumindest vor dem Hintergrund der von *Kindhäuser* vertretenen These, wonach die *ratio* des Wucherverbotes darin besteht, daß „Zwangslagen" nicht kapitalisiert werden sollen,[535] befremdlich. Es kann kaum überzeugen, diesen Gedanken zwar bei drohender Wohnungslosigkeit, nicht aber bei unmittelbarer Lebensgefahr zum Zuge kommen zu lassen. Der Frage, ob ein Markt besteht oder nicht, kommt jedenfalls unter diesem Gesichtspunkt keine normative Relevanz zu, stellt doch der Marktpreis nur ein bloßes Hilfsmittel zur Feststellung eines objektiven Mißverhältnisses dar.[536]

Auch der hier vertretene Standpunkt, nach dem das Wucherverbot als Ausprägung einer Solidaritätspflicht verstanden werden muß, läßt *Kindhäusers* Ergebnis fragwürdig erscheinen. Eine Lebensgefahr stellt *die* Zwangslage überhaupt dar, da – in den Worten *Hegels* – der „unendliche Verlust der Freiheit" droht.[537] Daß die Ausnutzung von Wohnungs-, nicht aber von Lebensnot zur Erzielung „übermäßiger" Preise strafrechtliches Unrecht begründen soll, erscheint gerade vor diesem Hintergrund als ein geradezu widersinniges Ergebnis. Das Argument, die Rettungshandlung sei nicht geboten, besagt für ihre unbeschränkte „Kapitalisierbarkeit" noch nichts, besteht doch gerade eines der Charakteristika des § 291 StGB darin, daß der Täter grundsätzlich zur Erbringung der von ihm überteuert angebotenen Leistung nicht verpflichtet ist.

Eine der Auffassung *Kindhäusers* völlig entgegengesetzte Lösung ergibt sich auf der Grundlage der Ausführungen *Helmut Köhlers* zur wirtschaftlichen Bewertung von Lebensrettungen. Nach seiner Auffassung verstieße die Forderung nach einer Gegenleistung in solchen Fällen als Feilschen um Menschenleben gegen fundamentale Wertüberzeugungen der Rechtsgemeinschaft und wäre

[533] NK-*Kindhäuser* § 291 Rn. 52.

[534] NK-*Kindhäuser* § 291 Rn. 46; ebenso *Heinsius* Rechtsgut, S. 118; *Krey/Hellmann* BT/2 Rn. 540a und für den Schwächewucher auch SK-*Hoyer* § 291 Rn. 48.

[535] *Kindhäuser* NStZ 1994, 105 (106).

[536] Vgl. LG Köln ZMR 1975, 367 (368): Das Fehlen eines Vergleichsmarktes dürfe nicht zur Unanwendbarkeit der Wuchervorschrift führen. Auch im Schadensersatzrecht schließen Schwierigkeiten der Wertberechnung einen Anspruch nicht aus; vgl. nur Palandt-*Heinrichs* § 251 Rn.10.

[537] *Hegel* Grundlinien § 127.

deshalb ohne Rücksicht auf ihre Höhe stets als inadäquat anzusehen.[538] Jede Entgegennahme einer Gegenleistung für lebensrettendes Verhalten wäre danach als Wucher zu bestrafen. Auch dies kann nicht überzeugen.[539] Zu Recht hat der BGH in den sogenannten Fluchthilfefällen, in denen es um die Entlohnung für Hilfe zur Flucht aus der DDR ging, die Kapitalisierung einer rechtlich nicht geforderten Hilfeleistung auch bei einer extremen Zwangslage nicht als grundsätzlich sittenwidrig angesehen.[540] Wenn das Gericht zur Begründung seiner Ansicht vor allem auf das Risiko des Fluchthelfers abstellt, trifft es damit jedoch nicht den nach hiesiger Auffassung entscheidenden Punkt. Nicht darauf, ob eine Gegenleistung als „gerechte" Entschädigung für den Einsatz und das Risiko des Fluchthelfers bzw. Lebensretters erscheint, kann es ankommen, sondern allein darauf, daß derartige Leistungen üblicherweise nicht umsonst erbracht werden und dem zu Rettenden jenseits der gesetzlichen Hilfspflicht rechtlich kein Anspruch auf unbedingte Hilfeleistung zusteht.

bb) Stellungnahme

Sofern für eine Leistung ein Marktpreis schlechterdings nicht zu ermitteln wäre, ließe sich – insofern ist *Kindhäuser* und *Heinsius* Recht zu geben – ein „auffälliges Mißverhältnis" nach dem hier vertretenen Grundansatz in der Tat nicht feststellen. Indes wird ein solcher Fall kaum zu konstruieren sein; jedenfalls in den bisher diskutierten Konstellationen stellt das Problem des fehlenden Vergleichsmarktes ein bloßes Scheinproblem dar, da sich jeweils durchaus ein Marktpreis bestimmen läßt. Dies trifft allemal für den Kunst- und Antiquitätenmarkt zu, auf dem selbst höchstwertige Kunst- und Kulturgüter gehandelt werden.[541] Auch bei den Lebensrettungsfällen stellt sich das Problem eines fehlenden Vergleichsmarktes nicht. Zwar gibt es keinen Markt für Lebensrettungen als solche, wohl aber Märkte für die verschiedenen Tätigkeiten oder Güter, durch die die Lebensrettung jeweils bewirkt wird, etwa die Gabe von Wasser bei einem Verdurstenden oder die Überlassung von Kleidung für einen Frierenden. Alle diese Fälle sind selbstverständlich nicht einem einheitlichen Markt für „Lebensrettungen" zuzurechnen, sondern der zulässige Höchstpreis

---

[538] *Köhler* JZ 1985, 359 (363).

[539] Ebenso *Liesegang* JZ 1977, 87 (88).

[540] BGH NJW 1980, 1576.

[541] In diesem Bereich kann nach den vorstehenden Ausführungen Wucher als Ausbeutung einer *Zwangslage* überhaupt nur in solchen Konstellationen in Betracht kommen, in denen es dem Opfer nicht um den Erwerb, sondern um die *Veräußerung* des Kunstgegenstandes geht, wie dies etwa in den dreißiger Jahren vielfach der Fall war, wenn Verfolgte ihnen gehörende Kunstwerke in kürzester Zeit weit unter Wert losschlagen mußten, um das notwendige Geld für die Auswanderung zu erhalten oder sich auch einfach nur des Hausrats zu entledigen.

richtet sich nach dem Marktpreis für Wasser bzw. Mäntel.[542] Daß von der Leistung im konkreten Fall sogar das Leben des „Kunden“ abhängt, soll nach § 291 StGB gerade nur in begrenztem Umfang zu Buche schlagen dürfen; die Vorschrift verbietet also gerade die Annahme eines Sondermarktes für Wasserverkäufe als lebensrettende Maßnahme. Gleiches muß auch für die „exotischeren“ Fälle wie etwa eine Rettung aus dem Wasser oder aus einer Bergspalte gelten, die sich nur scheinbar außerhalb von Märkten abspielen. Auch hier ist nicht nach einem „Markt für Lebensrettungen“ zu suchen, sondern danach zu fragen, für wieviel Geld Spezialisten bereit sind, in kaltes Wasser zu springen oder sich in Gletscherspalten abzuseilen. Sofern die zur Lebensrettung notwendige und ausreichende Leistung in einer bloßen Handreichung besteht – etwa einen Rettungsring zu werfen oder ein Auto herbeizuwinken –, wäre die Feststellung des relevanten „Marktes“ in der Tat schwierig; allerdings kommt es in diesen Fällen auf den „Marktwert“ der Leistung deshalb nicht an, weil hier § 323c StGB eine unbedingte Hilfeleistung statuiert. Unter solchen Umständen gilt, was *Helmut Köhler* in bezug auf alle Lebensrettungsmaßnahmen behauptet hatte: Hier ist die Leistung der Bewertung durch den „Markt“ von Rechts wegen entzogen; es besteht ein Anspruch auf kostenlose Hilfe, so daß jede Gegenforderung als wucherisch zu kennzeichnen ist.

Es bleibt somit festzuhalten, daß die Fallgruppe der nicht vorhandenen Märkte eine leere Menge darstellt. Zwar kann der in Betracht zu ziehende Vergleichsmarkt in einzelnen Fällen schwierig zu bestimmen sein; dies ist jedoch kein Grund, den Schutz der Wuchervorschrift auf Grund normativ zufälliger Umstände gerade demjenigen zu entziehen, der in besonderer Weise auf ihn angewiesen ist.

b) Illegale und sittenwidrige Märkte

Das Problem der Bewertung illegaler bzw. sittenwidriger Täterleistungen wird in der Literatur ebenfalls kontrovers diskutiert. Zum Teil wird auch hier auf den – häufig durchaus vorhandenen – faktischen Marktpreis abgestellt.[543] Dagegen schlägt *Bernsmann* vor, den Wert illegaler und sittenwidriger Leistungen mit Null anzusetzen,[544] was zu einer wesentlichen Ausweitung des Wucherstrafrechts führte.[545] Nach wieder anderer Auffassung fallen wucherische Geschäfte auf rechtlich mißbilligten Märkten von vornherein nicht in den Anwendungsbe-

[542] Zutreffend, wenngleich in der Formulierung etwas kryptisch, *Hohendorf* Individualwucher, S. 128: „Nicht der Wert des besorgten Geschäfts, sondern der Geschäftsbesorgung“ sei entscheidend.

[543] LK-*Schäfer/Wolff* § 302a Rn. 34; *Schauer* Grenzen, S. 49.

[544] *Bernsmann* GA 1981, 141 (161).

[545] Vgl. *Bernsmann* GA 1981, 141 (165 ff.)

reich des § 291 StGB, so daß eine Bezifferung des wirtschaftlichen Wertes der Leistung hier nicht notwendig ist.[546] Nur die letztere Lösung kann auf der Grundlage der hier vertretenen Theorie vom Wucher als einem Delikt gegen Solidaritätspflichten überzeugen. Für den Zwangslagenwucher wurde dies bereits an anderer Stelle ausdrücklich festgestellt und begründet.[547] Auch im Rahmen der anderen Wuchervarianten liefe die Gewährung von Solidarität für Leistungen, die nach dem Willen der Rechtsordnung nicht Gegenstand des rechtsgeschäftlichen Verkehrs sein sollen, auf einen massiven Selbstwiderspruch des Rechts hinaus;[548] es gibt keinen „Verbraucherschutz" im Rahmen illegaler oder sittenwidriger Geschäfte. Somit stellt sich das Problem der wirtschaftlichen Bewertung derartiger Leistungen von vornherein nicht.

c) Gestehungskosten

Hinsichtlich des unspezifischen und praktisch selten relevanten Leistungswuchers vertritt die ganz überwiegende Meinung, daß es auf die Höhe der Gestehungskosten des Täters grundsätzlich nicht ankomme.[549] Selbst wenn der „Wucherer" mit dem Geschäft gerade eben oder noch nicht einmal seine eigenen Kosten decken könne, sei § 291 StGB anwendbar, wenn der Preis sich zu weit oberhalb des Marktwertes bewege.[550] Diese Wertung wird jedoch beim Miet- und Kreditwucher vielfach nicht konsequent durchgehalten; hier sind einige Autoren durchaus bereit, hohe Gestehungskosten des Vermieters bei der Feststellung des Mißverhältnisses zu berücksichtigen,[551] und auch hinsichtlich des Kreditwuchers wird verbreitet die Berücksichtigunsgpflichtigkeit der Geste-

---

546 SK-*Samson* § 302a Rn. 25 b; NK-*Kindhäuser* § 291 Rn. 47; *ders.* NStZ 1994, 105 (110). Nach *Sickenberger* Wucher, S. 100 besteht für eine Leistungsbewertung bei illegalen Leistungen kein *praktisches* Bedürfnis.

547 S. oben 2. Abschnitt A II. 3) c) dd).

548 Ebenso SK-*Samson* § 302a Rn. 25 b; NK-*Kindhäuser* § 291 Rn. 47.

549 BayObLG NJW 1985, 873; LK-*Schäfer/Wolff* § 302a Rn. 34; SK-*Hoyer* § 291 Rn. 48 (nur für Schwächewucher); NK-*Kindhäuser* § 291 Rn. 45; *ders.* NStZ 1994, 105 (109); *Tröndle-Fischer* § 291 Rn. 19; *Heinsius* Rechtsgut, S. 134; a.A. für den Zwangslagenwucher SK-*Hoyer* § 291 Rn. 46.

550 NK-*Kindhäuser* § 291 Rn. 45.

551 *Lackner-Kühl* § 291 Rn. 4; *Maurach/Schroeder/Maiwald* BT/1 43/17; *Otto* BT 61/129 beschränkt dies auf solche Gestehungskosten, die bei „ordnungsgemäßer Wirtschaft" für einen Vermieter nicht zu vermeiden sind. Generell gegen eine Berücksichtigung der Gestehungskosten bei der Miete BGHSt 30, 280 (281 f.) = JR 1982, 473 mit insofern zustimmender Anmerkung von *Scheu* (474 f.), der jedoch das Merkmal des „Ausbeutens" verneinen will, wenn der Täter keinen Gewinn erwirtschafte (S. 475; dazu unten 2. Abschnitt D); LK-*Schäfer/Wolff* § 302a Rn. 29; NK-*Kindhäuser* § 291 Rn. 45, 48; Sch-Sch-*Stree/Heine* § 291 Rn. 13; *Sickenberger* Wucher, S. 82; *Heinsius* Rechtsgut, S. 123.

hungskosten des Täters vertreten.[552] Wieder andere sehen eine *Bereicherung* des Täters als ungeschriebenes Tatbestandsmerkmal an, das im Rahmen der Tathandlung, nämlich des „Ausbeutens" zu prüfen sei.[553]

Auf der Grundlage der hier vertretenen Auffassung besteht für eine Berücksichtigung der Gestehungskosten kein Anlaß; zur Begründung kann auf die Ausführungen zum faktischen Marktpreis als relevantem Vergleichsmaßstab verwiesen werden:[554] Das Wucherverbot soll die Entstehung eines Sondermarktes für schwache Marktteilnehmer gerade verhindern; der Anbieter soll sich nicht unter Umgehung des Marktes und zu Lasten der Schwachen von den Folgen seiner Wettbewerbsschwäche freikaufen und die Kosten der Unwirtschaftlichkeit der von ihm angebotenen Leistung auf das Opfer abwälzen können.[555] Aus diesem Grunde sind die Gestehungskosten des Täters bei allen Wuchervarianten grundsätzlich nicht gesondert zu berücksichtigen.[556]

d) Berücksichtigung besonderer Vorteile des Opfers?

In Rechtsprechung und Literatur herrscht weitgehende Einigkeit darüber, daß bei der Bewertung der Täterleistung ein besonderer Wert der Täterleistung für das konkrete Opfer außer Betracht zu bleiben habe.[557] Dagegen macht *Berns-*

---

[552] BGH NJW 1983, 2780; LK-*Schäfer/Wolff* § 302a Rn. 32; NK-*Kindhäuser* § 291 Rn. 49; Sch-Sch-*Stree/Heine* § 291 Rn. 16 („Gesamtbewertung aller Umstände des Einzelfalles"); *Lackner-Kühl* § 291 Rn. 5; *Tröndle-Fischer* § 291 Rn. 18. Dagegen *Heinsius* Rechtsgut, S. 128; *Haberstroh* NStZ 1982, 265 (267).

[553] So *Scheu* JR 1982, 474 (475).

[554] Vgl. oben 2. Abschnitt C I. 3).

[555] BGH NJW 1982, 896; LG Darmstadt NJW 1975, 549 (550); LK-*Schäfer/Wolff* § 302a Rn. 29; NK-*Kindhäuser* § 291 Rn. 48; *Vollmer* NJW 1983, 555 (556).

[556] Insofern ist es zumindest mißverständlich, wenn das „auffällige Mißverhältnis" nach fast allgemein zu nennender Ansicht „aus der Täterperspektive" zu beurteilen sein soll [siehe nur RGSt 74, 345 (349); BGHSt 43, 53 (59); BayObLG NJW 1985, 873; OLG Stuttgart wistra 1982, 36 (37); LK-*Schäfer/Wolff* § 302a Rn. 25; NK-*Kindhäuser* § 291 Rn. 43; Sch-Sch-*Stree/Heine* § 291 Rn. 11; *Lackner-Kühl* § 291 Rn. 3; M/B-*Nack* 61/22; *Maurach/Schroeder/Maiwald* BT/1 43/16; *Gössel* BT/2 32/21; *Hohendorf* Individualwucher, S. 106 f.; *ders.* BB 1982, 1205; *Lenckner* JR 1980, 161 (164); kritisch SK-*Hoyer* § 291 Rn. 41 f.; *Heinz* GA 1977, 193 (220); *Otto* JR 1985, 169]. Sofern weder der besondere Wert der Leistung für das Opfer noch die besonderen Kosten für den Täter zu berücksichtigen sein sollen, ist beim Leistungswucher auch nach der herrschenden Meinung nicht die Täterperspektive, sondern vielmehr eine neutrale, „objektive" Sichtweise entscheidend [ebenso *G. Schmidt* GA 1979, 121 (132)]. Dasselbe muß nach der hier vertretenen Auffassung auch für den Miet- und den Kreditwucher gelten. Auf einen Vergleich des Wertes der Opferleistung mit den Vorteilen, die das Opfer aus der Verwertung oder Nutzung der Täterleistung zieht, soll es somit nicht ankommen.

[557] RGSt 20, 279 (282); 29, 78 (82); 39, 126 (129); 53, 285 (286); 60, 216 (219); BGHSt 43, 53 (59 f.); BayObLG NJW 1985, 873; LK-*Schäfer/Wolff* § 302a Rn. 25; NK-*Kindhäuser*

mann geltend, die überaus neutrale Formulierung der Vorschrift, welche nur unspezifisch von „der“ Leistung spreche, schließe keineswegs aus, neben dem „Leistungsaufwand“ auch den „Leistungserfolg“ mitzuberücksichtigen.[558] Für die Einbeziehung dieses „Leistungserfolges“ in die anzustellende Bilanz seien hingegen systematische Gründe anzuführen: Solange man daran festhalte, das Vermögen als Schutzgut des § 291 StGB anzusehen, sei es unplausibel, den Täter auch dann zu bestrafen, wenn sich die Vermögensbilanz des Opfers durch das fragliche Geschäft positiv entwickle.

Der Hinweis *Bernsmanns* auf das Vermögen als „geschütztes Rechtsgut“ des Wuchers ist jedoch an dieser Stelle wenig überzeugend; zu Recht hatte *Kindhäuser* darauf hingewiesen, daß der Wortlaut des § 291 StGB einen Vermögensschaden im Gegensatz zu den (übrigen) Vermögensdelikten nicht voraussetze.[559] Der systematische Zusammenhang spricht somit gerade gegen eine grundsätzliche Berücksichtigung des „Leistungserfolges“: Käme es bei der Bewertung der Täterleistung auf deren besonderen Wert für das Opfer an, so wäre ein Zwangslagenwucher kaum zu konstruieren, ist diese Fallgruppe doch gerade dadurch charakterisiert, daß die Täterleistung für das Opfer aktuell weit mehr wert ist als für die übrigen Marktteilnehmer.

Belebt hat sich die Diskussion um dieses Thema durch einen Fall, in dem ausländische (konkret: tschechische) Arbeitnehmer zu „Dumpinglöhnen“ beschäftigt wurden,[560] die den Betroffenen gleichwohl in ihrem Heimatland einen überdurchschnittlichen Lebensstandard ermöglichten.[561] Die Besonderheit solcher „Grenzgängerfälle“ besteht darin, daß die Leistung des Täters nicht nur auf Grund besonderer persönlicher Umstände des Opfers für dieses mehr wert ist als für andere, sondern weil das Opfer die Täterleistung auf einem anderen Markt verwendet, auf dem nicht nur die Arbeitsleistung, sondern auch ein bedeutender Teil aller anderen Güter und Dienstleistungen völlig anders bewertet werden.[562] Dies könnte dafür sprechen, auch bei der Feststellung des „auffälligen Mißverhältnisses“ den ausländischen Markt in Bezug zu nehmen und insofern eben doch auf den besonderen Wert der Leistung für das konkrete Opfer abzustellen.[563] Eine solche Argumentation erscheint jedoch verfehlt. Ihr zufolge müßte auch ein deutscher Arbeitgeber strafbar sein, der einem schweizerischen Angestellten trotz dessen „Zugehörigkeit“ zum teureren schweizerischen Markt

---

§ 291 Rn. 43; Sch-Sch-*Stree/Heine* § 291 Rn. 11; *Lackner-Kühl* § 291 Rn. 3; *Tröndle-Fischer* § 291 Rn. 16; *Otto* BT 61/128; *ders.* JR 1985, 169; *Sturm* JZ 1977, 84 (85 f.).

558 *Bernsmann* JZ 1998, 629 (632); ähnlich *Mitsch* BT/2/2 5/74.

559 *Kindhäuser* NStZ 1994, 105 (106).

560 BGHSt 43, 53 ff.

561 Vgl. *Bernsmann* JZ 1998, 629 (632 f.).

562 Nach *Renzikowski* JR 1999, 166 (171) „verblaßt das Bild einer sittenwidrigen Ausbeutung“ vor diesem Hintergrund.

563 Vgl. *Bernsmann* JZ 1998, 629 (632 f.); *Renzikowski* JR 1999, 166 (171).

einen Lohn zahlt, der zwar in Deutschland üblich, jedoch nach schweizerischen Kriterien wucherisch wäre; andererseits könnte ein deutscher Staatsangehöriger im Inland zu Dumpinglöhnen beschäftigt werden, wenn er in Polen wohnt, einkauft und tankt – beides wohl kaum einleuchtende Ergebnisse. Daraus resultiert, daß es auch bei den Grenzgängerfällen auf etwaige besondere Vorteile, die das Opfer aus der Täterleistung zieht, nicht ankommen kann.[564]

III. Das Mißverhältnis

Nachdem soeben erörtert wurde, wie der jeweilige Wert von Täter- und Opferleistung zu bestimmen ist, bleibt jetzt noch zu klären, wie erheblich beide voneinander abweichen müssen, damit die Tatbestandsvoraussetzung des „auffälligen Mißverhältnisses" als erfüllt angesehen werden kann. Die gängige Formel, nach der ein auffälliges Mißverhältnis dann vorliegt, wenn dies „ins Auge springt", hilft dabei ersichtlich nicht weiter; hingegen läßt sich auch in diesem Zusammenhang die Einordnung des Wucherverbots als Ausprägung einer Solidaritätspflicht dogmatisch fruchtbar machen. Zwar lassen sich auch aus dem Solidaritätsgedanken keine konkreten Prozentzahlen deduzieren, bei denen erlaubte Gewinnmaximierung in strafbaren Wucher umschlägt. Dennoch bringt der hier vertretene Ansatz einen Rationalitätsgewinn: Er gestattet es, das „auffällige Mißverhältnis" mit einer anderen strafrechtlichen Verhältnismäßigkeitsgrenze zu parallelisieren, und zwar mit derjenigen des in § 228 BGB positivierten rechtfertigenden Defensivnotstands. Dieses Rechtsinstitut gestattet die Verletzung fremder Rechtsgüter zur Bekämpfung einer von diesen ausgehenden Gefahr unter der Voraussetzung, daß der hierdurch angerichtete Schaden nicht „außer Verhältnis" zu der drohenden Gefahr steht.[565] Die Verwandtschaft des

---

[564] Wie hier im Ergebnis BGHSt 43, 53 (60); NK-*Kindhäuser* § 291 Rn. 43; *Tröndle/Fischer* § 291 Rn. 16; *Nägele* BB 1997, 2162 (2163). Die Verurteilung in dem vom BGH entschiedenen Fall erscheint jedoch aus einem anderen Grunde fragwürdig: Selbst wenn die tschechischen Arbeiter, wie es der BGH annimmt [BGHSt 43, 53 (61)], unerfahren im Sinne des § 291 StGB waren [kritisch *Bernsmann* JZ 1998, 629 (633)], wäre noch zu prüfen gewesen, ob der Abschluß des Arbeitsvertrages auf diesem Informationsmangel beruhte, d.h. ob die tschechischen Arbeitnehmer bei Kenntnis der in Deutschland üblichen Löhne die ihnen angebotene Arbeit abgelehnt hätte, was jedenfalls nicht ohne weiteres unterstellt werden kann [so zu Recht *Renzikowski* JR 1999, 166 (171)].

[565] Umstritten ist freilich, ob dieser sich aus § 228 BGB ergebende Proportionalitätsmaßstab für *alle* denkbaren Fälle des Defensivnotstandes gilt. Während einige Autoren dies prinzipiell bejahen [LK-*Hirsch* § 34 Rn. 72; SK-*Günther* § 34 Rn. 12 f., 39 f.; NK-*Neumann* § 34 Rn. 86; *Jakobs* AT 13/46; *Freund* AT 3/81; *Hruschka* AT, S. 84, 114 ff.; *ders.* JuS 1979, 385 (391 f.); *Renzikowski* Notstand, S. 238; *Koriath* JA 1998, 250 (256)], lehnen andere eine schematische Gleichbehandlung aller denkbaren Konstellationen ab und wollen statt dessen die Wertung des § 228 BGB nur als einen Gesichtpunkt im Rahmen der erfoderlichen Gesamtabwägung berücksichtigt wissen [so *Roxin* AT 16/67; *Kühl* AT 8/134; *Wessels/Beulke* AT Rn. 313;

Merkmals "außer Verhältnis" zum "auffälligen Mißverhältnis" ist nach dem in dieser Arbeit vertretenen Konzept nicht nur sprachlicher Natur, sondern der ins Auge gefaßte "Harmonisierungsgewinn" ist auch systematisch gedeckt: In beiden Fällen wird eine Konfliktpartei zu Lasten der anderen von ihrer Einstandspflicht für die von ihr eingegangenen Rechtsgeschäfte bzw. für die von ihr zu verantwortende Rechtskreisorganisation befreit; in beiden Fällen soll es zwar *grundsätzlich* auf die in Rede stehenden "Werte" nicht ankommen, findet jedoch diese "abstrakte" Betrachtungsweise eine Grenze, bei der die Beteiligten im Hinblick darauf, daß ihnen nicht nur "abstrakte", sondern wirkliche Freiheit zusteht, nicht mehr bloß "schemenhaft" als Personen, sondern als konkrete Subjekte mit in den Blick genommen werden, deren konkrete Interessen auch rechtlich "zählen".[566]

Damit weist auch der Defensivnotstand Züge auf, die nach den zuvor erarbeiteten Grundlagen charakteristisch für strafrechtliche Solidaritätspflichten sind.[567] Wenn es diese Gemeinsamkeit zwischen den Regelungsprogrammen des § 291 StGB einerseits und des Defensivnotstandes andererseits erlaubt, die vom jeweiligen Tatbestand geforderten Wertrelationen im Zusammenhang zu sehen, so bedeutet dies, daß der Täter bei gegebenem Marktpreis für seine Leistung etwa soviel verlangen darf, wie er vom Wert her zerstören dürfte, um ein Rechtsgut vom Wert dieses Marktpreises zu schützen. Wenn hieraus auch selbstverständlich keine konkreten Prozentzahlen abzuleiten sind,[568] so liegt in dem Aufweis des genannten Wertungszusammenhangs gegenüber dem inhaltsleeren Appell an die Intuition des Rechtsanwenders doch ein nicht geringer systematischer Gewinn.

Gleichwohl gestattet die Parallele zum Defensivnotstand eine nachträgliche Kontrolle der in bezug auf einzelne Märkte etablierten Konkretisierungen des "auffälligen Mißverhältnisses" nur sehr in begrenztem Umfang. Diese könnten nur dann zurückgewiesen werden, wenn sie mit der Wertung des § 228 BGB unvereinbar wären. Dies kann jedoch nicht festgestellt werden, so daß insofern keine Beanstandungen anzubringen sind. Zusätzlich können und müssen die Ergebnisse der herrschenden Meinung aber auch einer summarischen Stimmigkeitsprüfung unterzogen werden, die darauf abstellt, daß das Maß der jeweils

Gropp AT 6/133; ähnlich Sch-Sch-*Lenckner/Perron* § 34 Rn. 30; *Pawlik* Notstand, S. 312 ff.; *Otte* Defensivnotstand, S. 100 ff.].

566 Vgl. dazu eingehend *Pawlik* GA 2003, 12 (14 f.).

567 Für eine solche Begründung der Schonungspflicht im Defensivnotstand aus dem Gedanken der Solidarität insbesondere *Jakobs* AT 13/46; *Köhler* AT, S. 279; *Pawlik* Notstand, S. 285 f.; *Renzikowski* Notstand, S. 195; *Haas* Notwehr, S. 215; ähnlich bereits *Löffler* ZStW 21 (1901), 575 (579).

568 Nach *Larenz* NJW 1965, 1 (3) ist bei quantitativen Bestimmungen die Grenze methodischer Erkenntnis und damit der Bereich der Dezision erreicht; dem ausdrücklich zustimmend in bezug auf das auffällige Mißverhältnis *Lenckner* JR 1980, 161.

erlaubten Abweichung vom „Richtwert" des Marktpreises davon abhängt, wie weit oder eng der jeweils zugrundegelegte Markt zugeschnitten ist.[569] Existieren mehrere „Kreditmärkte" und steht dennoch aus praktischen Gründen nur ein einziger Referenzwert – etwa der Schwerpunktzins der Bundesbank – zur Verfügung, so setzt die Feststellung eines auffälligen Mißverhältnisses ein höheres Maß an Abweichung voraus, als wenn – wie bei der Miete – mit der örtlichen Vergleichsmiete ein jeweils wesentlich homogenerer Markt bewertet wird, bei dem Art, Größe, Ausstattung, Beschaffenheit, Lage, Alter und vom Vermieter zur Verfügung gestellte Nebenleistungen schon bei der Bestimmung der Vergleichsgruppe berücksichtigt werden.[570] Es erscheint deswegen zutreffend, wenn die Rechtsprechung und mit ihr die ganz herrschende Literatur die Grenze, bei der unabhängig von den stets zu berücksichtigenden „Besonderheiten des Einzelfalls"[571] „jedenfalls" oder „im allgemeinen"[572] ein auffälliges Mißverhältnis anzunehmen sein soll, hinsichtlich des Mietmarktes bei einer Überschreitung des Vergleichswertes um 50 % festlegt,[573] während beim Kreditwucher erst eine Überschreitung des Schwerpunktzinses um 100% als tatbestandsmäßig angesehen wird.[574]

In bezug auf den Kreditmarkt vertreten einige Gerichte und ein Teil der Literatur auch die These, daß unabhängig vom aktuellen Marktzins eine effektiver

---

[569] Vgl. dazu bereits oben die Überlegungen in 2. Abschnitt C II. 1).

[570] BGH 30, 281; OLG Düsseldorf GA 75, 311; OLG Karlsruhe NJW 1997, 3389; OLG Köln NJW 1976, 120; LG Darmstadt NJW 1972, 1244; NK-*Kindhäuser* § 291 Rn. 48; LK-*Schäfer/Wolff* § 302a Rn. 29; Sch-Sch-*Stree/Heine* § 291 Rn. 13; *Lackner-Kühl* § 291 Rn. 4. Die Rechtsprechung erkennt auch die jeweiligen Mietspiegel noch nicht als ausreichend differenziert und damit noch nicht als ohne weiteres zugrundezulegenden Marktpreis an, vielmehr sei vom Richter im Einzelfall zu würdigen, ob der Mietspiegel die ortsübliche Vergleichsmiete für eine konkrete Wohnung zutreffend wiedergebe [OLG Stuttgart NJW 1981, 2365; KG WuM 1991, 425 (426); 1992, 140 (141); OLG Frankfurt NJW-RR 1994, 1233 (1234); OLG Karlsruhe NJW 1997, 1388 f.].

[571] Vgl. Sch-Sch-*Stree/Heine* § 291 Rn. 15.

[572] Sch-Sch-*Stree/Heine* § 291 Rn. 15.

[573] BGHSt 30, 280 (281); BGH NJW 1997, 3389; OLG Karlsruhe NJW 1997, 3389; OLG Köln NJW 1976, 120; LG Darmstadt NJW 1972, 1244; LG Köln ZMR 1975, 367; *Lackner-Kühl* § 291 Rn. 4; LK-*Schäfer/Wolff* § 302a Rn. 29; Sch-Sch-*Stree/Heine* § 291 Rn. 15; NK-*Kindhäuser* § 291 Rn. 48; *Rühle* Wucherverbot, S. 46; *Maurach/Schroeder/Maiwald* BT/1 43/17; *Mitsch* BT/2/2 5/73; *Krey/Hellmann* BT/2 Rn. 539; *Hohendorf* Individualwucher, S. 114; *Glaser* ZMR 1966, 97 (98); *Schmidt-Futterer* JR 1972, 133 (134). Demgegenüber verlangt allein *Sasserath* NJW 1972, 711 (712) – ohne Begründung – eine Steigerung um 100 %.

[574] BGH NJW 1982, 2436; 1986, 2568; OLG Stuttgart NJW 1979, 2410; NK-*Kindhäuser* § 291 Rn. 50; *Nack* MDR 1981, 621 (623 f.); *Otto* NJW 1982, 2745 (2748 ff.). Für eine einheitliche Festlegung des Grenzwerts bei einer Überschreitung um 50 % spricht sich hingegen SK-*Hoyer* § 291 Rn. 53 aus. Daß der Kreditmarkt sich als wesentlich komplexer darstellt als der Mietmarkt, betont auch *Mitsch* BT/2/2 5/73.

Jahreszins von 30% jedenfalls wucherisch sei.[575] Dieser Auffassung wird entgegengehalten, ein derartiger starrer Richtwert sei mit dem gerechtfertigten Bedürfnis nach einer flexiblen Bewertung nicht vereinbar.[576] In der Tat wird mit der Festlegung auf eine absolute Grenze die Abhängigkeit des strafrechtlich Erlaubten vom jeweiligen Marktpreis gelockert und der Eindruck erweckt, ein bestimmter Zinssatz markiere „absolut" den gerade noch „gerechten Preis".[577] Dieses Bedenken ergibt sich nicht, wenn ein „Mindestabstand" von zwölf Prozentpunkten zum Schwerpunktzins gefordert wird,[578] weil hier an einem Bezug zum jeweiligen Marktpreis festgehalten wird.

Für andere Märkte haben sich bisher keine prozentualen Grenzwerte etablieren können. So hat etwa auf dem Gebiet des Lohnwuchers das Bundesarbeitsgericht Lohnzahlungen von 70% des üblichen Tarifs unbeanstandet gelassen,[579] während der BGH bei einer solchen Größenordnung die Bejahung eines „auffälligen Mißverhältnisses" für vertretbar gehalten hat.[580] Nach der hier vertretenen Auffassung kommt es für die Bestimmung des auffälligen Mißverhältnisses darauf an, als wie heterogen die Vertragsverhältnisse vom Markt beurteilt werden, die an den Tarifverträgen zu messen sind.[581] Da Flächentarifverträge zumeist für eine ganze Branche ohne Rücksicht auf die individuellen Verhältnisse in einem konkreten Betrieb geschlossen werden,[582] ist hier im Vergleich zum Mietmarkt von einer geringeren Einheitlichkeit der Marktverhältnisse auszugehen, so daß

575 LG Berlin BB 1978, 15; StA Stuttgart JR 1960, 160 mit kritischer Anmerkung *Lenckner*; LG Freiburg BB 1979, 1004; NK-*Kindhäuser* § 291 R. 50; Sch-Sch-*Stree/Heine* § 291 Rn. 16; *Reich* NJW 1977, 636 (637); *Derleder* NJW 1982, 2401 (2407).

576 BGHZ 80, 153; *Lackner-Kühl* § 291 Rn. 5.

577 *Hohendorf* Individualwucher, S. 125. Zu Recht weist deshalb StA Stuttgart JR 1980, 160 f. zur Begründung der 30 %-Grenze auf das „allgemein niedrige Zinsniveau" hin und stellt somit einen Bezug zum konkreten Marktpreis her.

578 So BGHZ 110, 336; *Lackner-Kühl* § 291 Rn. 5.

579 BAGE 35, 43 (48 f.); vgl. auch ArbG Hagen NZA 1987, 610.

580 BGHSt 43, 53 (60); der BGH hatte hier keinen Rechtsfehler des Tatgerichts bei der Subsumtion unter das Merkmal des „auffälligen Mißverhältnisses" feststellen können. Dies bedeutet entgegen *Renzikowski* JR 1999, 166 (169) nicht, daß das Revisionsgericht von einem „Ermessensspielraum" der Vorinstanz bei der Beurteilung dieser Frage ausgegangen wäre; er beschränkt sich vielmehr zu Recht auf die Prüfung, ob die Auslegung § 291 StGB als rechtlich fehlerhaft zu bewerten ist.

581 Nach *Nägele* BB 1997, 2162 und *Renzikowski* JR 1999, 166 (169) kann ein Tarifvertrag nur dann ohne weiteres als „Marktpreis" für die Arbeitsleistung unterstellt werden, wenn er für allgemeinverbindlich erklärt worden ist, da ein gewöhnlicher Tarifvertrag nach §§ 3 Absatz 1 und 4 Absatz 1 TVG nur die Angehörigen der an dem Abschluß beteiligten Gewerkschaften bzw. Arbeitgebervereinigungen bindet, ansonsten aber auch weit untertarifliche Vereinbarungen zuläßt [vgl. auch BAGE 7, 125 (128)].

582 *Brox/Rüthers* Arbeitsrecht, Rn. 291; *Lieb* Arbeitsrecht, Rn. 480; *Wollenschläger* Arbeitsrecht, Rn. 341.

bei einer Unterschreitung des Tariflohnes um 70 % wohl noch kein wucherisches Mißverhältnis angenommen werden kann.

IV. Zusammenfassung

Die Standardformel der herrschenden Meinung, ein auffälliges Mißverhältnis liege dann vor, wenn es „ins Auge springe“, ist als Tautologie zur Abgrenzung von erlaubtem und unerlaubtem Verhalten unbrauchbar. Aus dem in dieser Arbeit vertretenen dogmatischen Konzept, den Wucher systematisch vom Solidaritätsgedanken her zu deuten, kann eine vom Gesetzgeber verweigerte, in Prozentzahlen auszudrückende Abgrenzung nicht deduziert werden. Allerdings erlaubt es dieser Ansatz, eine dogmatische Querverbindung zum Institut des Defensivnotstands zu schlagen und auf diese Weise zu einer Systematisierung und Rationalisierung beizutragen, die zumindest eine begrenzte Kontrolle der von der Rechtsprechung gefundenen Ergebnisse ermöglicht. Im übrigen hat sich gezeigt, daß als Bezugspunkt für die Feststellung des auffälligen Mißverhältnisses nur der faktische Marktpreis in Betracht kommt, daß aber das Wucherverbot selbst normative Vorgaben dafür enthält, wie der jeweilige Vergleichsmarkt zu konzipieren ist.

D. Die Tathandlung: das „Ausbeuten"

Die Tathandlung des § 291 StGB bezeichnet das Gesetz als „Ausbeuten". Die wohl herrschende Meinung versteht darunter das Ausnutzen der Zwangs- oder Schwächelage des Opfers, so daß die Verwendung des Wortes „ausbeuten" keine zusätzlichen Anforderungen an den Tatbestand enthalte.[583] Dem wird zuweilen mit einem Hinweis auf Absatz 1 Satz 2 widersprochen, wo das Gesetz nur von „Ausnutzen" spricht. Aus diesem Vergleich ergebe sich, daß der Begriff der Ausbeutung enger auszulegen sei und eine „qualifizierte" Art der Ausnutzung darstelle, die sich durch „einen gewissen parasitären, rücksichtslosen und anstößigen Charakter" auszeichne.[584] Nach *Scheu* kann von Ausbeutung nur dann gesprochen werden, wenn der Täter es auf einen übermäßigen *Gewinn* abgesehen hat. Somit seien eventuelle außergewöhnliche Gestehungskosten zwar nicht bei der Prüfung des auffälligen Mißverhältnisses, wohl aber im Rahmen der Tathandlung „ausbeuten" zu berücksichtigen. Dafür spreche auch ein Vergleich mit § 5 WiStG, der verdeutliche, daß die Strafwürdigkeit der Preisüberhöhung gerade davon abhänge, ob der Täter die Schwäche des Opfers nur ausnutze oder aber ausbeute.[585]

Nach der hier vorgelegten Konzeption kann eine Berücksichtigung der Gestehungskosten des Täters jedoch auch dann nicht überzeugen, wenn sie in das Tatbestandsmerkmal des Ausbeutens verlagert wird. Wenn die Leistung des Anbieters nicht markttauglich ist, darf der Täter sie nicht „am Markt vorbei" bei solchen Personen absetzen, die sie auf Grund ihrer „Schwäche" nicht ablehnen können. Eine eigenständige Bedeutung ist dem Begriff des „Ausbeutens" aber auch jenseits des Konzeptes von *Scheu* nicht zu entnehmen. Die „Anstößigkeit" der Ausbeutung wird vielmehr durch die übrigen Tatbestandsmerkmale konstituiert; auch die Vertreter einer engen Interpretation des Ausbeutens konnten bislang nicht darlegen, welcher Art die Umstände sein müßten, die es erlaubten, von einem besonders anstößigen Ausnutzen zu sprechen. Wenn das „Ausnutzen" in Satz 2 „harmloser" klingt, so paßt dies aber dazu, daß dort bereits eine geringere Abweichung vom „Normalpreis" zur Bejahung des Wuchers ausreichen soll.[586] Auch die Entstehungsgeschichte der Norm weist eindeutig in diese Richtung; dort wurde darauf verwiesen, daß „ausbeuten" von der Rechtsprechung stets als „ausnutzen" verstanden wurde, daß aber der Begriff des Aus-

---

[583] BGHSt 11, 182 (187); LK-*Schäfer/Wolff* § 302a Rn. 23; SK-*Hoyer* § 291 Rn. 19; NK-*Kindhäuser* § 291 Rn. 35; MG-*Nack* S. 1718; *Maurach/Schroeder/Maiwald* BT/1 43/22; *Otto* BT 61/133; *ders.* NJW 1982, 2745 (2749); *Hohendorf* Individualwucher, S. 133 f.; *Heinsius* Rechtsgut, S. 171 f.

[584] Sch-Sch-*Stree/Heine* § 291 Rn. 29; *Tröndle-Fischer* § 291 Rn. 14; *Lackner-Kühl* § 291 Rn. 8; *Mitsch* BT/2/2 5/70; *Sturm* JZ 1977, 84 (86).

[585] *Scheu* JR 1982, 474 (475).

[586] LK-*Schäfer/Wolf* § 302a Rn. 23.

beutens „plastischer" sei.[587] Demnach verlangt das Merkmal des Ausbeutens keine besonders qualifizierte Form der Verwirklichung der Tatbestandsvoraussetzungen des § 291 StGB.

[587] Prot. 7/2802.

Schlußbemerkung

Die vorliegende Untersuchung hat erwiesen, daß dem Wucherverbot trotz seines forensischen „Schattendaseins" eine bedeutende Stellung im System des Besonderen Teils zukommt: Indem er Kriterien dafür formuliert, in welchem Umfang fremde „Schwäche" im Rahmen von Vermögensdispositionen einen strafrechtlichen Zurechnungsgrund darstellt, monopolisiert § 291 den Einfluß des Solidaritätsgedankens und begrenzt so die Tatbestände des Betruges und der Erpressung, die systematisch überzeugend nur als „solidaritätsfrei" gedacht werden können.

Bei den in § 291 StGB aufgeführten Schwächelagen handelt sich vor diesem Hintergrund nicht, wie in der Literatur zuweilen vermutet, um sachunangemessene Verurteilungshindernisse, vielmehr liegt bei ihnen der Schlüssel für die dogmatische Einordnung des Wuchers. Die auf diese Weise herzustellenden Bezüge zu anderen „Solidaritätsnormen" tragen dazu bei, vor allem die Konturen der „Zwangslage" deutlich präziser als bisher zu bestimmen. Auch die Merkmale der Unerfahrenheit und des Mangels an Urteilsvermögen werden nunmehr im Vergleich zu bisherigen Definitionen schärfer umrissen. Gleiches gilt für die Bestimmung des „auffälligen Mißverhältnisses": Wenngleich sich auch auf dem Boden der hier vertretenen Theorie keine in Prozentzahlen auszudrückende Grenze deduzieren läßt, erlaubt die Einordnung des Wuchers als Solidaritätsdelikt doch „Querverweise" zu anderen strafrechtlichen Instituten, anhand deren sich eine Rationalitäts- und Stimmigkeitskontrolle durchführen läßt.

Die Ergebnisse der Untersuchung führen aber auch zu weiteren Fragen: Wenn der Solidaritätsgedanke im Besonderen Teil bei bestimmten Delikten wie dem Wucher konzentriert wird, so trifft dies auf den nur rudimentär kodifizierten Allgemeinen Teil nicht zu, vielmehr müssen hier die Auswirkungen des Solidaritätsgedankens „freihändig" eingearbeitet werden. Dies betrifft insbesondere das Institut der Einwilligung und das die Lehre von der eigenverantwortlichen Selbstgefährdung. In diesem Zusammenhang wäre zu untersuchen, ob sich aus § 291 StGB auch Folgerungen bezüglich der Frage ableiten lassen, unter welchen Bedingungen auch hier eine spezifische „Schwäche" des Opfers zu einer Verschiebung der Zurechnungskriterien führen muß.

In rechtspolitischer Hinsicht ergibt sich, daß eine „Effektivierung" des Wucherverbots nicht über eine Entgrenzung des Opferprofils, sondern allenfalls über eine Präzisierung der Mißverhältnisklausel gesucht werden könnte, was jedoch angesichts der Diversifizierung der Märkte ein wohl aussichtsloses Unterfangen darstellte; allenfalls auf besonders relevanten Teilmärkten wie etwa bei der Wohnungsvermietung wäre eine Präzisierung der Grenze zwischen zulässigen und unzulässigen Preisen – jedoch nur um den Preis einer planwirtschaftlichen Höchstpreisfestsetzung – überhaupt möglich. Der Wucherparagraph ist aus diesem Grunde eher als ein symbolisches Statement der Rechtsordnung zu verstehen, die bei einem „abstrakten“ Rechtskonzept auch im Strafrecht nicht stehenbleiben will. Die Existenz des § 291 StGB deshalb zu skandalisieren, besteht jedoch kein Anlaß, hat sich das Strafrecht doch längst von einer strikt „kantischen“ Konzeption gelöst. Um diese Entwicklung zu kritisieren, müßte mit *philosophischen* Argumenten die Überlegenheit einer Position wie derjenigen *Kants* gezeigt werden. Eine daran anschließende Kritik des geltenden Rechts dürfte dann allerdings kaum beim Strafrecht stehenbleiben.

Literaturverzeichnis

Alisch, Herbert	Die sozialen Schutzbestimmungen des Vollstrekkungsrechts – Sozialer Fortschritt oder Entrechtung der Gläubiger, in: Rpfleger 1979, S. 290 ff.
Alternativkommentare	Kommentar zum Grundgesetz für die Bundesrepublik Deutschland, hrsg. von Rudolf Wassermann, Band 1, Art. 1 - 37, 2. Auflage, Neuwied 1989 (zitiert: AK(GG)-*Bearbeiter*)
	Kommentar zum Strafgesetzbuch, hrsg. von Rudolf Wassermann, Band 1, §§ 1 - 21, Neuwied 1990 (zitiert: AK(StGB)-*Bearbeiter*)
Amelung, Knut	Rechtsgüterschutz und Schutz der Gesellschaft. Untersuchungen zum Inhalt und zum Anwendungsbereich eines Strafrechtsprinzips auf dogmengeschichtlicher Grundlage. Zugleich ein Beitrag zur Lehre von der „Sozialschädlichkeit" des Verbrechens, Frankfurt 1972
Artkämper, Heiko	Hausbesetzer, Hausbesitzer, Hausfriedensbruch, Berlin 1995
Arzt, Gunther	Zwischen Nötigung und Wucher, in: Wilfried Küper et al. (Hrsg.) Festschrift für Karl Lackner, Berlin 1987, S. 641 ff.
ders./ Weber, Ulrich	Strafrecht Besonderer Teil, Lehrbuch, Bielefeld 2000
Bachmann, Rolf	Die Nichtigkeit von Teilzahlungskrediten nach der neueren Rechtsprechung und ihre Folgen, in: NJW 1979, S. 2082 f.
Bartholomeyczik, Horst	Äquivalenz, Waffengleichheit und Gegengewichtsprinzip, in: AcP 166 (1966), S. 30 ff.
Baumann, Jürgen / Weber, Ulrich / Mitsch, Wolfgang	Strafrecht Allgemeiner Teil, 10. Auflage, Bielefeld 1995

Baumbach, Adolf / Lauterbach, Wolfgang / Albers, Jan / Hartmann, Peter — Zivilprozeßordnung, Kommentar, 58. Auflage, München 2000 (zit.: Baumbach-*Bearbeiter*)

Baur, Fritz / Stürner, Rolf — Zwangsvollstreckungs-, Konkurs- und Vergleichsrecht, Band 1, Einzelvollstreckungsrecht, 12. Auflage, Heidelberg 1995

Bechtold, Rainer — Kartellgesetz. Gesetz gegen Wettbewerbsbeschränkungen, 3. Auflage, München 2002

Becker, Christoph — Die Lehre von der laesio enormis in der Sicht der heutigen Wucherproblematik. Ausgewogenheit als Vertragsinhalt und § 138 BGB, Köln 1993

Bender, Rolf — Probleme des Konsumentenkredits, in: NJW 1980, S. 1129 ff.

Bentham, Jeremy — Defence of Usury, London 1992

Bergmann, Alfred — Das Unrecht der Nötigung (§ 240 StGB), Berlin 1983

Bergmann, Matthias / Freund, Georg — Zur Reichweite des Betrugstatbestandes bei rechts- oder sittenwidrigen Geschäften, in: JR 1988, S. 189 ff.

Berner, Albert Friedrich — Lehrbuch des Deutschen Strafrechts, 17. Auflage, Leipzig 1895

Bernsmann, Klaus — Zur Problematik der Mißverhältnisklausel beim Sachwucher – eine Untersuchung zu einem „dogmatischen Dunkelfeld", in: GA 1981, S. 141 ff.

ders. — Anmerkung zu BGH JZ 1998, S. 627 ff.; ebd. S. 629 ff.

Beulke, Werner — Strafprozeßrecht, 3. Auflage, München 2002

Bezzenberger, Tilman — Ethnische Diskriminierung, Gleichheit und Sittenordnung im Bürgerlichen Recht, in: AcP 196 (1969), S. 395 ff.

Binding, Karl — Lehrbuch des Gemeinen deutschen Strafrechts, Besonderer Teil, Erster Band, Leipzig 1902

Blei, Hermann — Das Erste Gesetz zur Bekämpfung der Wirtschaftskriminalität vom 20. Juli 1976 (BGBl. I 2034), in: JA 1976, S. 741 ff.; 807 ff.

ders. — Strafrecht 2, Besonderer Teil, 12. Auflage, München 1983

Blomeyer, Wolfgang — Der gerechte Preis im geltenden Recht, in: Erlanger Forschungen, Reihe A, Band 29: Der „Gerechte Preis“. Beiträge zur Diskussion um das „pretium iustum“, Erlangen 1982, S. 39 ff.

Bockelmann, Paul — Zur Begründung des Vermögensschadens beim Betrug, in: JZ 1952, S. 461 ff.

ders. — Anmerkung zu BGH JZ 1959, S. 493 ff.; ebd. S. 495 ff.

ders. — Betrug verübt durch Schweigen, in: Paul Bockelmann et al. (Hrsg.), Festschrift für Eberhard Schmidt, Göttingen 1961, S. 437 ff.

ders. — Strafrecht Besonderer Teil, Band 1 (Vermögensdelikte), 2. Auflage, München 1982

ders. — Strafrecht Besonderer Teil, Band 2, Delikte gegen die Person, München 1977

Bohnert, Joachim — Ordnungswidrige Mietpreisüberhöhung, Berlin 1991

Bottke, Wilfried — Das Wirtschaftsstrafrecht in der Bundesrepublik Deutschland – Lösungen und Defizite, in: wistra 1991, S. 1 ff.

Brehm, Wolfgang — Besprechung zu: Otto-Gerd Lippross, Grundlagen und System des Vollstreckungsschutzes, in: JZ 1983, S. 867 f.

Brox, Hans / Rüthers, Bernd — Arbeitsrecht, 15. Auflage, Stuttgart 2002

Brox, Hans / Walker, Wolf-Dietrich — Besonderes Schuldrecht, 27. Auflage, München 2002

Bruns, Hans Jürgen — Die sogenannte „tatsächliche“ Betrachtungsweise im Strafrecht. Ihre methodische Bedeutung und ihr praktischer Anwendungsbereich, in: JR 1984, S. 133 ff.

Bunte, Hermann-Josef — Kartellrecht. Mit neuem Vergaberecht, München 2003

Busche, Jan — Privatautonomie und Kontrahierungszwand, Tübingen 1999

Bydlinski, Franz — Zu den Grundlagen des Kontrahierungszwanges, in: AcP 180 (1980), S. 1 ff.

Canaris, Claus-Wilhelm — Der Zinsbegriff und seine rechtliche Bedeutung, in: NJW 1978, S. 1891 ff.

ders. — Schranken der Privatautonomie zum Schutze des Kreditnehmers, in: ZIP 1980, S. 709 ff.

Caro, Leopold — Der Wucher. Eine socialpolitische Studie, Leipzig 1893

Cramer, Peter — Grenzen des Vermögensschutzes im Strafrecht – OLG Hamburg NJW 1966, S. 1525, in: JuS 1966, S. 472 ff.

ders. — Vermögensbegriff und Vermögensschaden im Strafrecht, Berlin 1968

v. Craushaar, Götz — Haftung aus culpa in contrahendo wegen Ablehnung des Vertragsabschlusses – BGH, LM § 276 (Fa) BGB Nr. 28, in: JuS 1971, S. 127 ff.

Dähn, Gerd — Das neugefaßte Wirtschaftsstrafgesetz, in: JZ 1975, S. 617 ff.

Damm, Reinhard — Europäisches Verbrauchervertragsrecht und AGB-Recht – Zur Umsetzung der EG-Richtlinie über mißbräuchliche Klauseln, in Verbraucherverträgen, in: JZ 1994, S. 161 ff.

Dauner-Lieb, Barbara — Verbraucherschutz durch Ausbildung eines Sonderprivatrechts für Verbraucher – Systemkonforme Weiterentwicklung oder Schrittmacher der Systemveränderung?, Berlin 1983

Degenhart, Christoph — Forum: Öffentlichrechtliche Fragen der „Hausbesetzungen", in: JuS 1982, S. 330 ff.

Demuth, Hennrich — Der normative Gefahrbegriff. Ein Beitrag zur Dogmatik der konkreten Gefährdungsdelikte, Bochum 1980

Denninger, Erhard — Freiheitsordnung – Wertordnung – Pflichtordnung, in: JZ 1975, S. 545 ff.

Derleder, Peter — Der Marktvergleich beim Konsumentenratenkredit als Mittel der Sittenwidrigkeitsprüfung, in: NJW 1982, S. 2401 ff.

Deutscher Bundestag — Protokolle der Beratungen des Sonderausschusses für die Strafrechtsreform, 7. Wahlperiode, 79. und 80. Sitzung (S. 2467 ff.) sowie 88. Sitzung (S. 2783 ff.), 1976

Dick, Hans — Das Verbraucherleitbild in der Rechtsprechung – Der Einfluß von Verbraucherschutzkonzeptionen auf die Gerichtsbarkeit am Beispiel der Rechtsprechung zur Verbraucherverschuldung und zur Verbraucherinformation, München 1994

Dimitratos, Nikolaos — Das Begriffsmerkmal der Gefahr in den strafrechtlichen Nebenbestimmungen, München 1989

Dölling, Dieter — Betrug und Bestechlichkeit durch Entgeltannahme für eine vorgetäuschte Dientspflichtverletzung? – BGH NJW 1980, 2203, in: JuS 1981, 570 ff.

ders. — Suizid und unterlassene Hilfeleistung, in: NJW 1986, S. 1011 ff.

Dornseifer, Gerhard — Strafrecht: Der in Not geratene Giftmischer, in: JuS 1982, S. 761 ff.

Dreher, Meinrad — Der Verbraucher – Das Phantom in den opera des europäischen und deutschen Rechts?, in: JZ 1997, S. 167 ff.

Dreier, Horst (Hrsg.) — Grundgesetz, Kommentar, Band 2, Artikel 20 - 82, Tübingen 1998

Drexl, Josef — Die wirtschaftliche Selbstbestimmung des Verbrauchers – Eine Studie zum Privat- und Wirtschaftsrecht unter Berücksichtigung gemeinschaftsrechtlicher Bezüge, Tübingen 1998

Ebert, Udo — Strafrecht Allgemeiner Teil, 3. Auflage, Heidelberg 2001

Eisenhardt, Ulrich — Deutsche Rechtsgeschichte, 2. Auflage, München 1995

Emmerich, Volker — Kartellrecht, 9. Auflage, München 2001

Enderlein, Wolfgang — Rechtspaternalismus und Vertragsrecht, München 1996

Engelhard, Herbert — Das Chantage-Problem im geltenden und künftigen deutschen Strafrecht, Breslau 1912

Erman, Walter — Bürgerliches Gesetzbuch, Handkommentar, hrsg. von Harm Peter Westermann, Münster/Köln 2000

Eser, Albin — Juristischer Studienkurs, Strafrecht III, 2. Auflage, München 1981

Esser, Josef / Schmidt, Eike — Schuldrecht Band 1, Allgemeiner Teil, Teilband 1 -- Entstehung, Inhalt und Beendigung von Schuldverhältnissen, 8. Auflage, Heidelberg 1995

Fichtner, Otto (Hrsg.) — Bundessozialhilfegesetz, Kommentar, München 1999

Fikentscher, Wolfgang — Schuldrecht, 9. Auflage, Berlin 1997

Finger, A. — Zum heutigen Stand des Wucherstrafrechts, in: GS 90 (1924), S. 290 ff.

Flume, Werner — Allgemeiner Teil des Bürgerlichen Rechts, 2. Band: Das Rechtsgeschäft, 3. Auflage, Berlin 1979

Frank, Reinhard — Das Strafgesetzbuch für das Deutsche Reich nebst dem Einführungsgesetz, 18. Auflage, Tübingen 1931

Franzheim, Horst — Zur Strafbarkeit des Komplicen- und Dirnenlohnbetruges. Ein Beitrag zum Begriff des Vermögensschadens, in: GA 1960, S. 269 ff.

Frellesen, Peter — Die Zumutbarkeit der Hilfeleistung, Frankfurt 1980

ders. — Anmerkung zu BGH StV 1987, S. 21 f.; ebd. S. 22 ff.

Freund, Georg / Bergmann, Matthias — Betrügerische Schädigung des Auftraggebers eines Mordes?, in: JR 1991, S. 357 ff.

Freund, Georg — Strafrecht Allgemeiner Teil. Personale Straftatlehre, Berlin 1998

Freund, Herbert — Anmerkung zu OLG München NJW 1977, S. 152; ebd. S. 636.

Friedmann, Fritz — Das Reichswuchergesetz in der Fassung der Wuchergesetznovelle vom 19. Juni 1893. Historisch-wissenschaftliche Darstellung und Text-Commentar, Berlin 1894

Frisch, Wolfgang — Vorsatz und Risiko. Grundfragen des tatbestandsmäßigen Verhaltens und des Vorsatzes. Zugleich ein Beitrag zur Behandlung außertatbestandlicher Möglichkeitsvorstellungen, Köln 1983

ders. — Tatbestandsmäßiges Verhalten und Zurechnung des Erfolgs, Heidelberg 1988

Frohn, Hansgeorg — Anmerkung zu BGH StV 1983, S. 199 f.; ebd. S. 365 f.

Fuld — Die Erweiterung des Wuchergesetzes, in: GS 49 (1894), S. 28 ff.

Gallas, Wilhelm — Zur Revision des § 330c StGB, in: JZ 1952, S. 396 ff.

ders. — Der dogmatische Teil des Alternativ-Entwurfs, in: ZStW 80 (1968), S. 1 ff.

ders. — Abstrakte und konkrete Gefährdung, in: Hans Lüttger et al. (Hrsg.), Festschrift für Ernst Heinitz, Berlin 1972, S. 171 ff.

Geerds, Friedrich — Besprechung zu: Andreas Hohendorf, Individualwucher, in: GA 1984, S. 191 f.

Geilen, Gerd — Probleme des § 323c StGB, in: Jura 1983, S. 78 ff.

Georgakis, Jannis — Hilfspflicht und Erfolgabwendungspflicht im Strafrecht, Leipzig 1938

Gernhuber, Joachim — Das Schuldverhältnis, Tübingen 1989

Gieseler, Kirsten — Unterlassene Hilfeleistung (§ 323c StGB). Reformdiskussion und Gesetzgebung seit 1870, Baden-Baden 1999

Gilles, Peter — Zur neueren Verbraucherschutzgesetzgebunng in ihrem Verhältnis zum klassischen Privatrecht, in: JA 1980, S. 1 ff.

Gitter, Wolfgang — Probleme bei der Kodifizierung des deutschen Sozialrechts, in: Georg Wannegat et al. (Hrsg.), Festschrift für Erich Fechner, Tübingen 1973, S. 223 ff.

Glaser, Hugo — Mietwucher, in: ZMR 1966, S. 97 ff.

Glaser, Julius — Abhandlungen aus dem österreichischen Strafrecht, 1. Band, Wien 1858, Neudruck Aalen 1978

Göbel, Alfred A.	Die Einwilligung im Strafrecht als Ausprägung des Selbstbestimmungsrechts, Frankfurt 1992
Goez, Werner	Das Ringen um den „gerechten Preis" in Spätmittelalter und Reformationszeit, in: Erlanger Forschungen, Reihe A, Band 29: Der „Gerechte Preis". Beiträge zur Diskussion um das „pretium iustum", Erlangen 1982, S. 21 ff.
Göhler, Erich/ Wilts, Walther	Das Erste Gesetz zur Bekämpfung der Wirtschaftskriminalität, in: DB 1976, S. 1609 ff.; 1657 ff.
Gössel, Karl Heinz	Strafrecht Besonderer Teil, Band 2, Straftaten gegen materielle Rechtsgüter des Individuums, Heidelberg 1996
Göthling, Wolfgang	Anmerkung zu LG Darmstadt NJW 1975, S. 549 f.; ebd. S. 555
Grebing, Gebhardt	Die Grenzen des rechtfertigenden Notstands im Strafrecht – Ein Beitrag zur dogmatischen Bedeutung der Angemessenheitsklausel des § 34 Satz 2 StGB, in: GA 1979, S. 81 ff.
Gropp, Walter	Der straflose Schwangerschaftsabbruch – Die rechtliche Einordnung der Straffreiheit zu § 218 StGB, Tübingen 1981
ders.	Strafrecht Allgemeiner Teil, 2. Auflage, Berlin 2001
Gutmann, Thomas	Freiwilligkeit als Rechtsbegriff, München 2001
Haas, Robert	Notwehr und Nothilfe. Zum Prinzip der Abwehr rechtswidriger Angriffe – Geschichtliche Entwicklung und heutige Problematik, Frankfurt 1978
Haberstroh, D.	Wucher im vermittelten Kreditgeschäft, in: NStZ 1982, S. 265 ff.
Haffke, Bernhard	Gewaltbegriff und Verwerflichkeitsklausel, in: ZStW 84 (1972), S. 37 ff.

ders. | Schweigepflicht, Verfahrensrevision und Beweisverbot, in: GA 1973, S. 65 ff.

Haft, Fritjof | Strafrecht Allgemeiner Teil, 8. Auflage, München 1998

ders. | Strafrecht Besonderer Teil. Die wichtigsten Tatbestände des Besonderen Teils des Strafgesetzbuchs, 7. Auflage, München 1998

ders. / Eisele, Jörg | „Sauberes Stuttgart 2000“: Der Gaststättenüberfall, in: Jura 2000, S. 313 ff.

Hälschner, Hugo | Das gemeine deutsche Strafrecht, 2. Band: Der besondere Theil des Systems, 1. Abtheilung, Bonn 1884

Harzer, Regina | Die tatbestandsmäßige Situation der unterlassenen Hilfeleistung gemäß § 323c StGB. Ein Beitrag zu einer Theorie des Besonderen Teils des Strafrechts, Frankfurt 1999

Häsemeyer, Ludwig | Schuldbefreiung und Vollstreckungsschutz, in: Walter Gerhardt et al. (Hrsg.), Festschrift für Wolfram Henckel, Berlin 1995

Haubrich, Edgar | Die unterlassene Hilfeleistung. Zur Verfassungsmäßigkeit des § 323c StGB und zur Notwendigkeit seiner verfassungskonformen Restriktion, Frankfurt 2001

Hecker, Bernd | Betrügerische Schädigung des Auftraggebers eines Mordes? – KG, NJW 2001. 86, in: JuS 2001, S. 228 ff.

Hegel, Georg Wilhelm Friedrich | Grundlinien der Philosophie des Rechts oder Naturrecht und Staatswissenschaft im Grundrisse (Werke Bd. 7), Frankfurt 1986

Heil, Juliane | Die Folgen der unterlassenen Hilfeleistung gemäß § 323c StGB. Zur Begründung der Hilfeleistungspflicht und der Bewertung der Unterlassensfolgen bei der Strafzumessung, Frankfurt 2001

Heinrichs, Helmut	Der Rechtsbegriff der Allgemeinen Geschäftsbedingungen, in: NJW 1977, 1505 ff.
ders.	Das Gesetz zur Änderung des AGB-Gesetzes – Umsetzung der EG-Richtlinie über mißbräuchliche Klauseln in Verbraucherverträgen durch den Bundesgesetzgeber, in: NJW 1996, S. 2190 ff.
Heinsius, Detlev	Das Rechtsgut des Wuchers. Zur Auslegung des § 302a StGB, Frankfurt 1997
Heinz, Wolfgang	Die Bekämpfung der Wirtschaftskriminalität mit strafrechtlichen Mitteln. Unter besonderer Berücksichtigung des ersten WiKG, in: GA 1977, S. 193 ff.
Henckel, Wolfram	Prozeßrecht und materielles Recht, Göttingen 1970
Hensen, Horst-Diether	Das AGB-Gesetz, in: JA 1981, S. 133 ff.
Herrmann, Johannes	Der Gedanke des iustum pretium in der Antike, in: Erlanger Forschungen, Reihe A, Band 29: Der „Gerechte Preis“. Beiträge zur Diskussion um das „pretium iustum“, Erlangen 1982, S. 9 ff.
Herzberg, Rolf Dietrich	Straffreie Beteiligung am Suizid und gerechtfertigte Tötung auf Verlangen, in: JZ 1988, S. 182 ff.
Hesse, Konrad	Grundzüge des Verfassungsrechts der Bundesrepublik Deutschland, 20. Auflage, Heidelberg 1995
Hillenkamp, Thomas	Der praktische Fall: Dresdner Rotlichtmilieu, in: JuS 1994, S. 769 ff.
ders.	Der praktische Fall – Strafrecht: Ein besonderes Silvesterfeuerwerk, in: JuS 1997, S. 821 ff.
ders.	40 Probleme aus dem Strafrecht, Besonderer Teil, 9. Auflage, Neuwied 2001
Hirsch, Hans Joachim	Gefahr und Gefährlichkeit, in: Fritjof Haft et al. (Hrsg.), Festschrift für Arthur Kaufmann, Heidelberg 1993, S. 545 ff.

Hohendorf, Andreas	Die Bestimmung des auffälligen Mißverhältnisses zwischen Vermögensvorteilen und Leistung beim Ratenkreditwucher, in: BB 1982, S. 1205 ff.
ders.	Das Individualwucherstrafrecht nach dem ersten Gesetz zur Bekämpfung der Wirtschaftskriminalität von 1976, Berlin 1982
Hohmann, Olaf/ Sander, Günther M.	Strafrecht Besonderer Teil
	Band I, Eigentums- und Vermögensdelikte, 2. Auflage, München 2000
	Band II, Delikte gegen die Person und gegen die Allgemeinheit, München 2000
Hommelhoff, Peter	Verbraucherschutz im System des deutschen und europäischen Privatrechts, Heidelberg 1996
Höppner, Horst-Dieter	Das Steuerrecht und der gerechte Preis, in: Klaus Vogel und Klaus Tipke (Hrsg.), Festschrift für Gerhard Wacke, Köln 1972, S. 125 ff.
Horn, Eckhard	Die Drohung mit einem erlaubten Übel: Nötigung?, in: NStZ 1983, S. 497 ff.
Hruschka, Joachim	Rettungspflichten in Notstandssituationen, JuS 1979, S. 385 ff.
ders.	Strafrecht nach logisch-analytischer Methode. Systematisch entwickelte Fälle mit Lösungen zum Allgemeinen Teil. 2. Auflage, Berlin 1988
Ihmels, Karl	Zur Zinsberechnung bei Teilzahlungskrediten, in: BB 1975, S. 1510 ff.
Immenga, Ulrich / Mestmäcker, Ernst-Joachim	GWB – Kommentar, 2. Auflage, München 1992

Isopescul-Grecul, Constantin | Das Wucherstrafrecht. Der Kredit- und Barwucher in vergleichender dogmenhistorischer, dogmatischer und kriminalpolitischer Darstellung, 1. Band, Leipzig 1906

Jakobs, Günther | Nötigung durch Drohung als Freiheitsdelikt, in: Jürgen Baumann und Klaus Tiedemann (Hrsg.), Festschrift für Karl Peters, Tübingen 1974, S. 69 ff.

ders. | Strafrecht Allgemeiner Teil. Die Grundlagen und die Zurechnungslehre, Berlin 1991

ders. | Nötigung durch Gewalt, in: Hans Joachim Hirsch et al. (Hrsg.), Gedenkschrift für Hilde Kaufmann, S. 791 ff.

ders. | Besprechung zu: Otto Lagodny, Strafrecht vor den Schranken der Grundrechte, in: ZStW 110 (1998), S. 716 ff.

ders. | Bemerkungen zur objektiven Zurechnung, in: Thomas Weigend und Georg Küpper (Hrsg.), Festschrift für Hans Joachim Hirsch, Berlin 1999, S. 45 ff.

ders. | Urkundenfälschung: Revision eines Täuschungsdelikts, Köln 2000

Janker, Helmut | Strafrechtliche Aspekte heimlicher AIDS-Tests, Diss. Gießen 1998

Jarass, Hans D. / Pieroth, Bodo | Grundgesetz für die Bundesrepublik Deutschland, Kommentar, 5. Auflage, München 2000

Jauernig, Otmar | Zwangsvollstreckungs- und Insolvenzrecht, 21. Auflage, München 1999

ders. | Bürgerliches Gesetzbuch, Kommentar, 10. Auflage, München 2003

Jecht, Hans | „Überhöhte“ Preisforderung und Betrugstatbestand, in: GA 1963, S. 41 ff.

Jescheck, Hans-Heinrich/ Weigend, Thomas	Lehrbuch des Strafrechts. Allgemeiner Teil, 5. Auflage, Berlin 1996
v. Jhering, Rudolf	Der Zweck im Recht, 3. Auflage, Leipzig 1916
Joecks, Wolfgang	Studienkommentar, 3. Auflage, München 2001
Johansson, Björn Alexander	Verbraucherschutz im Privatrecht – Ist die Vertragsfreiheit noch gewährleistet?, Rostock 2000
Jonas, Hans	Das Prinzip Verantwortung. Versuch einer Ethik für die technologische Zivilisation, Frankfurt 1979
Kahlo, Michael	Die Handlungsform der Unterlassung als Kriminaldelikt – Eine strafrechtlich-philosophische Untersuchung zum Thema des personalen Handelns, Frankfurt 2001
Kant, Immanuel	Die Metaphysik der Sitten. Teil 1: Metaphysische Anfangsgründe der Rechtslehre, hrsg. von Bernd Ludwig, 2. Auflage, Hamburg 1998
Kargl, Walter	Unterlassene Hilfeleistung (§ 323c StGB). Zum Verhältnis von Recht und Moral, in: GA 1994, S. 247 ff.
Kelker, Brigitte	Der Nötigungsnotstand, Berlin 1993
Keller, Rainer	Rechtliche Grenzen der Provokation von Straftaten, Berlin 1989
Kemper, Rainer	Verbraucherschutzinstrumente, Baden-Baden 1994
Kersting, Wolfgang	Wohlgeordnete Freiheit. Immanuel Kants Rechts- und Staatsphilosophie, Frankfurt 1993
ders.	Politische Solidarität statt Verteilungsgerechtigkeit – Eine Kritik egalitaristischer Sozialstaatsbegründung, in ders. (Hrsg.), Politische Philosophie des Sozialstaats, Weilerswist 2000, S. 202 ff.

Kessler, Ronald — Anmerkung zu OLG Stuttgart, BB 1979, S. 1168 ff.; ebd. S. 1423 ff.

Kilian, Wolfgang — Kontrahierungszwang und Zivilrechtssystem, in: AcP 180 (1980), S. 47 ff.

Kindhäuser, Urs — Rohe Tatsachen und normative Tatbestandsmerkmale, in: Jura 1984, S. 465 ff.

ders. — Täuschung und Wahrheitsanspruch, in: ZStW 103 (1991), S. 398 ff.

ders. — Zur Struktur des Wuchertatbestands, in: NStZ 1994, S. 105 ff.

ders. — Strafrecht Allgemeiner Teil, Baden-Baden 2000

ders. — Strafgesetzbuch, Lehr- und Praxiskommentar, Baden-Baden 2002 (zitiert: *Kindhäuser* LPK)

ders. — Lehrbuch des Strafrechts, Besonderer Teil II, Straftaten gegen Vermögenswerte, 3. Auflage, Baden-Baden 2003

Knöpfle, Robert — Zur Mißbrauchsaufsicht über marktbeherrschende Unternehmen auf dem Preissektor, in: BB 1974, S. 862 ff.

Kochendörfer, Heinz — Sittenwidrige Höhe von Darlehenszinsen, in: NJW 1980, S. 215 f.

Kohler, Josef — Studien aus dem Strafrecht, Band 1, Mannheim 1890

Köhler, Helmut — Arbeitsleistungen als „Aufwendungen"?, in: JZ 1985, S. 359 ff.

Köhler, Michael — Strafrecht Allgemeiner Teil, Berlin 1997

Kohlmann, Günter — Wirksame strafrechtliche Bekämpfung des Kreditwuchers. Zur notwendigen Reform des § 302a StGB, Tübingen 1974

Kohlrausch, Eduard/ Lange, Richard — Strafgesetzbuch mit Erläuterungen und Nebengesetzen, 43. Auflage, Berlin 1961

Kollmann, Horst — Die Lehre von der Erpressung nach deutschem Recht, Berlin 1910

Köndgen, Johannes — Grund und Grenzen des Transparenzgebots im AGB-Recht – Bemerkungen zum „Hypothekenzins-" und zum „Wertstellungs-Urteil" des BGH, in: NJW 1989, S. 943 ff.

Koriath, Heinz — Das Brett des Karneades, in: JA 1998, S. 250 ff.

Kramer, Ernst A. — Juristische Methodenlehre, Bern 1998

Kratzsch, Dietrich — Verhaltenssteuerung und Organisation im Strafrecht. Ansätze zur Reform des strafrechtlichen Unrechtsbegriffs und den Regeln der Gesetzesanwendung, Berlin 1985

Kreuzer, Arthur — Ärztliche Hilfeleistungspflicht bei Unglücksfällen im Rahmen des § 330c StGB, Hamburg 1965

Krey, Volker — Rechtsprobleme des strafrechtliche Einsatzes Verdeckter Ermittler – einschließlich des „Lauschangriffs" zu seiner Sicherung und als Instrument der Verbrechensaufklärung, Wiesbaden 1993

ders. — Strafrecht Besonderer Teil, Studienbuch in systematisch-induktiver Darstellung, Band 1, Besonderer Teil ohne Vermögensdelikte, 12. Auflage, Stuttgart 2002

ders. / Hellmann, Uwe — Strafrecht Besonderer Teil, Studienbuch in systematisch-induktiver Darstellung, Band 2, Vermögensdelikte, 13. Auflage, Stuttgart 2002

Kühl, Kristian — Wertordnung oder Freiheitsordnung? Zur Bedeutung der Rechtsphilosophie für die Kriminalpolitik, in: GA 1977, S. 353 ff.

ders.	Eigentumsordnung als Freiheitsordnung. Zur Aktualität der Kantischen Rechts- und Eigentumslehre, Freiburg 1984
ders.	Strafrecht Allgemeiner Teil, 4. Auflage, München 2002
Kühne, Hans Heiner	Strafbare Praktiken bei der Kreditvermittlung, in: MSchrKrim 1977, S. 107 ff.
ders.	Geschäftstüchtigkeit oder Betrug? Wettbewerbspraktiken im Lichte des § 263 StGB. Zugleich ein Beitrag zur Problematik der unechten Unterlassungsdelikte, Kehl am Rhein 1978
Kühner, Rolf	Das Recht auf Zugang zu Gaststätten und das Verbot der Rassendiskriminierung, in: NJW 1986, 1397 ff.
Küper, Wilfried	Zum rechtfertigenden Notstand bei Kollision von Vermögenswerten, in: JZ 1976, S. 515 ff.
ders.	Grund- und Grenzfragen der rechtfertigenden Pflichtenkollision im Strafrecht, Berlin 1979
ders.	Der „verschuldete" rechtfertigende Notstand. Zugleich ein Beitrag zur „actio illicita in causa", Berlin 1983
ders.	Grundsatzfragen der „Differenzierung" zwischen Rechtfertigung und Entschuldigung, JuS 1987, S. 81 ff.
ders.	Strafrecht Besonderer Teil, Definitionen mit Erläuterungen, 5. Auflage, Heidelberg 2002
Küpper, Georg	Grenzen der normativierenden Strafrechtsdogmatik, Berlin 1990
ders.	Strafrecht Besonderer Teil 1, Delikte gegen Rechtsgüter der Person und Gemeinschaft, 2. Auflage, Berlin 2001
Lackmann, Rolf	Zwangsvollstreckungsrecht mit Grundzügen des Insolvenzrechts, 4. Auflage, München 1999

Lackner, Karl / Kühl, Kristian	Strafgesetzbuch, 24. Auflage, München 2001
Lackner,Karl/ Werle, Gerhard	Anmerkung zu BGH JR 1978, S. 298; ebd. S. 299 ff.
v. Lackum, Eugen	Mietwucher und Mietpreisüberhöhung. Kritische Anmerkungen zur Anwendung des § 5 WiStG und des § 302a StGB, in: DWW 1978, S. 272 ff.
Larenz, Karl	Richterliche Rechtsfortbildung als methodisches Problem, in: NJW 1965, S. 1 ff.
ders.	Lehrbuch des Schuldrechts, Band 1, Allgemeiner Teil, 14. Auflage, München 1987
ders.	Methodenlehre der Rechtswissenschaft, 6. Auflage, Berlin 1991
ders. / Wolf, Manfred	Allgemeiner Teil des Bürgerlichen Rechts, 8. Auflage, München 1997
Leipziger Kommentar	Großkommentar zum Strafgesetzbuch, hrsg. von Burkhard Jähnke et al., 11. Auflage, Berlin seit 1992 (zitiert: LK-*Bearbeiter*)
Lenckner, Theodor	Anmerkung zur Verfügung der StA Stuttgart vom 27.12.1978 – 149 Js 275/78 (JR 1980, S. 160); ebd. S. 161 ff.
ders.	Die Wahrnehmung berechtigter Interessen, ein „übergesetzlicher" Rechtfertigungsgrund?, in: Robert Hauser et al., Gedenkschrift für Peter Noll, Zürich 1984, S. 243 ff.
Leonhard, Wilhelm	Der sogenannte Liebesparagraph RStGB § 360 Ziff. 10, Diss. Heidelberg 1910
Lesch, Heiko Hartmut	Strafprozeßrecht, 2. Auflage, Neuwied 2001
Lieb, Manfred	Arbeitsrecht, 7. Auflage, Heidelberg 2000

Liesegang, Helmuth C. F.	Zur Frage der Sittenwidrigkeit sogenannter Fluchthilfeverträge, in: JZ 1977, S. 87 ff.
Lippross, Otto-Gerd	Grundlagen und System des Vollstreckungsschutzes, Bielefeld 1983
v. Liszt, Franz	Lehrbuch des deutschen Strafrechts, hrsg. von Eberhard Schmidt, Berlin 1927
Löffler, Alexander	Unrecht und Notwehr, in: ZStW 21 (1901), S. 537 ff.
Löwe, Walter	Anmerkung zu NJW 1980, S. 2076 ff.; ebd. S. 2078 ff.
Ludwig, Dominik	„Gegenwärtiger Angriff", „drohende" und „gegenwärtige" Gefahr" im Notwehr- und Notstandsrecht. Eine Studie zu den temporalen Erfordernissen der Notrechte mit vergleichender Einbeziehung der Gefahrerfordernisse des Polizeirechts, Frankfurt 1991
Luig, Klaus	Vertragsfreiheit und Äquivalenzprinzip im gemeinen Recht und im BGB – Bemerkungen zur Vorgeschichte des § 138 II BGB, in: C. Bergfeld et al. (Hrsg.), Festgabe für Helmut Coing, Frankfurt 1982, S. 171 ff.
Lüke, Gerhard / Beck, Matthias	Grundgesetz und Unpfändbarkeit eines Farbfernsehgeräts – BFHE 159, 421, in: JuS 1994, S. 22 ff.
Maaß, Wolfgang	Betrug verübt durch Schweigen, Gießen 1982
Maiwald, Manfred	Belohnung für eine vorgetäuschte pflichtwidrige Diensthandlung, in: NJW 1981, S. 2777 ff.
v. Mangoldt, Hermann / Klein, Friedrich / Starck, Christian	Das Bonner Grundgesetz, Kommentar, Band 2, 4. Auflage, München 2000

Maunz, Theodor / Dürig, Günter / Herzog, Roman — Grundgesetz, Kommentar

Band 1, Artikel 1 - 11, Lieferungen 1 - 41, München 2003

Band 2, Art. 12 - 20, Lieferungen 1 - 40, München 2002

Maurach/Reinhart / Zipf, Heinz — Strafrecht Allgemeiner Teil, Teilband 1, Grundlagen und Aufbau der Straftat, 8. Auflage, Heidelberg 1992

Maurach, Reinhart/ Schroeder, Friedrich-Christian/ Maiwald, Manfred — Strafrecht Besonderer Teil

Teilband 1, Straftaten gegen Persönlichkeits- und Vermögenswerte, 8. Auflage, Heidelberg 1995

Teilband 2, Straftaten gegen Gemeinschaftswerte, 8. Auflage, Heidelberg 1999

Medicus, Dieter — Wer ist ein Verbraucher?, in: Hans G. Leser et al. (Hrsg.), Festschrift für Zentaro Kitagawa, Berlin 1992

ders. — Schuldrecht Allgemeiner Teil, 13. Auflage, München 2002

ders. — Schuldrecht Besonderer Teil, 11. Auflage, München 2002

Merkel, Reinhard — Zaungäste? Über die Vernachlässigung philosophischer Argumente in der Strafrechtswissenschaft (und einige verbreitete Mißverständnisse zu § 34 S. 1 StGB), in: Institut für Kriminalwissenschaften Frankfurt a. M. (Hrsg.), Vom unmöglichen Zustand des Strafrechts, Frankfurt 1995, S. 171 ff.

ders. — Früheuthanasie. Rechtsethische und strafrechtliche Grundlagen ärztlicher Entscheidungen über Leben und Tod in der Neonatalmedizin, Frankfurt 2001

Mestmäcker, Ernst-Joachim — Die sichtbare Hand des Rechts. Über das Verhältnis von Rechtsordnung und Wirtschaftssystem, Baden-Baden 1978

Meyer im Hagen, Ralph	Die deutsche Wuchergesetzgebung 1880 - 1976, Kiel 1991
Micklitz, Hans-Wolfgang	Schuldrechtsreform und Verbraucherschutz, Baden-Baden 2001
Mitsch, Wolfgang	Strafrecht Besonderer Teil 2
	Vermögensdelikte (Kernbereich) / Teilband 1, Berlin 1998
	Vermögensdelikte (Randbereich) / Teilband 2, Berlin 2001
ders.	Erpresser versus Betrüger – BGH NJW 2002, 2117, in: JuS 2003, S. 122 ff.
Morgenstern, Henrike	Unterlassene Hilfeleistung. Solidarität und Recht, Frankfurt 1997
Müller-Emmert, Adolf/ Maier, Bernhard	Das Erste Gesetz zur Bekämpfung der Wirtschaftskriminalität, in: NJW 1976, S. 1657 ff.
Müller-Gugenberger, Christian / Bieneck, Klaus (Hrsg.)	Wirtschaftsstrafrecht – Handbuch des Wirtschaftsstraf- und -ordnungswidrigkeitenrechts, 3. Auflage, Münster 2000 (zitiert: M/B-*Bearbeiter*)
Münchener Kommentar zum Bürgerlichen Gesetzbuch	hrsg. von Kurt Rebmann et al. (zitiert: MünchKom(BGB)-*Bearbeiter*)
	4. Auflage, München seit 2001
	3. Auflage, München ab 1993
Münchener Kommentar zur Zivilprozeßordnung	hrsg. von Gerhard Lüke und Alfred Walchshöfer, mit Gerichtsverfassungsgesetz und Nebengesetzen, 1. Auflage, München 1992 (zitiert MünchKom(ZPO)-*Bearbeiter*)

v. Münch, Ingo/ Kunig, Philip — Grundgesetz-Kommentar

Band 1 (Präambel bis Art 19), 5. Auflage, München 2000

Band 2 (Art. 20 bis Art. 69), 5. Auflage, München 2001

Musielak, Hans-Joachim (Hrsg.) — Kommentar zur Zivilprozessordnung mit Gerichtsverfassungsgesetz, 3. Auflage, München 2002

Nack, Achim — § 302a StGB – ein Faraday'scher Käfig für Kredithaie?, in: MDR 1981, S. 621 ff.

ders. — Anmerkung zu LG Darmstadt NStZ 1984, S. 23; ebd. S. 23 f.

ders./Wiese, Kurt — Berechnung der effektiven Jahreszinsen mit Hilfe der Stuttgarter Formel, in: wistra 1982, S. 135 ff.

Nägele, Stefan — Wucher – ein arbeitsrechtliches Problem, in: BB 1997, S. 2162 f.

Naucke, Wolfgang — Der Kausalzusammenhang zwischen Täuschung und Irrtum beim Betrug. Zum Verhältnis zwischen Kriminalpolitik und Strafrechtsdogmatik, in: Jürgen Baumann et al. (Hrsg.), Einheit und Vielfalt des Strafrechts. Festschrift für Karl Peters, Tübingen 1974, S. 109 ff.

ders. — Der Aufbau des § 330c StGB – Zum Verhältnis zwischen Allgemeinem und Besonderem Teil des Strafrechts in: Günter Stratenwerth et al.: Festschrift für Hans Welzel, Berlin 1974, S. 761 ff.

Neumann, Ulfried — Die Strafbarkeit der Suizidbeteiligung – Eigenverantwortlichkeit des „Opfers“, in: JA 1987, S. 244 ff.

Niethammer, Emil — Lehrbuch des Besonderen Teils des Strafrechts, Tübingen 1950

Nomos Kommentar — Kommentar zum Strafgesetzbuch, hrsg. von Ulfried Neumann et al., Baden-Baden seit 1995 (zitiert: NK-*Bearbeiter*)

Oechsler, Jürgen — Gerechtigkeit im modernen Austauschvertrag, Tübingen 1997

Ostendorf, Heribert — Anmerkung zu OLG Hamburg, NJW 1980, 2592, ebd. S. 2592 f.

ders. — Strafbarkeit und Strafwürdigkeit von Hausbesetzungen, in: JuS 1982, S. 640 ff.

Ott, Sieghart — Zur Sittenwidrigkeit von Konsumentenkreditverträgen, in: BB 1981, S. 937 ff.

Otte, Lars — Der durch Menschen ausgelöste Defensivnotstand, Frankfurt 1998

Otto, Harro — Strafrecht als Instrument der Wirtschaftspolitik, in: MschrKrim 1980, S. 399 ff.

ders. — Neue Tendenzen in der Interpretation der Tatbestandsmerkmale des Wuchers beim Kreditwucher, in: NJW 1982, S. 2745 ff.

ders. — Konzeption und Grundsätze des Wirtschaftsstrafrechts (einschließlich Verbraucherschutz). Dogmatischer Teil I, in: ZStW 96 (1984), S. 339 ff.

ders. — Anmerkung zu BGH JR 1984, S. 251 f.; ebd. S. 252 ff.

ders. — Anmerkung zu BayObLG JR 1985, S. 166 f. und zu OLG Karlsruhe JR 1985, S. 167 ff.; ebd. S. 169 f.

ders. — Wirtschaftskriminalität, in: Jura 1989, S. 24 ff.

ders. — Grundkurs Strafrecht. Allgemeiner Teil, 6. Auflage, Berlin 2000

ders.	Grundkurs Strafrecht. Die einzelnen Delikte, 6. Auflage, Berlin 2002
Palandt	Bürgerliches Gesetzbuch, 62. Auflage, München 2003
Pardo, Herbert	Das strafrechtliche Kriterium der Wucherlichkeit eines Darlehns, Hamburg 1909
Pawlik, Michael	Unterlassene Hilfeleistung. Zuständigkeitsbegründung und systematische Struktur, in: GA 1995, S. 360 ff.
ders.	Das unerlaubte Verhalten beim Betrug, Köln 1999
ders.	Der rechtfertigende Notstand. Zugleich ein Beitrag zum Problem strafrechtlicher Solidaritätspflichten, Berlin 2002
ders.	Der rechtfertigende Defensivnotstand im System der Notrechte, in: GA 2003, S. 12 ff.
Pawlowski, Hans-Martin	Methodenlehre für Juristen, Theorie der Norm und des Gesetzes, 2. Auflage, Heidelberg 1992
Pelke, Bernhard	Die strafrechtliche Bedeutung der Merkmale „Übel" und „Vorteil" – Zur Abgrenzung der Nötigungsdelikte von den Bestechungsdelikten und vom Wucher, München 1990
Peschke, Kurt	Was ist Zinswucher?, Berlin 1926
Perron, Walter	Rechtfertigung und Entschuldigung bei Befreiung aus besonderen Notlagen (Notwehr, Notstand, Pflichtenkollision) im deutschen Strafrecht, in: Albin Eser/ Walter Perron (Hrsg.) Rechtfertigung und Entschuldigung III, Freiburg 1991, S. 79 ff.
Raisch, Peter	Juristische Methoden vom antiken Rom bis zur Gegenwart, Heidelberg 1995
Raiser, Ludwig	Vertragsfreiheit heute, in: JZ 1958, S. 1 ff.

Ranft, Otfried | Grundfälle aus dem Bereich der Vermögensdelikte, in: JA 1984, S. 723 ff.

ders. | Grundprobleme des Betrugstatbestandes, in: Jura 1992, S. 66 ff.

Reich, Norbert | Anmerkung zu OLG München NJW 1977, S. 152; ebd. S. 636 f.

Reichert-Hammer, Hansjörg | Politische Fernziele und Unrecht – Ein Beitrag zur Lehre von der Strafrechtswidrigkeit unter besonderer Berücksichtigung der Verwerflichkeitsklausel des § 240 Abs. 2 StGB, Berlin 1991

Rengier, Rudolf | Strafrecht Besonderer Teil

Band I, Vermögensdelikte, 5. Auflage, München 2002

Band II, Delikte gegen die Person und die Allgemeinheit, 4. Auflage, München 2002

Renzikowski, Joachim | Wertungswidersprüche als (straf-) rechtsmethodisches Problem, in: GA 1992, S. 159 ff.

ders. | Notstand und Notwehr, Berlin 1994

ders. | Anmerkung zu BGH JR 1999, S. 164 ff.; ebd. S. 166 f.

Rittner, Fritz | Wettbewerbs- und Kartellrecht, 6. Auflage, Heidelberg 1999

Roth, Herbert | Die Inhaltskontrolle nichtausgehandelter Individualverträge im Privatrechtssystem, in: BB 1987, S. 977 ff.

Roxin, Claus | Verwerflichkeit und Sittenwidrigkeit als unrechtsbegründende Merkmale im Strafrecht, in: JuS 1964, S. 373 ff.

ders. | Anmerkung zu BGH JR 1983, S. 331 ff.; ebd. S. 333 ff.

ders.	Strafrecht Allgemeiner Teil, Band 1: Grundlagen. Der Aufbau der Verbrechenslehre, 3. Auflage, München 1997
Rudolphi, Hans-Joachim	Die verschiedenen Aspekte des Rechtsgutsbegriffs, in: Festschrift für Richard M. Honig, dargebracht von Freunden und Kollegen, Göttingen 1970, S. 151 ff.
ders.	Rechtfertigungsgründe im Strafrecht. Ein Beitrag zur Funktion, Struktur und den Prinzipien der Rechtfertigung, in: Gerhard Dornseifer et al. (Hrsg.), Gedächtnisschrift für Armin Kaufmann, Köln 1989, S. 371 ff.
ders.	Anmerkung zu AG Tiergarten NStZ 1991, S. 236 f.; ebd. S. 237 ff.
Rühle, Klaus	Das Wucherverbot - effektiver Schutz des Verbrauchers vor überhöhten Preisen?, Berlin 1978
Sachs, Michael (Hrsg.)	Grundgesetz, Kommentar, München 1996
Sasserath, Günter	Die überhöhte ortsübliche Miete als Vergleichsmaßstab, in: NJW 1972, S. 711 f.
ders.	Das Verhältnis von § 302f StGB zu § 2b WiStG – Zugleich ein Beitrag zur Reform dieser Vorschriften, Diss. Köln 1974
Schauer, Renate	Grenzen der Preisgestaltungsfreiheit im Strafrecht. Eine Untersuchung zum Verhältnis von Wucher und Betrug, München 1989
Scheffler, Uwe	Zum Verständnis des Wuchers gem. § 302a StGB, in: GA 1992, S. 1 ff.
Scherf, Dieter	Vollstreckungsverträge, Köln 1971
Scheu, U.	Anmerkung zu BGH JR 1982, S. 473 f.; ebd. S. 474 f.
Schlechtriem, Peter	Schuldrecht Allgemeiner Teil, 5. Auflage, Tübingen 2000

Schlosser, Hans — Grundzüge der neueren Privatrechtsgeschichte. Rechtsentwicklungen im europäischen Kontext, 9. Auflage, Heidelberg 2001

Schmidhäuser, Eberhard — Strafrecht Besonderer Teil, 2. Auflage, Tübingen 1983

Schmidt, Eike — Von der Privat- zur Sozialautonomie, in: JZ 1980, S. 153 ff.

Schmidt, Gerold — Zum neuen strafrechtlichen Begriff der „Subvention" in § 264 StGB, in: GA 1979, S. 121 ff.

Schmidt, Karsten — Der Zivilrichter als „Schöpfer" und „Vollstrecker" wirtschaftsrechtlicher Normen, in: DRiZ 1977, S. 97 ff.

Schmidt, Richard — Wucher und Ausbeutung, in: Karl Birkmeyer et al. (Hrsg.), Vergleichende Darstellung des deutschen und ausländischen Strafrechts, Besonderer Teil, 8. Band, Berlin 1906

Schmidt-Futterer, Wolfgang — Die neuen Vorschriften über den Mietwucher in straf- und zivilrechtlicher Sicht, in: JR 1972, S. 133 ff.

ders. — Die Mieterhöhung für nicht preisgebundenen Wohnraum nach neuem Recht, in: NJW 1972, S. 86 ff.

ders. — Der Begriff der ortsüblichen Vergleichsmiete in zivil- und strafrechtlicher Sicht, in: JR 1974, S. 274 ff.

Schmidt-Rimpler, Walter — Zum Vertragsproblem, in: Fritz Baur et al. (Hrsg.), Festschrift für Ludwig Raiser, Tübingen 1974, S. 1 ff.

Schmitt, Carl — Römischer Katholizismus und politische Form, Stuttgart 1984

Schneider, Egon / Becher, Wolfgang — Probleme der „unpfändbaren Sachen" in der Judikatur, in: DGVZ 1980, S. 177 ff.

Schoch, Dietrich — Sozialhilfe – Ein Leitfaden für die Praxis, 3. Auflage, Köln 2001

Scholz, Franz Josef	Anmerkung zu BGH WM 1979, S. 966 ff., ebd. S. 1247 ff.
Scholz, Rupert	Das Grundrecht der freien Entfaltung der Persönlichkeit in der Rechtsprechung des Bundesverfassungsgerichts (1. Teil), in: AöR 100 (1975), S.80 ff.
Schöne, Wolfgang	Unterlassene Erfolgsabwehr im Strafrecht, Köln 1974
Schönke, Adolf/ Schröder, Horst	Strafgesetzbuch, 26. Auflage, München 2001 (zitiert: Sch-Sch-*Bearbeiter*)
Schroeder, Friedrich-Christian	Nötigung und Erpressung durch Forderung von Gegenleistungen?, in: JZ 1983, S. 284 ff.
Schubarth, Martin	Grenzen der Strafbarkeit sexueller Zumutungen – OLG Hamburg, NJW 1980, 2592, in: JuS 1981, 726 ff.
Schulte, Bernd / Trenk-Hinterberger, Peter	Sozialhilfe – Eine Einführung, 2. Auflage, Heidelberg 1986
Schulz, Harald	Anmerkung zu LG Berlin BB 1978, S. 15; ebd. S. 15 f.
Schuschke, Winfried / Walker, Wolf-Dietrich	Vollstreckung und Vorläufiger Rechtsschutz. Kommentar zum Achten Buch der ZPO, Band 1, Zwangsvollstreckung, §§ 704 - 915h ZPO, 2. Auflage, Köln 1997
Schwark, Eberhard	Kommentar zum Börsengesetz und den börsenrechtlichen Nebenbestimmungen, 2. Auflage, München 1994
Seelmann, Kurt	Betrug beim Handel mit Rohstoffoptionen, in: NJW 1980, S. 2745 ff.
ders.	Solidaritätspflichten im Strafrecht?, in: Heike Jung et al. (Hrsg.), Recht und Moral. Beiträge zu einer Standortbestimmung, Baden-Baden 1991, S. 295 ff.

ders.	„Unterlassene Hilfeleistung" oder: Was darf das Strafrecht?, in: JuS 1995, S. 281 ff.
Sickenberger, Markus	Wucher als Wirtschaftsstraftat. Eine dogmatisch-empirische Untersuchung, Freiburg 1985
Smith, Adam	Der Wohlstand der Nationen. Eine Untersuchung seiner Natur und seiner Ursachen, München 1974
Söllner, Alfred	Grundriß des Arbeitsrechts, 12. Auflage, München 1998
Soergel	Bürgerliches Gesetzbuch mit Einführungsgesetz und Nebengesetzen, 13. Auflage, Stuttgart seit 1999
Staudinger	J. v. Staudingers Kommentar zum Bürgerlichen Gesetzbuch mit Einführungsgesetz und Nebengesetzen, 13. Bearbeitung, Berlin seit 1995
Stein, Ekkehard / Frank, Götz	Staatsrecht, 18. Auflage, Tübingen 2002
Stein, Friedrich / Jonas, Martin	Kommentar zur Zivilprozessordnung, 22. Auflage, Tübingen seit 2002 (zitiert: StJ-*Bearbeiter*)
Stern, Klaus	Das Staatsrecht der Bundesrepublik Deutschland, Band 1: Grundbegriffe und Grundlagen des Staatsrechts, Strukturprinzipien der Verfassung, München 1977
Stoffers, Kristian	Drohung mit dem Unterlassen einer rechtlich nicht gebotenen Handlung im Rahmen der §§ 240, 253 StGB, in: JR 1988, S. 492 ff.
Stratenwerth, Günter	Strafrecht Allgemeiner Teil I, 4. Auflage, Köln 2000
Stree, Walter	Zumutbarkeitsprobleme bei Unterlassungstaten, in: Albin Eser et al. (Hrsg.), Festschrift für Theodor Lenckner, München 1998, S. 393 ff.
Struensee, Eberhard	Objektive Zurechnung und Fahrlässigkeit, in: GA 1987, S. 97 ff.

Sturm, Richard	Die Neufassung des Wuchertatbestandes und die Grenzen des Strafrechts, in: JZ 1977, S. 84 ff.
Systematischer Kommentar	Kommentar zum Strafgesetzbuch, hrsg. von Hans-Joachim Rudolphi et al. (zitiert: SK-*Bearbeiter*)
	7. Auflage, Neuwied seit 1999
	6. Auflage, Neuwied seit 1995
Tenckhoff, Jörg	Anmerkung zu BGH JR 1988, S. 125 f.; ebd. S. 126 ff.
Tiedemann, Klaus	Der Entwurf eines ersten Gesetzes zur Bekämpfung der Wirtschaftskriminalität, in: ZStW 87 (1975), S. 253 ff.
ders.	Wirtschaftsstrafrecht und Wirtschaftskriminalität, Band 1: Allgemeiner Teil, Reinbek 1976
ders.	Wettbewerb und Strafrecht, Karlsruhe 1976
v. Tietzen und Hennig, Rolf	Über Wucherstrafrecht, Freiburg 1935
Timpe, Gerhard	Die Nötigung, Berlin 1989
Triffterer, Otto	Abgrenzungsprobleme beim Betrug durch Schweigen – OLG Hamburg, NJW 1969, 355, in: JuS 1971, S.181 ff.
Tröndle, Herbert/ Fischer, Thomas	Strafgesetzbuch, 51. Auflage, München 2003
Ulmer, Peter/ Brandner, Hans Erich/ Hensen, Horst-Diether	AGB-Gesetz, Kommentar zum Gesetz zur Regelung des Rechts der Allgemeinen Geschäftbedingungen, 9. Auflage, Köln 2001
Ulsenheimer, Klaus	Anmerkung zu BGH StV 1986, S. 201; ebd. S. 201 ff.
Vermander, Eduard	Unfallsituation und Hilfspflicht im Rahmen des § 330c StGB, Tübingen 1969

Volk, Klaus — Nötigung durch Drohung mit Unterlassen, in: JR 1981, S. 274 ff.

ders. — Täuschung durch Unterlassen beim Betrug – OLG Köln, NJW 1980, 2336, in: JuS 1981, S. 880 ff.

ders. — Strafprozessrecht, 3. Auflage, München 2002

Vollmer, Walter — Auswirkungen des neuen Mietrechts auf die Vorschriften der Mietpreisüberhöhung und des Mietwuchers, in: NJW 1983, S. 555 f.

Wabnitz, Heinz-Bernd / Janovsky, Thomas — Handbuch des Wirtschafts- und Steuerstrafrechts, München 2000 (zitiert: W/J-*Bearbeiter*)

Wachenfeld, Friedrich — Lehrbuch des Deutschen Strafrechts, München 1914

Wallau, Rochus — Sachbeschädigung als Zueignung, in: JA 2000, S. 248 ff.

Weber, Karl-Heinz — Die Nichtigkeit von Teilzahlungskreditverträgen, in: NJW 1980, S. 2062 ff.

Welzel, Hans — Zur Dogmatik der echten Unterlassungsdelikte, insbesondere des § 330c StGB, in: JZ 1953, S. 327 ff.

Wessels, Johannes/ Beulke, Werner — Strafrecht Allgemeiner Teil, 31. Auflage, Heidelberg 2001

Wessels, Johannes/ Hettinger, Michael — Strafrecht Besonderer Teil 1, Straftaten gegen Persönlichkeits- und Gemeinschaftswerte, 26. Auflage, Heidelberg 2002

Wessels, Johannes/ Hillenkamp, Thomas — Strafrecht Besonderer Teil 2, Straftaten gegen Vermögenswerte, 25. Auflage, Heidelberg 2002

v. Westphalen, Friedrich Graf — Schattenseiten des Verbraucherschutzes, in: DB 1981, S. 61 ff.

ders. — Vom citoyen zum consommateur, in: ZIP 1995, S. 1643

Wieacker, Franz	Privatrechtsgeschichte der Neuzeit. Unter besonderer Berücksichtigung der deutschen Entwicklung, Göttingen 1967
Winterstein, Helmut	Der gerechte Preis – heute noch Gegenstand der volkswirtschaftlichen Forschung?, in: Erlanger Forschungen, Reihe A, Band 29: Der „Gerechte Preis". Beiträge zur Diskussion um das „pretium iustum", Erlangen 1982, S. 33 ff.
Wolf, Manfred	Rechtsgeschäftliche Entscheidungsfreiheit und vertraglicher Interessenausgleich, Tübingen 1970
Wölfl, Bernd	Rechtfertigungsgründe bei der Verletzung der Vertraulichkeit des Wortes, in: Jura 2000, S. 231 ff.
Wollenschläger, Michael	Arbeitsrecht, Köln 1999
Wolter, Jürgen	Objektive und personale Zurechnung von Verhalten, Gefahr und Verletzung in einem funktionalen Straftatsystem, Berlin 1981
Worms, Alexander	Warenterminoptionen: Strafbarer Betrug oder nur enttäuschte Erwartungen?, in: wistra 1984, S. 123 ff.
Zippelius, Reinhold	Juristische Methodenlehre, 7. Auflage, München 1999
Zöller, Richard	Zivilprozessordnung, Kommentar, 23. Auflage, Köln 2002
Zöllner, Wolfgang / Loritz, Karl-Georg	Arbeitsrecht, 4. Auflage, München 1992
Zopfs, Jan	Drohen mit einem Unterlassen?, in: JA 1998, S. 813 ff.
Zwanzig, Jürgen	Sondermarkt für Teilzahlungsbanken im Konsumentenratenkredit?, in: BB 1980, S. 1282 ff.

SCHRIFTEN ZUM STRAFRECHT UND STRAFPROZESSRECHT

Herausgegeben von Manfred Maiwald

Band 1 Christian-Peter Frees: Die steuerrechtliche Selbstanzeige. Zur kriminalpolitischen Zweckmäßigkeit des § 371 AO. 1991.

Band 2 Norbert Joachim: Der Hörensagenbeweis im Strafverfahren. 1991.

Band 3 Alfred A. Göbel: Die Einwilligung im Strafrecht als Ausprägung des Selbstbestimmungsrechts. 1991.

Band 4 Karl-Heinz Vehling: Die Abgrenzung von Vorbereitung und Versuch. 1991.

Band 5 Heiko Hartmut Lesch: Das Problem der sukzessiven Beihilfe. 1992.

Band 6 Dirk Schwerdtfeger: Besondere persönliche Unrechtsmerkmale. 1992.

Band 7 Stefan Göhring: Polizeiliche Kontrollstellen und Datenverarbeitung. § 163 d StPO und novellierte Polizeigesetze der Länder zwischen Strafverfolgung, Gefahrenabwehr und vorbeugender Straftatenbekämpfung. 1992.

Band 8 Werner Kemper: Horizontale Teilrechtskraft des Schuldspruchs und Bindungswirkung im tatrichterlichen Verfahren nach der Zurückverweisung. §§ 353, 354 Abs. 2 StPO. 1993.

Band 9 Ovvadias Namias: Die Zurechnung von Folgeschäden im Strafrecht. 1993.

Band 10 Jan Zopfs: Unfallflucht bei eindeutiger Haftungslage? Unverzüglichkeitsgebot und Wahlmöglichkeit in § 142 Abs. 2 und 3 StGB. 1993.

Band 11 Stefan Hiebl: Ausgewählte Probleme des Akteneinsichtsrechts nach § 147 StPO. 1994.

Band 12 Ralf Krack: List als Straftatbestandsmerkmal. Zugleich ein Beitrag zu Täuschung und Irrtum beim Betrug. 1994.

Band 13 Henning Radtke: Zur Systematik des Strafklageverbrauchs verfahrenserledigender Entscheidungen im Strafprozeß. 1994.

Band 14 Bernd J. A. Müssig: Schutz abstrakter Rechtsgüter und abstrakter Rechtsgüterschutz. Zu den materiellen Konstitutionskriterien sog. Universalrechtsgüter und deren normentheoretischem Fundament – am Beispiel der Rechtsgutsbestimmung für die §§ 129, 129a und 324 StGB. 1994.

Band 15 Heinz Koriath: Über Beweisverbote im Strafprozeß. 1994.

Band 16 Burkhard Niepoth: Der untaugliche Versuch beim unechten Unterlassungsdelikt. 1994.

Band 17 Karsten Altenhain: Die Strafbarkeit des Teilnehmers beim Exzeß. 1994.

Band 18 Ina Walbaum: Schuldspruch in der Revisionsinstanz nach freisprechendem Urteil des Tatgerichts. 1996.

Band 19 Birgit Dalbkermeyer: Der Schutz des Beschuldigten vor identifizierenden und tendenziösen Pressemitteilungen der Ermittlungsbehörden. 1994.

Band 20 Thomas Hackner: Der befangene Staatsanwalt im deutschen Strafverfahrensrecht. 1995.

Band 21 Hartmut Loritz: Kritische Betrachtungen zum Wert des strafprozessualen Zwischenverfahrens. 1996.

Band 22 Heinz-Hermann Berghof: Therapie und Strafe im Betäubungsmittelrecht. Recht und Wirklichkeit der Behandlung Drogenabhängiger unter besonderer Berücksichtigung der §§ 35 ff BtMG. 1995.

Band 23 Oliver Mertens: Strafprozessuale Grundrechtseingriffe und Bindung an den Wortsinn der ermächtigenden Norm. 1996.

Band 24 Sönke Bahnsen: Das Akteneinsichtsrecht der Verteidigung im Strafverfahren. Dogmatische Grundlagen und Einzelprobleme im Lichte einer rechtsstaatlichen Verfahrensgestaltung. 1996.

Band 25 Dirk Schwieger: Der Vorteilsbegriff in den Bestechungsdelikten des StGB. 1996.

Band 26 Stephanie Meinecke: Die Auswirkungen von Verfahrensfehlern auf die Strafbarkeit nach den Aussagedelikten. 1996.

Band 27 Ute Lambrecht: Strafrecht und Disziplinarrecht. Abhängigkeiten und Überschneidungen. 1997.

Band 28 Carsten Momsen: Verfahrensfehler und Rügeberechtigung im Strafprozeß. Die Strukturen der Revisionsberechtigung unter besonderer Berücksichtigung des Begriffs "Rechtsnormen, die lediglich zugunsten des Angeklagten gegeben sind" in § 339 StPO. 1997.

Band 29 Ursula Epp: Die Abgeordnetenbestechung – § 108 e StGB. 1997.

Band 30 Bernd Scheiff: Wann beginnt der Strafrechtsschutz gegen kriminelle Vereinigungen (§ 129 StGB)? 1997.

Band 31 Ulrike Fontaine: Max Grünhut (1893-1964). Leben und wissenschaftliches Wirken eines deutschen Strafrechtlers jüdischer Herkunft. 1998.

Band 32 Claudia Keiser: Das Kindeswohl im Strafverfahren. Zur Notwendigkeit eines am Kindeswohl orientierten Umgangs mit minderjährigen Opfern und Zeugen, den Möglichkeiten de lege lata und den Erfordernissen de lege ferenda. 1998.

Band 33 Wiebke Schürer-Mohr: Erlaubte Risiken. Grundfragen des "erlaubten Risikos" im Bereich der Fahrlässigkeitsdogmatik. 1998.

Band 34 Stephan Voigtel: Zum Freibeweis bei Entscheidungen der Strafvollstreckungskammer. Eine Untersuchung zu ausgewählten Fragen des Beweisrechts im gerichtlichen Verfahren in Strafvollstreckungs- und Strafvollzugssachen. 1998.

Band 35 Volkmar Wißgott: Das Beweisantragsrecht im Strafverfahren als Kompensation der richterlichen Inquisitionsmaxime. Die Judikatur des Reichsgerichts zum strafprozessualen Beweisrecht. 1998.

Band 36 Susanne Merz: Strafrechtlicher Ehrenschutz und Meinungsfreiheit. 1998.

Band 37 Uwe Schlömer: Der elektronisch überwachte Hausarrest. Eine Untersuchung der ausländischen Erfahrungen und der Anwendbarkeit in der Bundesrepublik Deutschland. 1998.

Band 38 Michael Liedke: Die Vermögensstrafe gemäß § 43a StGB in ihrer kriminalpolitischen Bedeutung. 1999.

Band 39 Danja Domeier: Gesundheitsschutz und Lebensmittelstrafrecht. Zur Konkretisierung der Verkehrspflichten und ihrer Strafbewehrung, insbesondere mit Blick auf §§ 8 ff. LMBG. 1999.

Band 40 Ritva Westendorf: Die Pflicht zur Verhinderung geplanter Straftaten durch Anzeige. Eine kritische Betrachtung der §§ 138, 139 StGB im Kontext der Unterlassungsdelikte. 1999.

Band 41 Hans Theile: Tatkonkretisierung und Gehilfenvorsatz. 1999.

Band 42 Nicole Lange: Vorermittlungen. Die Behandlung des staatsanwaltschaftlichen Vorermittlungsverfahrens unter besonderer Berücksichtigung von Abgeordneten, Politikern und Prominenten. 1999.

Band 43 Tanja Gunder: Der Umgang mit Kindern im Strafverfahren. Eine empirische Untersuchung zur Strafverfolgung bei Sexualdelinquenz. 1999.

Band 44 Sven-Markus Thiel: Die Konkurrenz von Rechtfertigungsgründen. 2000.

Band 45 Jan Schlüter: Die Strafbarkeit von Unternehmen in einer prozessualen Betrachtung nach dem geltenden Strafprozeßrecht. 2000.

Band 46 Detlef Heise: Der Insiderhandel an der Börse und dessen strafrechtliche Bedeutung. Eine Untersuchung des neuen deutschen Insiderrechts speziell unter Bezugnahme auf die strafrechtstheoretischen und strafrechtsdogmatischen Grundlagen. 2000.

Band 47 Hermann Wichmann: Das Berufsgeheimnis als Grenze des Zeugenbeweises. Ein Beitrag zur Lehre von den Beweisverboten. 2000.

Band 48 Rainer T. Cherkeh: Betrug (§ 263 StGB), verübt durch Doping im Sport. 2000.

Band 49 Kristian Hohn: Die Zulässigkeit materieller Beweiserleichterungen im Strafrecht. Eine Untersuchung über Erscheinungsformen und Grenzen der Lösung beweisrechtlicher Probleme im materiellen Strafrecht. 2000.

Band 50 Malte Rabe von Kühlewein: Der Richtervorbehalt im Polizei- und Strafprozeßrecht. 2001.

Band 51 Donata Meinecke: Die Gesetzgebungssystematik der Versuchsstrafbarkeit von Verbrechen und Vergehen im StGB. 2001.

Band 52 Joachim Bock: Begriff, Inhalt und Zulässigkeit der Beweislastumkehr im materiellen Strafrecht. 2001.

Band 53 Gabriele Rose: Grenzen der journalistischen Recherche im Strafrecht und Strafverfahrensrecht. 2001.

Band 54 Wiebke Reitemeier: Täuschungen vor Abschluß von Arbeitsverträgen. Zum Verhältnis zwischen dem Straftatbestand des Betrugs und dem Anfechtungsrecht wegen arglistiger Täuschung (§§ 263 Abs. 1 StGB, 123 Abs. 1 Alt. 1 BGB). 2001.

Band 55 Peter Rackow: Das DNA-Identitätsfeststellungsgesetz und seine Probleme. 2001.

Band 56 Frank Zschieschack: Geiselnahme und erpresserischer Menschenraub (§§ 239a, 239b StGB) im Zwei-Personen-Verhältnis. 2001.

Band 57 Natascha Sëyfi: Das Sicherungsverfahren (§§ 413 - 416 StPO). 2002.

Band 58 Dirk Seiler: Die *Sperrwirkung* im Strafrecht. 2002.

Band 59 Dorothee Sydow: Die actio libera in causa nach dem Rechtsprechungswandel des Bundesgerichtshofs. 2002.

Band 60 Inga Metrikat: Die Unterbringung in einer Entziehungsanstalt nach § 64 StGB – Eine Maßregel im Wandel? Eine vergleichende, empirische Untersuchung zur Entscheidung des Bundesverfassungsgerichts vom 16.03.1994, BVerfGE 91, 1 ff. 2002.

Band 61 Sabine Caroline Bechtoldt: Die Erledigungserklärung im Maßregelvollzug des § 63 StGB. Eine empirische Untersuchung der Erledigungserklärung und zugleich rechtsdogmatische Erörterung ihrer Rechtskraftproblematik. 2002.

Band 62 Sandra Schulte-Nover: Strafrichter in Deutschland und England. Ein systematischer Rechtsvergleich im Hinblick auf die richterlichen Kompetenzen im Strafverfahren. 2003.

Band 63 Tim Schurig: Belehrung und Beratung des Beschuldigten über sein Aussageverhalten. Eine gemeinsame Aufgabe von Gericht und Verteidigung? 2003.

Band 64 Markus Laski: Die strafrechtlichen Bezüge des Bundes-Bodenschutzgesetzes. 2003.

Band 65 Gunnar Lüer: Die Versäumung im Berufungsverfahren. Das strafprozessuale Anwesenheitsprinzip im Spannungsfeld von autonomer Subjektstellung und öffentlichen Interessen am Beispiel des § 329 Abs. 1,2 StPO. 2003.

Band 66 Thomas Grützner: Die Sanktionierung von Submissionsabsprachen. Eine Untersuchung der bestehenden Möglichkeiten einer Bekämpfung von Submissionsabsprachen unter besonderer Berücksichtigung des § 298 StGB. 2003.

Band 67 Bettina Noltenius: Kriterien der Abgrenzung von Anstiftung und mittelbarer Täterschaft. Ein Beitrag auf der Grundlage einer personalen Handlungslehre. 2003.

Band 68 Bettina Kraft: Tendenzen in der Entwicklung des Jugendstrafrechts seit der Jugendgerichtsbewegung. 2004.

Band 69 Jessica Däbritz: Die Bestimmung strafbaren fahrlässigen Verhaltens in der Forschung am Beispiel ärztlicher Humanerprobungen. Ein Beitrag zur methodischen Ermittlung und inhaltlichen Bestimmung von Sorgfaltspflichten in der Humanforschung. 2004.

Band 70 Maike Steenbock: Über die Unfallflucht als Straftat. Eine kritische Untersuchung zum Zusammenhang der Strafbarkeit der Unfallflucht mit den Besonderheiten des Straßenverkehrs. 2004.

Band 71 Holger Mann: Beschleunigungspotential im Jugendstrafverfahren. 2004.

Band 72 Dorothee Krutisch: Strafbarkeit des unberechtigten Zugangs zu Computerdaten und -systemen. 2004.

Band 73 Heinz-Helmut Fuhrmann: Das Begehen der Straftat gem. § 25 Abs. 1 StGB. Unter besonderer Berücksichtigung der sogenannten "eigenhändigen" Delikte. 2004.

Band 74 Gerwin M. Moldenhauer: Eine Verfahrensordnung für Absprachen im Strafverfahren durch den Bundesgerichtshof? 2004.

Band 75 Dirk Busch: Konzernuntreue. Eine Untersuchung spezifischer Untreuestrafbarkeit innerhalb von Konzernverbindungen mit Aktiengesellschaften und Gesellschaften mit beschränkter Haftung. 2004.

Band 76 Mitsuru Iijima: Die Entwicklung des strafrechtlichen Unrechtsbegriffs in Japan. Eine kritische Betrachtung aus strafrechtsdogmatischer und rechtsphilosophischer Perspektive. 2004.

Band 77 Lena Barbara Kötter: Private Elemente in der Strafvollstreckung. Zur Privatisierung von Bewährungshilfe, Gerichtshilfe und gemeinnütziger Arbeit. 2004.

Band 78 Martin Maria Laufen: Der Wucher (§ 291 Abs. 1 Satz 1 StGB). Systematische Einordnung und dogmatische Struktur. 2004.

www.ingramcontent.com/pod-product-compliance
Ingram Content Group UK Ltd.
Pitfield, Milton Keynes, MK11 3LW, UK
UKHW021904290926
8980IPUK00015B/1050